内蒙古自治区长城资源调查报告
鄂尔多斯－乌海卷

内蒙古自治区文化厅(文物局)
内蒙古自治区文物考古研究所　编著

文物出版社

图书在版编目（CIP）数据

内蒙古自治区长城资源调查报告. 鄂尔多斯—乌海卷/内
蒙古自治区文化厅（文物局），内蒙古自治区文物考古研究
所编著. —北京：文物出版社，2016.12
ISBN 978－7－5010－4839－7

Ⅰ.①内…　Ⅱ.①内…②内…　Ⅲ.①长城－调查报告－
内蒙古②长城－调查报告－鄂尔多斯市③长城－调查报告－
乌海　Ⅳ.①K928.77

中国版本图书馆 CIP 数据核字（2016）第 282700 号

内蒙古自治区长城资源调查报告·鄂尔多斯—乌海卷

编　　著　内蒙古自治区文化厅（文物局）
　　　　　内蒙古自治区文物考古研究所

责任编辑　冯冬梅
责任印制　陈　杰

出版发行：文物出版社
社　　址：北京市东直门内北小街 2 号楼
网　　址：http://www.wenwu.com
邮　　箱：web@wenwu.com
经　　销：新华书店
印　　刷：北京荣宝燕泰印务有限公司
开　　本：889×1194 毫米　1/16
印　　张：19.25
版　　次：2016 年 12 月第 1 版
印　　次：2016 年 12 月第 1 次印刷
书　　号：ISBN 978－7－5010－4839－7
定　　价：220.00 元

《内蒙古自治区长城资源调查报告·鄂尔多斯—乌海卷》
编纂委员会

主　　任：佟国清

副 主 任：安泳锝　　塔　拉　　王大方

委　　员：陈永志　曹建恩　陈雅光　张文平　樊建强

　　　　　曹佩瑶　刘利军　杨泽蒙

主　　编：张文平

副 主 编：甄自明　武俊生　杨建林

撰　　稿：郝玉龙　张旭梅　马登云　李艳阳　张智杰　胡春柏

绘　　图：马登云

摄　　影：武俊生　甄自明

序 ［一］

　　长城是中华民族悠久历史与文化的代表性建筑，是历史留给我们独一无二的文化遗产。1987 年，长城以悠久的历史、磅礴的气势、绵延万里的雄姿以及独特的历史、科学和艺术价值，以明长城山海关、八达岭、嘉峪关等重要段落为代表，被联合国教科文组织列入世界文化遗产名录。

　　中国长城的主体是北方长城，即历代中原王朝为抵御北方游牧民族修建的长城。中国北方长城的分布，有其独特的规律，即东西大体分布于北纬 40°~44° 线范围之间，形成了学术界惯称的"北方长城地带"或"北方长城文化带"。内蒙古地区属于北方干旱草原与干旱农业的交界地带，历来是草原游牧民族与中原农耕王朝互相争夺的战略要地，也是民族融合和经济文化交流的前沿地带，从而成为中国北方长城分布的重点省区。

　　党和政府历来高度重视长城保护和研究工作。20 世纪 80 年代，邓小平同志亲自倡导的"爱我中华，修我长城"活动，极大地推动了长城保护工作。2003 年 4 月，国家发展和改革委员会、公安部、财政部、国土资源部、建设部、文化部、环保总局、旅游局、文物局九委部局联合发布了《关于进一步加强长城保护管理工作的通知》。2006 年，国务院颁布了《长城保护条例》，这也是目前世界上唯一一部对已建的文物颁发的国家级法律文件，使长城保护工作走上了有法可依的轨道。

　　2006 年，国家文物局根据国务院《关于加强文化遗产保护的通知》精神，制定了《长城保护工程（2005~2014 年）总体工作方案》，明确了长城保护工程的总任务和总目标。2007 年 4 月，国家文物局在全国涉及长城遗迹的十五个省（自治区、直辖市），正式启动开展长城资源调查工作，力争完成摸清长城家底，建立长城记录档案、地理信息数据等工作，为下一步实施长城保护工程打下坚实的基础。

　　根据《全国长城资源调查工作总体方案》的工作要求，内蒙古自治区文化厅、文物局制定了《内蒙古自治区长城资源调查总体实施方案》。首先，自治区文化厅、文物局与自治区测绘事业局成立了自治区长城资源调查领导小组及项目办公室，由主要领导亲自挂帅，直接领导组织内蒙古长城资源调查工作。然后，在自治区文物考古研究所设立了自治区长城资源调查项目组，负责长城资源调查项目的具体实施。继国家文物局举办了长城资源调查培训之后，自治区文化厅、文物局又举办了自治区级的培训。自治区培训结束后，举行了"内蒙古自治区长城资源调查启动仪式"，自治区党委、政府对本次长城资源调查工作极为重视，出席启动仪式的自治区领导亲自为调查队员授旗，给予调查工作以极大鼓舞。自治区文化厅、文物局为各长城调查队购置了专门的车辆，各种专业的现代化调查设备一应俱全。万事俱备，调查队员整装出发了。

调查队员主要由自治区文物考古研究所、自治区航空遥感测绘院和各盟市、旗县文物考古部门的专业人员组成；内蒙古大学、内蒙古师范大学等大专院校历史、考古专业的一些本科生、硕士研究生，也参与了调查工作。田野调查工作集中于 2007~2010 年间进行，2007~2008 年调查了全区的明长城，2009~2010 年调查了全区的秦汉及其他时代长城。4 年间，自治区长城资源调查项目组先后共组建了 43 支调查队，参加人员共近 150 人。

在 4 年的田野调查中，调查队员们翻山越岭，风餐露宿，凭着坚韧不拔的奋斗精神，踏遍了全区 12 盟市的 76 个旗（县、区），对长城及其附属建筑等文化遗存进行了规范科学、认真严谨的测量，记录采集了大量翔实的信息数据资料，整理形成 13000 余份田野调查登记表。调查队运用现代科学测量技术手段和地理信息系统，结合传统的文物考古调查方式，圆满完成了全区历代长城的调查任务，取得了丰硕的成果。

通过调查，全面准确地掌握了内蒙古自治区境内历代长城的规模、分布、构成、走向及其时代、自然与人文环境、保护与管理等基础资料，获取了长城沿线及两侧各 1000 米范围内的基础地理信息数据和专题要素数据。通过调查，获得了包括文字、照片、录像以及测绘等大量第一手资料，全面掌握了全区历代长城的保存状况，首次完成全区历代长城长度的精确量测，新发现了一批长城遗迹，取得了多项研究成果。同时，此次调查也培养了一批研究长城、保护长城的业务人才，他们必将成为今后长城保护管理方面的中坚。此次长城资源调查的基础信息资料，必将为今后内蒙古长城保护、研究、管理、利用等工作奠定坚实的科学基础。

在调查期间，自治区文化厅、文物局和自治区文物考古研究所领导多次亲临调查第一线，现场指导、安排部署长城资源调查工作，慰问看望一线队员；多次组织召开业务培训班、工作讨论会，确保了内蒙古长城资源调查工作高水平、高质量完成。2009 年 4 月，内蒙古明长城资源调查工作顺利通过了国家文物局长城资源调查项目专家组的全面检查验收。2011 年 5 月，内蒙古秦汉及其他时代长城资源调查工作顺利通过了国家文物局长城资源调查项目专家组的全面检查验收。

全国长城资源调查成果统计，中国历代长城墙体总长度为 21196.18 千米，分布于北京、天津、河北、山西、内蒙古、辽宁、吉林、黑龙江、山东、河南、陕西、宁夏、甘肃、青海、新疆 15 个省（自治区、直辖市），包括各类长城遗存 43721 处，包含了东周、秦、汉、西晋、北魏、东魏、西魏、北齐、北周、隋、唐、北宋、西夏、金、明十多个时代。其中，内蒙古历代长城墙体长度为 7570 千米，约占全国长城墙体总长度的 35%；内蒙古长城的时代，包括了战国燕、战国赵、战国秦和秦代、汉代、北魏、北宋、西夏、金代、明代等多个历史时期。综此，内蒙古是全国拥有长城时代最多、长度最长的省区。

长城资源调查田野工作结束之后，2011～2015年期间，自治区长城资源调查项目组开展了调查资料的整理与调查报告的编写工作。共计划完成编写调查报告8部，分别为《内蒙古自治区长城资源调查报告·明长城卷》、《内蒙古自治区长城资源调查报告·北魏长城卷》、《内蒙古自治区长城资源调查报告·东南部战国秦汉长城卷》、《内蒙古自治区长城资源调查报告·阿拉善卷》、《内蒙古自治区长城资源调查报告·鄂尔多斯—乌海卷》、《内蒙古自治区长城资源调查报告·战国赵北长城卷》、《内蒙古自治区长城资源调查报告·中南部秦汉长城卷》、《内蒙古自治区长城资源调查报告·金界壕卷》。目前已出版4部，本次出版的《内蒙古自治区长城资源调查报告·鄂尔多斯—乌海卷》是第5部。8部长城调查报告，涵盖了内蒙古境内的所有长城资源。下一步，还将在长城调查报告的基础上，进一步开展深入的研究工作。

长期以来，内蒙古自治区党委、政府非常重视长城保护工作，取得了显著的成效。目前已有鄂尔多斯市战国秦长城、阴山秦汉长城、居延塞汉长城、金界壕、清水河县明长城等长城段落被国务院公布为全国重点文物保护单位，除此而外的其他长城段落均于2014年公布为第五批内蒙古自治区文物保护单位。各级政府在长城保护工作中投入了大量人力、物力和财力，建立了长城"四有"档案，实施一批长城抢救保护项目。在长城资源调查基础上，内蒙古自治区加大长城保护力度，在呼和浩特市、包头市、巴彦淖尔市、鄂尔多斯市、乌兰察布市、兴安盟、呼伦贝尔市、阿拉善盟对战国秦汉、金代、明代等不同时期长城开展了重点段落保护维修工程。《内蒙古自治区长城保护总体规划》已经国家文物局批复同意，目前正在全力开展编制工作，计划于2016年底前完成，规划将对全区长城的保护、管理和展示利用工作具有重要的指导意义。

同时我们也清醒地认识到，长城的保护是一项涉及社会经济发展、城市建设、群众生产生活等多个方面的综合工程，任务紧迫繁重、复杂艰巨。目前长城依然面临各种人为和自然因素破坏的威胁，个别地方和部门急功近利，片面追求局部经济效益，忽视长城保护，法治观念淡漠，不履行审批程序违规建设，造成长城破坏的事件屡有发生。

当前我国经济建设高速发展，长城保护迎来了难得的历史机遇，同时也面临着前所未有的挑战。各级政府要严格执行《中华人民共和国文物保护法》和《长城保护条例》，提高长城保护意识，坚决遏制、惩治任何破坏长城的违法行为；加快长城保护规划编制工作，科学合理地划定长城保护范围，避免建设性破坏；建立健全长城保护管理体系，进一步明确保护标志，建立管理机构、群保网络和管理设施，完善长城档案资料。同时以长城资源调查为契机，加大考古调查力度，推动开展长城历史文化价值、整体防御体系、保护技术方法、机构管理模式等全面综合研究；建立长城数据库和地理信息系统；保护项目要全面规划，分步实施，抢险加固优先，重点段落维修展示。

30年前，邓小平倡导的"爱我中华，修我长城"掀开了长城保护的新篇章，如今保护长城就是保护历史，就是守护文明，就是传承文化，这已成全社会的共识。保护长城对于保证我国文化安全，构建和谐社会，建设中华民族共有精神家园，尤其是在我国经济社会高速发展的今天具有非常重要的现实意义。

长城保护工作，责任重大，使命光荣。下一步，内蒙古自治区文化厅、文物局要深入学习贯彻落实习近平总书记、李克强总理关于长城保护工作的重要指示批示精神和刘延东副总理在鄂尔多斯的重要讲话精神，落实自治区党委、政府关于加强文物保护工作的指示，进一步提高对长城保护工作的认识，本着对历史负责、对人民负责的态度，扎扎实实做好自治区的长城保护工作，不断探索保护管理利用新途径，切实加大工作力度，全面推进长城保护工作，力争使内蒙古的长城保护工作走在全国前列。

是为序，并向参与长城资源调查的所有人员和长城保护工作者致以崇高的敬意！

内蒙古自治区党委宣传部副部长
内蒙古自治区文化厅党组书记、厅长　　佟国清
2016 年 9 月

序 [二]

在整个北方地区，鄂尔多斯市、乌海市所在的鄂尔多斯高原，是一个非常特殊的地理单元。北面临黄河一线为沿黄冲击平原，中部一线为东西向的低山黄土丘陵区，南部是广阔的沙漠地带，西部有一系列南北向延伸的桌子山山地。

这种特殊的地理环境，造就了鄂尔多斯地区的古代人类文化遗存，主要分布于南流黄河西侧及其支流地带。从旧石器时代的萨拉乌苏文化及河套人、乌兰木伦遗址，到新石器时代的仰韶文化、龙山时代文化，再到青铜时代的朱开沟文化，考古学遗存均集中于这一区域之内。西侧的桌子山山地，仅发现个别仰韶文化遗址，已属于仰韶文化沿着北流黄河北上的余绪。

东周以来，随着整个中欧亚大陆游牧民族的兴起，鄂尔多斯高原也成为游牧人的牧场，高原东部活动有林胡、楼烦之戎，高原西部的游牧部族则统称为西戎。这些游牧部族的遗存，目前所见可分为两类，一类是出土有鄂尔多斯式青铜器的墓葬，一类是岩画，这些岩画遗存以桌子山最为富集。公元前272年，"战国七雄"之一的秦国北进，占领西戎之地，修筑长城，设置边郡。今天所见战国秦长城由南向北分布于伊金霍洛旗、准格尔旗、达拉特旗、东胜区境内，将黄河支流的上游包含于长城之内，归属上郡管辖。

秦朝统一全国之后，继续沿用战国秦长城，向西北一直延伸至达拉特旗哈什拉川，成为秦始皇万里长城的组成部分。哈什拉川在战国秦汉时期名为榆溪，榆溪两侧的沿黄河平原称榆中，秦代沿哈什拉川修筑的长城就称作榆溪塞。在长城内侧的鄂尔多斯地区，秦朝设有中阳（今伊金霍洛旗古城壕古城）、广衍（今准格尔旗瓦尔吐沟古城）、武都（今准格尔旗榆树壕古城）、博陵（今达拉特旗康家渠古城）、莫黜（今达拉特旗哈勒正壕古城）、河阴（约在今达拉特旗新民堡村附近）、曼柏（约在今达拉特旗与准格尔旗交界处的呼斯壕赖河下游一带）、南舆（今准格尔旗十二连城古城）等县，前三县归属上郡管辖，后五县归属新设的九原郡管辖。

秦朝末年，匈奴趁中原战乱，重新进入鄂尔多斯高原。西汉初年，汉、匈奴之间界于"故河南塞"，即以战国秦长城、秦代榆溪旧塞为界。汉朝逐步恢复了秦朝旧县。公元前127年，西汉大将卫青大举北伐匈奴，拉开了西汉王朝反击匈奴的序幕，一举将汉朝的边防线推进至后套平原北部的查石太山—乌梁素太山—狼山一线。自此，鄂尔多斯高原地区完全纳入了中原王朝的疆域，这是战国秦国、秦朝都没有能够做到的。

秦国在鄂尔多斯高原的辖境，位于战国秦长城以东一带。秦朝在鄂尔多斯高原的辖境，东部位于战国秦长城、榆溪塞长城内侧；西部占领了桌子山，在桌子山两侧修筑了长城。除此而外的整个鄂尔多斯高原腹地，直至卫青北伐之前，一直是戎狄、匈奴的牧场。

今天所见南北穿越鄂尔多斯高原的所谓"秦直道"，在伊金霍洛旗西部也见有部分遗迹。鄂尔多斯市境内的"秦直道"两侧，迄今尚未发现秦代遗存，而多见汉代古城、障城。初步推断，起码鄂尔多斯市境内的"秦直道"，并非秦代遗址，而是汉代遗址，是西汉在卫青北伐之后修筑的一条由长安直达五原边郡的南北向驿道。司马迁在撰写《史记》之时，将汉武帝大兴土木、穷兵黩武之事，在《秦始皇本纪》中作了影射，这在秦始皇修长城、筑直道中均有所反映。秦代通达北方边郡的驿道，应主要是沿着战国秦长城、榆溪塞长城内侧而行。汉代的直道，虽于现存部分地段可见南北直线分布，但整体上并非如一条直线，而是逢山开路、遇水搭桥，随着地形有曲折迂回。我们今天在很多地图上把"秦直道"画成了一条直线，完全是不切合实际的凭空想象。

西汉时期，鄂尔多斯高原北部沿黄河内侧自西向东归属朔方郡、五原郡、云中郡管辖，中部地区则为西河郡辖区。西河郡为一大郡，辖有36县。到东汉时期，随着南匈奴不断附汉，西河郡辖区全面退缩至战国秦长城之内。东汉时期的战国秦长城，内侧是汉朝郡县，外侧是"葆塞蛮夷"，与清代利用明长城作为"夷夏之分"非常相似。西汉西河郡在鄂尔多斯市的属县，主要见于《汉书·地理志》的记载，因此作具体的历史地理考证是非常困难的，只能期望于考古学方面发现更多的证据；主观性的推测，只能产生更多讹误。

新石器时代是一个农业开发的时期，汉代形成了农业开发的一个高峰，此后的鄂尔多斯地区长期成为游牧人的天堂，魏晋北朝时期有鲜卑人，隋唐时期有突厥人，此后长期是党项人，元代以来为蒙古人。直至清代中晚期以来，大量汉族移民穿过长城，开始在鄂尔多斯地区开荒种田，这是历史上第三个农业开发时期。历史经验证明，鄂尔多斯高原的土壤与气候并不适宜开展大规模的农耕，农耕种植更多的是在中原人口大量增殖的情形下，只好向北方地区移民的一种无奈之举。在农耕开发造成水土流失日益严重的情形下，在国家"改革开发"的大好形势之下，鄂尔多斯市、乌海市利用地下蕴藏的丰富煤炭资源，短时期之内实现了一个经济的巨大飞跃式发展。但地下资源亦有枯竭之日，经济的转型势在必然。

鄂尔多斯高原悠久的历史、丰富的文物资源是一笔宝贵的财富，保护好、利用好这笔财富，对于鄂尔多斯市、乌海市的文化旅游发展是至关重要的。伊金霍洛旗的成吉思汗陵，是一个文化与旅游融合的成功范例。

自2006年以来，内蒙古自治区文物考古研究所张文平同志受内蒙古自治区文化厅、文物局的委托，负责内蒙古第三次全国文物普查与长城资源调查的具体实施工作。他以极大的付出和努力，带领内蒙古文物普查和长城资源调查的骨干力量开展工作，他也身先士卒亲身调查了全区的很多文物点，几乎跑遍了全区的历代长城。2012 年"三普"结束之时，内蒙古共调查不可移动文物点 21099 处，很多新发现填补了北方地区考古学文化发展序列的空白，很多新遗产种类丰富了内蒙古文化遗产的内涵，提升了内蒙古文化遗产的品位。

长城资源调查的成果也是极为引人瞩目的。此前，以内蒙古考古学界前辈李逸友先生为代表的老一代考古学家，为内蒙古的长城调查与研究工作积累了丰富的资料。长城资源调查工作在此基础上，将内蒙古的长城分布体系进一步完善，而且与各个时代中原王朝的边疆军事管理制度结合起来，进一步上升到探究我国古代中原农耕民族与草原游牧民族的交流与互动。张文平同志陆续发表的很多研究成果，都是具有开创性的，为学术界肯定与赞赏。如重新认定分布于乌兰察布市灰腾梁之上的长墙，不是以前认为的所谓"北魏御苑"，而是西汉定襄郡东部都尉管辖的一段长城；考证汉代石门障不在《清史稿》记载的包头市昆独仑沟，而在昆独仑沟以东的五当沟；新考订西汉眩雷塞候官驻地，为位于今阿拉善左旗敖伦布拉格镇的乌兰布拉格障城；等等，为内蒙古长城资源调查与研究考证工作，作出了新的贡献。

在内蒙古"三普"与长城资源调查中，我在自治区文物局做了一些服务与协调工作，亲身感受到这两个重点项目做的是基础性的文物调查研究工作，是为内蒙古草原文明这座大厦打基础的"辛苦营生"，通过张文平同志等一大批青年考古学者硬硬实实的苦干，默默无闻的奉献，终于圆满完成了任务。当时，我记得国家文物局负责长城调查的一位同志，在听到内蒙古的这一喜讯后激动地说：内蒙古完成了这两大文物调查项目，意味着全国长城资源调查工作的圆满收官。我补充认为：这两大任务的完成，奠定了 21 世纪上半叶内蒙古不可移动文物保护工作的基石，我为自己能够见证这两大项目而感到自豪，同时也籍此向参与这两项工作的全区文物界广大同仁表示深深的敬意。

是为序。

内蒙古自治区文物局副局长　王大方

2016 年 9 月

目　录

插图目录

插表目录

地图目录

彩图目录

第一章
概　述

鄂尔多斯市与乌海市均分布于黄河"几"字形的大拐弯之内，属于地理上的鄂尔多斯高原区，在历史发展上也有着不同于周边地区的独特轨迹，自战国以来直到明代的长城修筑史亦然。根据全国长城资源调查的最新成果显示，鄂尔多斯高原地区分布有战国秦、秦代、汉代、北宋和明代多个时期的长城遗存。

一　本次调查工作的缘起与经过

按照国家文物局长城资源调查工作的总体部署，内蒙古自治区文化厅、文物局在内蒙古自治区文物考古研究所成立了内蒙古自治区长城资源调查项目组，统一筹划安排全区的长城资源调查工作，项目总领队为张文平。2007～2008 年，开展了明长城的调查工作；2009～2010 年，开展了明以前长城的调查工作。鄂尔多斯市和乌海市均分布有多个时代的长城，在调查过程中，两市分别以鄂尔多斯市青铜器博物馆、乌海市博物馆考古专业人员为骨干，组建了各自的长城调查队，完成了本辖区内的长城资源调查工作。

鄂尔多斯市长城调查队队长为甄自明，参加明以前长城调查的调查队员有刘洪元、王洪江、李绿峰、张旭梅、张智杰、韩璐、徐磊、张铭水、杨玉宝、杨俊刚、李双、包蕾、高华祥、高艳、肖立聪、张建军、张彦红等。2009 年，鄂尔多斯市长城调查队调查了分布于鄂托克旗境内的秦长城，以及分布于伊金霍洛旗境内的战国秦长城、达拉特旗境内的秦汉榆溪塞长城；2010 年，调查了分布于东胜区、准格尔旗境内的战国秦长城，以及鄂托克前旗境内的秦长城、准格尔旗境内的北宋丰州长城。

乌海市长城调查队队长为武俊生，参加明以前长城调查的调查队员有马登云、李艳阳、郝玉龙、黄卫彭、孟睿、吴蕾、刘丽、刘军等。2009 年，乌海市长城调查队调查了分布于海南区、海勃湾区境内的秦长城。

在开展田野调查工作的同时，两市的长城调查队在内蒙古自治区长城资源调查项目组的指导下，开展了调查资料的整理工作。鄂尔多斯市长城调查队的主要资料整理人员为甄自明、张智杰、张旭梅、李双等，乌海市长城调查队的主要资料整理人员为武俊生、郝玉龙、马登云、李艳阳等。经过不断的充实与完善，2011 年 5 月底，两市的明以前长城调查资料，与全自治区其他的明以前长城调查资料，一起全部顺利地通过了由设在中国文化遗产研究院的国家长城资源调查项目组组织的专家组的验收。

此后，自治区各明以前长城调查队在自治区长城资源调查项目组的指导下，陆续开展了长城调查报告的编写工作。鄂尔多斯市和乌海市的明以前长城调查报告，由两支调查队分头编写，自治区长城资源调查项目组的部分业务人员也参与了编撰工作，至2013年上半年均完成了初稿。鉴于鄂尔多斯市和乌海市属于统一的鄂尔多斯高原地理单元，其中鄂尔多斯市的长城长度远远大于乌海市，因此，将两市的长城调查报告合编在一起，命名为《内蒙古自治区长城资源调查报告·鄂尔多斯—乌海卷》。

此外，在此前的明长城调查中，对于鄂尔多斯市鄂托克前旗与宁夏回族自治区的区界明长城，内蒙古自治区文物局与宁夏回族自治区文物局达成了双方分工调查的书面协议，以东经106°45′为界，东至107°03′45″部分由内蒙古调查，东经106°45′以西部分由宁夏调查；另外，处于区界明长城头道边北侧、主要分布于鄂托克前旗境内的明长城二道边，鉴于两者距离较近，不再拆分，与头道边共同调查。由内蒙古自治区调查的区界明长城，已在《内蒙古自治区长城资源调查报告·明长城卷》中予以专门介绍；由宁夏回族自治区调查的区界明长城，将由宁夏长城调查队编写专门的调查报告。在本报告中，于明以前长城的调查报告之后，专章对分布于我区鄂尔多斯市、乌海市境内的所有明长城作了资料汇总，并进行了较为深入的研究。

二　前人调查与研究成果综述

战国秦长城亦称作战国秦昭襄王长城。据《史记·匈奴列传》记载：战国"秦昭王时，义渠戎王与宣太后乱，有二子。宣太后诈而杀义渠戎王于甘泉，遂起兵伐残义渠。于是秦有陇西、北地、上郡，筑长城以拒胡"。秦灭义渠，事发周赧王四十三年（前272年）。《后汉书·西羌传》对此亦有记载："至王赧四十三年，宣太后诱杀义渠王于甘泉宫，因起兵灭之，始置陇西、北地、上郡焉。"由此可见，战国秦长城最早是自公元前272年开始修筑的。

由南向北纵贯鄂尔多斯高原东部的战国秦长城，最早是由内蒙古文物工作队的田广金于20世纪70年代在田野考古调查中发现的，他将这段长城函告陕西师范大学的史念海，史念海将其写进了《黄河中游战国及秦时诸长城遗迹的探索》一文中。1979年七八月间，国家文物事业管理局在呼和浩特市召开了长城保护研究工作座谈会，会议期间考察了当时伊克昭盟境内的战国秦长城。与会的史念海据此撰写了调查成果《鄂尔多斯高原东部战国时期秦长城遗迹探索记》一文。史念海的上述二文均收录于《中国长城遗迹调查报告集》一书中。

在20世纪80年代开展的第二次全国文物普查中，伊克昭盟文物工作站的普查人员调查了部分地段的战国秦长城。1996年，出于编写"二普"成果《中国文物地图集·内蒙古自治区分册》的需要，内蒙古自治区文物考古研究所的李逸友又在伊克昭盟文物工作站相关业务人员的陪同下，对战国秦长城的部分地段作了复查。李逸友在《内蒙古史迹丛考》中有"战国时期秦长城北段遗迹的探考"一部分内容，专门介绍此次复查的收获[1]。伊克昭盟文物工作站的普查成果以及李逸友的复查收获，后均汇总于国家文物局主编的《中国文物地图集·内蒙古自治区分册》中。

辛德勇《阴山高阙与阳山高阙辨析》、《张家山汉简所示汉初西北隅边境解析》二文，在综合前人调查与研究成果的基础上，认为战国秦长城为秦朝初年及西汉早期所沿用，是《史记·匈奴列传》所记载的西汉初年匈奴"与中国界于故塞"的"故塞"所在[2]。在本次长城资源调查中，相关调查者发表的调

---

〔1〕李逸友：《内蒙古史迹丛考》，《内蒙古文物考古文集》第二辑，中国大百科全书出版社，1997年。

〔2〕辛德勇：《西汉政区与边界地理研究》，中华书局，2009年。

查研究论文进一步支持了辛德勇的观点[1]。"故塞"因位于黄河河套之内，又称作"故河南塞"。

关于乌海市境内的明以前长城，于第二次全国文物普查期间调查发现，1997 年李逸友作了重点复查，具体成果反映在《中国文物地图集·内蒙古自治区分册》中，认为"有可能为秦长城遗址"[2]。辛德勇在《阴山高阙与阳山高阙辨析》一文中，推断这条长城"似乎更有可能为汉武帝收复河套地区后所建"。

上述李逸友《内蒙古史迹丛考》一文中，还有"宋丰州考"一部分内容，介绍了分布于准格尔旗境内的北宋丰州城及其附近的砦址、烽堠址等，重点探讨了丰州的建制沿革，亦提供了准格尔旗境内存在北宋烽燧线的线索。

三　本次调查的主要收获

通过本次长城资源调查工作，认定分布于鄂尔多斯市境内的战国秦长城为秦朝、西汉早期所沿用。以前的调查者认为，战国秦长城的北部终点到达了准格尔旗的十二连城，实际上是一种推测，本次调查予以否定。战国秦长城从陕西省府谷县进入鄂尔多斯市境内后，大体呈由南向北的方向延伸于伊金霍洛旗、准格尔旗、达拉特旗和东胜区境内，本次调查可见其终点位于鄂尔多斯市东胜区塔拉壕镇店圪卜村西南 0.49 千米处。这个终点恰好处于鄂尔多斯高原北部黄河冲积平原与南部黄土高原之间的过渡地带，亦为南北分水岭，即鄂尔多斯高原四十里梁—点素敖包东西一线。这道分水岭以北现今为平坦的库布其沙漠和黄河冲击平原，以南为高低不平的丘陵沟壑区，从而构成了一条天然分界线，战国时期为秦国和楼烦、林胡等戎狄诸族的势力分界线，在《汉书·地理志》和《水经注》中被称作"缘胡山"。秦国在长城之内沿边设置了陇西、北地和上郡三郡，其中，今鄂尔多斯战国秦长城内侧部分归属于上郡管辖。

关于秦始皇统一六国之后修筑长城的史料，主要见于《史记》的相关记载。《史记·秦始皇本纪》记载："三十三年（公元前 214 年），……西北斥逐匈奴。自榆中并河以东，属之阴山，以为三十四县，城河上为塞。又使蒙恬渡河取高阙、陶山、北假中，筑亭障以逐戎人。徙谪，实之初县。"又《史记·蒙恬列传》记载："秦已并天下，乃使蒙恬将三十万众北逐戎狄，收河南。筑长城，因地形，用险制塞，起临洮，至辽东，延袤万余里。于是渡河，据阳山，逶蛇而北。暴师于外十余年，居上郡。"又《史记·匈奴列传》记载："后秦灭六国，而始皇帝使蒙恬将十万之众北击胡，悉收河南地。因河为塞，筑四十四县城临河，徙谪戍以充之。而通直道，自九原至云阳，因边山险堑溪谷可缮者治之，起临洮至辽东万余里。又渡河据阳山北假中。"

在对鄂尔多斯市、乌海市境内长城作实地调查的基础上，结合辛德勇前揭两文对上述史料的缜密考证，可以明确秦始皇修筑长城始于秦始皇三十三年（公元前 214 年）。在此以前，向前追溯至秦始皇十三年（前 234 年），秦国占领了赵国的云中、雁门二郡之后，在今鄂尔多斯高原上的防线依然是沿袭了战国秦长城，在今土默特平原一带的防线则利用了战国赵北长城。秦始皇三十三年，派大将蒙恬出击匈奴，占领了河南地，即缘胡山以北、黄河南河以南的今达拉特旗东部、准格尔旗北部的黄河冲击平原；同年，派大将蒙恬修筑了"起临洮，至辽东，延袤万余里"的所谓"秦始皇万里长城"。秦始皇万里长城利用了鄂尔多斯战国秦长城，从战国秦长城向北直至黄河南河南岸，重新修筑长城将新占领的河南地包围了起来。

在鄂尔多斯市、乌海市境内调查的三道长城，均与秦始皇万里长城有关。

〔1〕　段清波、于春雷：《陕西战国秦长城调查与研究》，《中国文物科学研究》2012 年第 3 期。
〔2〕　国家文物局主编：《中国文物地图集·内蒙古自治区分册》（上册），第 94 页，西安地图出版社，2003 年。

在达拉特旗境内有一条东西走向的长城，由于其分布于达拉特旗原新民堡乡境内，多称其为新民堡长城。以前的调查者，多认为新民堡长城为战国秦长城的延伸，战国秦长城北端连接新民堡长城的西段，新民堡长城的东端向东延伸至准格尔旗十二连城。而辛德勇《张家山汉简所示汉初西北隅边境解析》一文，则认为新民堡长城是战国时期赵国修筑的长城，由北向南防御秦国。

在本次长城调查中，发现新民堡长城沿线散布有陶片等遗物，均为泥质灰陶，纹饰多绳纹、抹断绳纹等，具有秦代和西汉早期的特征，推断为秦朝、西汉早期两个时期战国秦长城的延伸线路。初步推断的线路为，从战国秦长城的北端点顺着东西向分水岭（为东胜区与达拉特旗分界线，或称为东胜梁）向西，到达哈什拉川的源头地带，然后顺着哈什拉川向北，新民堡长城的东端点就在哈什拉川的西岸，然后沿着东西走向的新民堡长城向西，与当时的黄河南河南岸连接了起来。

将战国秦长城与新民堡长城作这样的衔接，也有一定的史料依据。《史记·卫将军骠骑列传》记载："令车骑将军青，度西河，至高阙，获首虏二千三百级，车辎畜产毕收为卤，已封为列侯。遂西定河南地，按榆溪旧塞，绝梓领，梁北河，讨蒲泥，破符离，斩轻锐之卒，捕伏听者三千七十一级，执讯获丑，驱马牛羊百有余万，全甲兵而还，益封青三千户。"这段记载出自西汉元朔二年（公元前119年）卫青率兵占领河南地之后、汉武帝褒奖卫青的诏书之中。《汉书·韩安国传》亦云："及后蒙恬为秦侵胡，辟数千里，以河为竟，累石为城，树榆为塞。"这两条史料中记载的"榆溪旧塞"、"树榆为塞"，均与新民堡长城有所关联。秦朝及西汉早期修筑的部分战国秦长城延伸线路，没有修筑墙体，而是利用了今天的哈什拉川作为河险，起到有效的防御作用。如此，新民堡长城的防御方向也可以明确是由北向南防御的。本报告中，将新民堡长城及其以南利用哈什拉川及东胜梁部分，统称为秦汉榆溪塞长城。秦汉榆溪塞长城，在秦代是秦始皇万里长城的组成部分，在西汉早期与其南部的战国秦长城并称作"故河南塞"长城。

张家山汉简《二年律令·秩律》的相关研究成果显示，吕后二年（公元前193年），西汉云中郡在黄河以南的辖县有南舆、蔓柏、莫䵣、河阴、博陵五县[1]，这五个县均分布于榆溪旧塞之内，即大约在东胜梁以北、哈什拉川以东、新民堡长城以北地区。按照张家山汉简《二年律令·秩律》记载的由东向西的顺序，初步推断，南舆县旧址为今准格尔旗十二连城乡脑包湾村东侧的十二连城古城，蔓柏县旧址约在今达拉特旗与准格尔旗交界处的呼斯壕赖河下游一带，莫䵣县旧址为今达拉特旗王爱召镇哈勒正壕村西北500米处的哈勒正壕古城，河阴县旧址约在今达拉特旗王爱召镇新民堡村左近一带。此外，博陵县在《汉书·地理志》中归入西河郡，今址当为位于今达拉特旗耳字壕镇康家湾村东南的康家湾古城。由此可见，博陵县当位于战国秦长城向西延伸后北折转入哈什拉川的折转处内侧，莫䵣县位于哈什拉川东岸，河阴县位于新民堡长城的东端点附近，西汉早期的榆溪塞长城内侧是有着严密防御的。

在今鄂尔多斯高原地区，可见有分布于今乌海市境内的所谓"凤凰岭长城"。在本次调查中，于东西贯通乌海市与鄂尔多斯市之间的桌子山苏白音沟沟谷地带、苏白音沟东沟口北侧的巴音温都尔山山顶地带，新发现了两条长城，其中前者的西端点与凤凰岭长城最近相距不到5千米，之间还调查有两座起到呼应作用的烽燧。位于鄂尔多斯市鄂托克旗境内的这两条新发现长城，初步推断其与凤凰岭长城属于同一时期遗存，始筑年代与秦始皇万里长城的修筑年代大体相同，本报告合称为"乌海—鄂托克旗桌子山秦长城"。这一条长城依托于南北走向的桌子山山地，西侧面向黄河，东侧、北侧均面向沙漠，当中有苏白音沟东西贯通，起到联系东、西两侧山地的作用，应是秦代北地郡沿着贺兰山东麓、北流黄河西岸北上，过北流黄河之后形成的最西北端的一道防御设施。

---

〔1〕　周振鹤：《〈二年律令·秩律〉的历史地理意义》，《学术月刊》2003年第1期；晏昌贵：《〈二年律令·秩律〉与汉初政区地理》，《历史地理》第21辑，上海人民出版社，2006年。

在鄂尔多斯高原的南端，与作为内蒙古自治区和宁夏回族自治区区界的明长城并行或为明长城所叠压的，还有一道土垒长城，其在鄂尔多斯市鄂托克前旗境内分布总长 12.288 千米。关于这条土垒长城，此前宁夏文物考古研究所等单位曾对分布于宁夏盐池县、灵武市境内的部分地段开展过一些考古调查与发掘工作，结论认为是隋长城[1]。按照宁夏的调查成果，可见长城墙体内侧分布有土堆形烽燧，烽燧间距约 1.4 千米。

从史料方面，宁夏的调查与发掘报告也找到一些依据，认为《隋书》和《资治通鉴》均有记载。《隋书·崔仲方传》记载：隋文帝开皇五年（585 年），命崔仲方"令发丁三万，于朔方、灵武筑长城，东至黄河，西拒绥州，南至勃出岭，绵亘七百里。"《资治通鉴》卷一七六《陈纪十·长城公下》至德三年（585 年）年末条记载："隋主使司农少卿崔仲方发丁三万，于朔方、灵武筑长城，东距河，西至绥州，绵历七百里，以遏胡寇。"并认为，这两条史料在描述长城东、西起止点时方向有误，应为"西至黄河，东拒绥州"或者"西距河，东至绥州"，即西起灵武（今宁夏灵武西南）的北流黄河东岸，东至绥州（隋大业三年改为雕阴郡，今陕西绥德）。

检读宁夏的所谓隋长城调查与发掘报告，实际上并没有发现确切的证实这条土质长城为隋代遗迹和遗物。而且史料学上的证据，也是强行附会的。在本次长城调查中，鄂尔多斯市长城调查队也没有在该道长城沿线发现相关遗物。因此，关于该道长城为隋长城的说法存在的疑点很多。从该道长城的分布与走向来看，向西可能与乌海—鄂托克旗桌子山秦长城相接，向东可能与战国秦长城相接，其性质或与乌海—鄂托克旗桌子山秦长城相同，为秦朝在北地郡北侧修筑的一条长城防线。

关于北宋丰州城及其周边砦址的建制沿革，李逸友前揭文的考证论述非常详尽。位于今准格尔旗纳日松镇的二长渠古城为丰州故城，该地本是河西藏才族聚居地，其首领曾由辽朝授予左千牛卫将军。北宋开宝二年（969 年），藏才族归附宋朝，其首领王氏家族由宋朝任命世袭管领丰州。北宋设立丰州建制，在鄂尔多斯高原东南角建立了一个西御西夏的军事据点。1041～1061 年期间，西夏一度占领了丰州，仍称丰州。1061 年，北宋收复丰州后，由朝廷直接任命官员掌管丰州军政事务。1129 年，丰州被与西夏联合攻宋的金朝占领，到 1146 年，金朝又将丰州赐予西夏，自此西夏一直管理丰州。1227 年，大蒙古国灭西夏后，丰州城逐渐沦为废墟。丰州城虽几易其主，但其附近发现的砦址、烽火台等防御设施，均为北宋建立以防御西夏的，这些设施中的绝大部分应当是在 1061 年北宋收复丰州之后修筑的。砦址和烽火台的周围不见土石垒筑的长城墙体，而是主要依托一南一北均大致呈西北—东南向的两条河流，分别为沙梁川和清水川，实际上构成了两道河险长城。李逸友文提到了丰州城、永安砦、保宁砦和 5 座烽火台，本次调查又新发现了 18 座烽火台，从而构成了一个以丰州城为中心、以河险为依托、以砦址为护卫、以烽火台为延伸的综合性长城防御体系。

四　本报告编写体例

通过上述前人研究与本次调查成果的比较，初步可将鄂尔多斯—乌海境内的长城分为第二章至第七章六个部分。除第一章为概述外，第二章为自南向北分布于鄂尔多斯市伊金霍洛旗、准格尔旗、达拉特旗、东胜区境内的鄂尔多斯战国秦长城，第三章为分布于鄂尔多斯市东胜区、达拉特旗境内的鄂尔多斯秦汉榆溪塞长城，第四章为分布于乌海市和鄂尔多斯市鄂托克旗境内的乌海—鄂托克旗桌子山秦长城，

---

〔1〕　宁夏文物考古研究所、盐池县博物馆：《宁夏盐池县古长城调查与试掘》，《考古与文物》2000 年第 3 期；宁夏文物考古研究所、内蒙古鄂托克前旗文化局、灵武市文物管理所：《宁夏灵武市古长城调查与试掘》，《考古与文物》2006 年第 2 期。

包括了凤凰岭秦长城、苏白音沟秦长城和巴音温都尔山秦长城,第五章为分布于鄂尔多斯市鄂托克前旗境内的鄂托克前旗秦长城,第六章为分布于鄂尔多斯市准格尔旗境内的北宋丰州长城,第七章为对分布于鄂尔多斯市准格尔旗、鄂托克前旗、鄂托克旗和乌海市境内的明长城的综合性研究(地图一)。对于以上第二章至第六章的明以前长城线路,将分别予以详细介绍,墙体沿线的附属设施、单体建筑和相关遗存等附于它们紧邻的每段墙体之后加以描述。在最后的结论部分中,将对鄂尔多斯高原的自然地理环境作较为详细介绍,对长城总体数据作全面统计,对与长城相关的一些问题作初步的探讨。

第二章

鄂尔多斯战国秦长城

分布于鄂尔多斯市境内的战国秦长城，由陕西省府谷县自南向北进入伊金霍洛旗，在准格尔旗向东北经达拉特旗后，再向西止于东胜区。

在对鄂尔多斯战国秦长城的调查中，共划分了158段墙体，墙体总长94077米，其中，土墙长17235米、石墙长13535米、山险长38684米、消失段长24623米。在总长17235米的土墙中，保存较好部分长312米、一般部分长987米、较差部分长7662米、差部分长8062米、消失部分长212米。在总长13535米的石墙中，保存较好部分长2047米、一般部分长4995米、较差部分长3214米、差部分长2108米、消失部分长1171米。墙体沿线共调查烽燧19座、障城3座。具体情况如下表所示（表一）。

表一　鄂尔多斯战国秦长城数据简表

| 县（旗）域 | 墙体（米） | | | | | | | | | | 山险 | 消失 | 单体建筑（座） | |
| | 土墙 | | | | | 石墙 | | | | | 0 | 0 | | |
	较好	一般	较差	差	消失	较好	一般	较差	差	消失	0	0	烽燧	障城
伊金霍洛旗	126	0	2471	1031	0	1434	2199	960	816	769	18475	13038	7	1
准格尔旗	186	258	2770	5177	149	613	2796	2254	1292	402	20209	6512	12	2
达拉特旗	0	417	849	1854	52	0	0	0	0	0	0	1239	0	0
东胜区	0	312	1572	0	11	0	0	0	0	0	0	3834	0	0
总计	312	987	7662	8062	212	2047	4995	3214	2108	1171	38684	24623	19	3

根据战国秦长城在鄂尔多斯市境内的分布、走向与现在行政区划，分伊金霍洛旗、准格尔旗、达拉特旗和东胜区四部分分别予以介绍，每部分之下再分为长城墙体分布与走向、长城墙体与单体建筑保存现状两个方面的具体内容。

一　伊金霍洛旗

伊金霍洛旗战国秦长城总长41319米，从陕西省榆林市府谷县进入伊金霍洛旗纳林陶亥镇，沿牸牛川西岸一直向北，经过三界塔村、曼赖壕村、新庙村、母花沟村，在小柳塔村进入束会川西岸，后向北经过道劳岱村、武家坡村、罗家梁村、布尔洞塔村、乌兰敖包村、纳林塔村、李家村、白家梁村、兰家塔村、曹家塔村，最后向北进入准格尔旗境内。在伊金霍洛旗境内，长城墙体行经纳林陶亥镇一个镇（地图二）。

（一）长城墙体分布与走向

战国秦长城从陕西省府谷县贾家畔村向北进入伊金霍洛旗纳林陶亥镇三界塔村，该点为伊金霍洛旗战国秦长城的南端起点，也是鄂尔多斯战国秦长城的南端起点；在贾家畔煤矿以北的山坡上发现长城墙体的痕迹，为堆筑石墙，在沙土中若隐若现，个别段用大块片石垒砌而成，墙体上分布有烽燧，沿牸牛川西岸一直向北进入曼赖壕村，为堆积石墙，墙体多半隐没于沙土中。

进入新庙村后，在耕地边缘出现了石墙垒砌的痕迹，后向北进入牸牛川西岸母花沟村的山梁上，或在梁上以堆积或垒砌的石墙出现，或应用山梁中间的沟壑为山险，或在树林中穿行。

在小柳塔村进入束会川西岸，以夯筑土墙的形式出现，或穿行于树林中，或隐没于沙土中。再向西北进入道劳岱村，在平坦的山梁上以堆筑石墙的形式存在。其间，有一小段墙体保存较好，土墙夯层清晰可见，墙体上分布有烽燧。后向西北，在武家坡村以堆积石墙或夯筑土墙的方式穿行于沙土中。

向西北进入罗家梁村的山梁上，墙体先是以河卵石堆积而成，或穿过草丛，或穿行于田地中，后墙体以大型石块垒砌而成。进入布尔洞塔村后，垒砌石墙逐渐变宽变高，墙体附近分布有石砌烽燧。

进入乌兰敖包村后，地势变得险峻，沟壑很深，在山梁上的垒砌石墙尤为高峻，底宽13余米，高3米，将沟壑充分利用作为山险，部分用片石垒砌的段落非常规整，一些片石被居民用来盖房。

再向西北进入纳林塔村，墙体从山脚延伸至山梁上，至沟壑处形成山险。纳林塔段是伊金霍洛旗乃至鄂尔多斯市保存最完整、最为高大、最具观赏性的战国秦长城段落。该段长城墙体均为大型石块垒砌而成，墙体最宽处8米，最高处4米，垒砌相当规整，石缝中添加三合土，墙体上建有现代敖包或长有灌木，在沟壑处，墙体断面处可清晰看到垒砌石墙的剖面。墙体上分布有障墙，附近分布有烽燧。墙体西侧有1996年树立的水泥包砖保护标志碑一块，2001年树立的石质保护碑一块。

墙体向西北进入李家村后仍用较大石块垒砌而成，垒砌规整，石缝填充三合土，墙体呈东南—西北走向，墙体较宽大，底宽5米，高1.7米。墙体在山梁间自然沟壑处消失，在断崖处可清晰看到墙体剖面。

进入白家梁村后，村里分布有大片房屋、田地、道路、树木，墙体大多不见踪影，只在村子西面分布有电线杆和树木的山梁上，发现了垒砌石墙的痕迹。向北进入兰家塔村后，由河卵石垒砌而成的石墙变为夯筑土墙，后又变为下部为夯筑土墙、上部为垒砌石墙的两种修筑方式并存的墙体，疑为西汉初年沿用"故塞"长城的增筑痕迹。在平坦的草地上，由黄土和红土夯筑而成的土墙夯层明显，土墙上有红土夯筑和黄土夯筑的明显界线。

墙体再向北进入战国秦长城在伊金霍洛旗分布的最后一个村庄曹家塔村后，墙体分布于田地边缘，片石垒砌而成，墙体低矮，很多墙体上的片石被村民用来盖房。在沟壑断崖处，用片石夹杂三合土垒砌的墙体非常规整，疑为西汉初年沿用"故塞"长城的补筑痕迹。

（二）长城墙体与单体建筑保存现状

在调查中，将伊金霍洛旗境内的战国秦长城共划分为70段，其中包括土墙8段、石墙31段、山险16段、消失段15段。墙体总长41319米，其中，土墙3628米、石墙6178米、山险18475米、消失13038

米。在全长 3628 米的土墙中，保存较好部分长 126 米、较差部分长 2471 米、差部分长 1031 米。在全长 6178 米的石墙中，保存较好部分长 1434 米、一般部分长 2199 米、较差部分长 960 米、差部分长 816 米、消失部分长 769 米。沿线分布有烽燧 7 座、障城 1 座。

下面，对调查的 70 段长城墙体及其沿线的 7 座烽燧、1 座障城，分作详细描述。

1. 三界塔长城 1 段（1506273821 02020001）

该段长城起自纳林陶亥镇三界塔村南 1.3 千米处，止于三界塔村南 1.1 千米处。墙体位于牸牛川西面的台地上，该段墙体的起点即为鄂尔多斯战国秦长城的南端起点，南与陕西省战国秦长城在榆林市府谷县贾家畔村相接（彩图一），大体呈南—北走向，下接三界塔长城 2 段。墙体长 286 米，其中，保存较好部分长 191 米、差部分长 49 米、消失部分长 46 米，分别占该段墙体总长的 67%、17% 和 16%。

墙体为在自然基础上堆筑而成的石墙，以黄沙土夹杂片石堆筑为主，部分地段见有垒砌痕迹（彩图二）。墙体石块疏松，表面杂草丛生，现存墙体底宽 1 ~ 4.4、顶宽 0.5 ~ 1.3、高 0.2 ~ 0.6 米。

墙体东侧 5 千米处有一条从三界塔村通往府谷县的公路，南侧 0.1 千米处为府谷县贾家畔煤矿。墙体上调查烽燧一座，为三界塔烽燧。

三界塔烽燧（1506273521 01020001）

该烽燧位于纳林陶亥镇三界塔村西南 1.1 千米处，三界塔长城 1 段上。

台体骑墙而建，实心，四周石块垒砌，中间填以黄沙土，有补筑痕迹（彩图三）。台体呈圆锥形，平面呈圆形，剖面呈梯形。台体保存一般，底部直径 20 米，顶部东西长 2.4、南北长 5 米，残高 11 米。台体表面长有野草，底部生长有几棵杨树。

2. 三界塔长城 2 段（1506273821 06020002）

该段长城起自纳林陶亥镇三界塔村南 1.1 千米处，止于三界塔村西南 1 千米处。墙体大体呈东南—西北走向，上接三界塔长城 1 段，下接三界塔长城 3 段。为山险，起止点之间的直线长度 124 米。

3. 三界塔长城 3 段（1506273821 02020003）

该段长城起自纳林陶亥镇三界塔村西南 1 千米处，止于三界塔村西南 0.99 千米处。墙体处于沙坡上，大体呈东南—西北走向，上接三界塔长城 2 段，下接曼赖壕长城 1 段。墙体长 39 米。

墙体为自然基础上用石块垒砌而成（彩图四），底宽顶窄，略有收分。墙体石块疏松，表面杂草丛生，保存一般。现存墙体底宽 1.5、顶宽 1.3、残高 0.8 米。墙体附近地表上采集有绳纹陶片（彩图五）。

4. 曼赖壕长城 1 段（1506273821 06020004）

该段长城起自纳林陶亥镇三界塔村西南 0.99 千米处，止于纳林陶亥镇曼赖壕村东北 0.049 千米处。大体呈南—北走向，上接三界塔长城 3 段，下接曼赖壕长城 2 段。为山险，起止点之间的直线长度 1900 米。

5. 曼赖壕长城 2 段（1506273821 02020005）

该段长城起自纳林陶亥镇曼赖壕村东北 0.049 千米处，止于曼赖壕村东北 0.074 千米处。墙体位于一个台地上，大体呈南—北走向，上接曼赖壕长城 1 段，下接曼赖壕长城 3 段。墙体长 52 米。

墙体为堆积石墙，在自然基础上用土石混筑而成。墙体石块疏松，表面杂草丛生，保存差。现存墙体底宽 2、顶宽 0.7、残高 0.1 米。

墙体东侧有条小河，小河东面有条简易土路，北边是一处煤矿的指挥部，东北 10 千米处为变压器站，周围煤矿开采、新村修建等工程对墙体均造成一定程度的损坏。墙体上调查一座烽燧，为曼赖壕烽燧。

曼赖壕烽燧（1506273521 01020002）

该烽燧位于纳林陶亥镇曼赖壕村东北 0.056 千米处的小土包上，曼赖壕长城 2 段上。

台体骑墙而建，用石块堆砌而成，实心，整体呈半球形，平面呈圆形，剖面呈半圆形。台体保存一般，底部直径 5.4、顶部直径 1.8、残高 1.6 米。台体表面长满野草，有一棵榆树。

该烽燧西侧有一处敖包遗址，敖包上有完整的佛龛，敖包直径 3.4、残高 1.5 米。

6. 曼赖壕长城 3 段（150627382106020006）

该段长城起自纳林陶亥镇曼赖壕村东北 0.074 千米处，止于纳林陶亥镇新庙村南 2.7 千米处。大体呈南—北走向，上接曼赖壕长城 2 段，下接新庙长城 1 段。为山险，起止点之间的直线长度 1800 米。

7. 新庙长城 1 段（150627382102020007）

该段长城起自纳林陶亥镇新庙村南 2.7 千米处，止于新庙村南 2.5 千米处。墙体位于新庙村南的凹地上，大体呈南—北走向，上接曼赖壕长城 3 段，下接新庙长城 2 段。墙体长 193 米，其中，保存一般部分长 7 米、差部分长 120 米、消失部分长 66 米，分别占该段墙体总长的 4%、62% 和 34%。

墙体为堆积石墙，在自然基础上用土石混筑而成，部分墙体比较完整，部分有坍塌现象。现存墙体底宽 2~2.5、顶宽 1~2、高 0.5~2 米（彩图六）。

墙体四周为庄稼地，东面为不连沟，再往东 5 千米处有一条柏油路，北面 1 千米处有一条乡村土路。墙体东侧调查烽燧一座，为新庙 1 号烽燧。

新庙 1 号烽燧（150627353201020003）

该烽燧位于纳林陶亥镇新庙村南 2.9 千米处。

台体用石块、黄沙土混筑而成，底部为馒头状土包，顶部用石块堆积而成。台体保存一般，顶部滑落的石块大部分被现代敖包所利用，底部临近地面部分因风蚀而内凹。台体底部直径 15、顶部直径 8、残高 6 米。

烽燧后来被再利用修建成敖包，敖包位于台体顶部，直径 1、高 1 米。烽燧附近地表采集有滴水和瓦片、瓷片等。

该烽燧西 0.125 千米处为新庙长城 1 段墙体，北 3.2 千米处为新庙 2 号烽燧。东面为牸牛川、0.5 千米处有一条公路，北侧 20 米处有高压电线杆群，东北 1 千米处有变压器站。

8. 新庙长城 2 段（150627382106020008）

该段长城起自纳林陶亥镇新庙村南 2.5 千米处，止于纳林陶亥镇母花沟村东南 1.2 千米处。大体呈南—北走向，上接新庙长城 1 段，下接母花沟长城 1 段。为山险，起止点之间的直线长度 667 米。

9. 母花沟长城 1 段（150627382102020009）

该段长城起自纳林陶亥镇母花沟村东南 1.2 千米处，止于母花沟村东南 1.1 千米处。大体呈西南—东北走向，上接新庙长城 2 段，下接母花沟长城 2 段。墙体长 261 米。

墙体为自然基础上用石块垒砌而成（彩图七），石缝中间填有三合土。整体保存差。墙体底宽 3.5、顶宽 1、残高 0.8 米。

墙体东侧为牸牛川，南侧 3 千米处有一条乡村土路。

10. 母花沟长城 2 段（150627382106020010）

该段长城起自纳林陶亥镇母花沟村东南 1.1 千米处，止于母花沟村东南 0.85 千米处。大体呈南—北走向，上接母花沟长城 1 段，下接母花沟长城 3 段。为山险，起止点之间的直线长度 414 米。

11. 母花沟长城 3 段（150627382102020011）

该段长城起自纳林陶亥镇母花沟村东南 0.85 千米处，止于母花沟村东南 0.84 千米处。大体呈西南—东北走向，上接母花沟长城 2 段，下接母花沟长城 4 段。墙体长 186 米，其中，保存一般部分长 9

米、较差部分长 148 米、消失部分长 29 米，分别占该段墙体总长的 5%、80% 和 15%。

墙体为堆积石墙，在自然基础上用土石混筑而成，个别地段有垒砌的痕迹。现存墙体底宽 2.2 ～ 3.5、顶宽 1.3 ～ 1.5、残高 0.6 ～ 1.1 米（彩图八）。

墙体东侧为牸牛川，南面有条沟壑，再往南 3 千米处有条乡村土路，西侧是庄稼地和树林，北侧有条乡村土路。

12. **母花沟长城 4 段**（150627382301020012）

该段长城起自纳林陶亥镇母花沟村东南 0.84 千米处，止于纳林陶亥镇新庙村北 0.657 千米处。墙体大体呈南—北走向，上接母花沟长城 3 段，下接新庙长城 3 段墙体。为消失段，起止点之间的直线长度 1600 米。

13. **新庙长城 3 段**（150627382102020013）

该段长城起自纳林陶亥镇新庙村北 0.657 千米处，止于新庙村北 0.735 千米处。墙体位于新庙村北的坡地上，大体呈南—北走向，上接母花沟长城 4 段，下接新庙长城 4 段。墙体长 109 米，其中，保存较差部分长 74 米、消失部分长 35 米，分别占该段墙体总长的 68%、32%。

墙体为堆积石墙，在自然基础上用土石混筑而成，底宽顶窄，剖面呈梯形。现存墙体底宽 4 ～ 6、顶宽 1.1 ～ 2、高 0.5 ～ 0.6 米。

该段墙体东侧为牸牛川，南侧有条乡村公路。墙体东侧调查烽燧一座，为新庙 2 号烽燧。

新庙 2 号烽燧（150627353201020004）

该烽燧位于纳林陶亥镇新庙村西北 0.417 千米处的高地上。

烽燧建于高土台上，用石块垒砌而成，用三合土填缝。台体保存一般，结构和形制均被破坏，石块滑落。台体平面呈圆形，剖面呈梯形（彩图九），底部直径 12、顶部直径 5、残高 5.1 米。台体顶部立有一块纪念碑，上书"林业模范公�敖泽尔纪念碑"。

该烽燧西 74 米处为新庙长城 3 段墙体，南 3.2 千米处为新庙 1 号烽燧。东面 10 千米处为牸牛川，西面 10 米处有一条乡村公路。

14. **新庙长城 4 段**（150627382301020014）

该段长城起自纳林陶亥镇新庙村北 0.735 千米处，止于新庙村北 0.851 千米处。墙体大体呈南—北走向，上接新庙长城 3 段，下接新庙长城 5 段。为消失段，起止点之间的直线长度 124 米。

15. **新庙长城 5 段**（150627382102020015）

该段长城起自纳林陶亥镇新庙村北 0.851 千米处，止于新庙村北 0.878 千米处。墙体大体呈南—北走向，上接新庙长城 4 段，下接新庙长城 6 段。墙体长 32 米。

墙体为堆积石墙，在自然基础上用土石混筑而成。整体保存较差。墙体底宽顶窄，剖面呈梯形，底宽 3.5、顶宽 1.1、高 0.3 米。

16. **新庙长城 6 段**（150627382301020016）

该段长城起自纳林陶亥镇新庙村北 0.878 千米处，止于新庙村北 3.6 千米处。墙体大体呈南—北走向，上接新庙长城 5 段，下接新庙长城 7 段。为消失段，起止点之间的直线长度 2800 米。

17. **新庙长城 7 段**（150627382101020017）

该段长城起自纳林陶亥镇新庙村北 3.6 千米处，止于新庙村北 3.8 千米处。墙体位于新庙村北的坡地上，大体呈南—北走向，上接新庙长城 6 段，下接小柳塔长城 1 段。墙体长 240 米。

墙体为自然基础上用土夯筑而成。整体保存差。墙体底宽顶窄，剖面呈梯形，底宽 3、顶宽 1、高 2 米。

墙体东侧为牸牛川，南 2 千米处为包（头）府（谷）公路。

18. 小柳塔长城 1 段（150627382101020018）

该段长城起自纳林陶亥镇新庙村北 3.8 千米处，止于纳林陶亥镇小柳塔村南 2.1 千米处。墙体位于小柳塔村南的坡地上，大体呈东南—西北走向，上接新庙长城 7 段，下接小柳塔长城 2 段。墙体长 1763 米。

墙体为自然基础上用土夯筑而成，剖面呈梯形，夯层清晰，夯层厚约 0.2 米（彩图一〇）。整体保存较差。现存墙体底宽 7、顶宽 3、残高 2.3 米。

墙体所在地区呈沙丘地貌，东侧为束会川，西侧 2 千米处有条乡间小道。

19. 小柳塔长城 2 段（150627382301020019）

该段长城起自纳林陶亥镇小柳塔村南 2.1 千米处，止于小柳塔村南 1.2 千米处。墙体呈南—北走向，上接小柳塔长城 1 段，下接小柳塔长城 3 段。为消失段，起止点之间的直线长度 893 米。

20. 小柳塔长城 3 段（150627382101020020）

该段长城起自纳林陶亥镇小柳塔村南 1.2 千米处，止于小柳塔村南 0.745 千米处。墙体位于小柳塔村南的坡地上，大体呈东南—西北走向，上接小柳塔长城 2 段，下接小柳塔长城 4 段。墙体长 559 米。

墙体为自然基础上用土夯筑而成，夯土有塌落，其中夹有石块。墙体现地表呈土垄状，长满野草，整体保存较差。现存墙体底宽 4、顶宽 1.5、残高 1 米。

该段墙体所在地区呈沙丘地貌，东侧为束会川，东 1 千米处有乡村公路，北面是杨湾煤矿。

21. 小柳塔长城 4 段（150627382301020021）

该段长城起自纳林陶亥镇小柳塔村南 0.745 千米处，止于小柳塔村西北 1.8 千米处。墙体大体呈南—北走向，上接小柳塔长城 3 段，下接小柳塔长城 5 段。为消失段，起止点之间的直线长度 2700 米。

22. 小柳塔长城 5 段（150627382101020022）

该段长城起自纳林陶亥镇小柳塔村西北 1.8 千米处，止于小柳塔村西北 2.5 千米处。墙体大体呈东南—西北走向，上接小柳塔长城 4 段，下接小柳塔长城 6 段。墙体长 791 米。

墙体为自然基础上用土夯筑而成。整体保存差。现存墙体底宽 3.1、顶宽 1.8、残高 2.5 米。

该段墙体处于束会川西岸沙梁上的灌木丛中，周边呈沙丘地貌，东侧是边家壕至宝山煤矿的公路，西北 30 米处有两座高压电线塔。

23. 小柳塔长城 6 段（150627382106020023）

该段长城起自纳林陶亥镇小柳塔村西北 2.5 千米处，止于纳林陶亥镇道劳岱村西南 0.8 千米处。大体呈东南—西北走向，上接小柳塔长城 5 段，下接道劳岱长城 1 段。为山险，起止点之间的直线长度 1900 米。

24. 道劳岱长城 1 段（150627382102020024）

该段长城起自纳林陶亥镇道劳岱村西南 0.8 千米处，止于道劳岱村西南 0.766 千米处。大体呈南—北走向，上接小柳塔长城 6 段，下接道劳岱长城 2 段。墙体长 157 米。

墙体为堆积石墙，在自然基础上用土石混筑而成，现地表呈石垄状。整体保存差，已塌陷，石块多滑落，周围长满野草。现存墙体底宽 4、顶宽 2、残高 1 米。墙体边沿线采集有绳纹瓦片。

该段墙体位于束会川西岸的沙梁上，周边呈沙丘地貌，北面为道劳岱村乡村小路。

25. 道劳岱长城 2 段（150627382301020025）

该段长城起自纳林陶亥镇道劳岱村西南 0.766 千米处，止于道劳岱村西 1.4 千米处。墙体大体呈东南—西北走向，上接道劳岱长城 1 段，下接道劳岱长城 3 段。为消失段，起止点之间的直线长度1200 米。

26. 道劳岱长城 3 段（150627382102020026）

该段长城起自纳林陶亥镇道劳岱村西 1.4 千米处，止于道劳岱村西 1.5 千米处。墙体大体呈东南—西北走向，上接道劳岱长城 2 段，下接道劳岱长城 4 段。墙体长 164 米。

墙体为堆积石墙，在自然基础上用土石混筑而成。整体保存较差，墙体塌陷，石块滑落，高低不平，呈土垄状。现存墙体底宽 4.5、顶宽 2、残高 1.5 米。

27. 道劳岱长城 4 段（150627382301020027）

该段长城起自纳林陶亥镇道劳岱村西 1.5 千米处，止于道劳岱村西北 2.5 千米处。墙体大体呈东南—西北走向，上接道劳岱长城 3 段，下接道劳岱长城 5 段。为消失段，起止点之间的直线长度1000 米。

28. 道劳岱长城 5 段（150627382102020028）

该段长城起自纳林陶亥镇道劳岱村西北 2.5 千米处，止于道劳岱村西北 2.7 千米处。墙体大体呈东南—西北走向，上接道劳岱长城 4 段，下接道劳岱长城 6 段。墙体长 134 米，其中，保存较好部分长 46 米、一般部分长 64 米、消失部分长 24 米，分别占该段墙体总长的 34%、48% 和 18%。

墙体为堆积石墙，在自然基础上用土石混筑而成。部分墙体用土夯筑，四周为夯土，中间填沙石，夯层可见 13 层，夯层厚约 0.15 米。墙体剖面呈梯形，底宽 4.4~5.8、顶宽 2~3.3、残高 3~3.6 米。有一小段墙体保存较好，夯层和垛口墙清晰可见（彩图一一），垛口宽 0.4、高 0.6、间距 0.8 米。

该段墙体位于束会川西岸的沙梁上，周边呈沙丘地貌，北面为道劳岱村乡村小路。墙体上调查烽燧一座，为道劳岱烽燧。

道劳岱烽燧（150627352101020005）

该烽燧位于纳林陶亥镇道劳岱村西北 2.7 千米，道劳岱长城 5 段墙体上。

台体实心，骑墙而建，用沙石混筑而成，四周由石块垒砌而成。台体结构和形制均被破坏，石块滑落，整体保存差。台体整体呈不规则形，底部平面呈正方形，底部边长 21 米，顶部东西长 7、南北长 10.5 米，残高 12 米。

该烽燧位于束会川西约 1 千米处，南为道劳岱村，西面是沙梁，北面有一条乡村公路。

29. 道劳岱长城 6 段（150627382301020029）

该段长城起自纳林陶亥镇道劳岱村西北 2.7 千米处，止于纳林陶亥镇武家坡村南 1 千米处。墙体大体呈东南—西北走向，上接道劳岱长城 5 段，下接武家坡长城 1 段。为消失段，起止点之间的直线长度 442 米。

30. 武家坡长城 1 段（150627382102020030）

该段长城起自纳林陶亥镇武家坡村南 1 千米处，止于武家坡村南 0.929 千米处。墙体大体呈东南—西北走向，上接道劳岱长城 6 段，下接武家坡长城 2 段。墙体长 257 米，其中，保存差部分长 177米、消失部分长 80 米，分别占该段墙体总长的 69% 和 31%。

墙体为堆积石墙，在自然基础上用土石混筑而成。地表呈土垄状，墙体上及周围长满野草。墙体剖面呈半圆形，底宽 3~4、顶宽 2、残高 0.5~1 米。

该段墙体处于束会川西岸的沙梁上，周边呈沙丘地貌，东侧为束会川，北面为武家坡村乡村小路。

墙体上建有小庙。

31. 武家坡长城 2 段 （1506273823301020031）

该段长城起自纳林陶亥镇武家坡村南 0.929 千米处，止于武家坡村西 1.1 千米处。墙体大体呈东南—西北走向，上接武家坡长城 1 段，下接武家坡长城 3 段。为消失段，起止点之间的直线长度 731 米。

32. 武家坡长城 3 段 （1506273823101020032）

该段长城起自纳林陶亥镇武家坡村西 1 千米处，止于武家坡村西 1.1 千米处。墙体大体呈东南—西北走向，上接武家坡长城 2 段，下接武家坡长城 4 段。墙体长 149 米。

墙体为自然基础上用黄沙土夯筑而成，局部有明显夯层，可见共 15 层，夯层厚 0.06~0.25 米。整体保存较差。墙体底宽顶窄，剖面呈梯形，底宽 2、顶宽 0.5、残高 1 米（彩图一二）。

该段墙体位于束会川西岸的沙梁上，周边呈沙丘地貌，东侧为束会川，西侧为乌兰集团所属煤矿，西北为乡村公路。

33. 武家坡长城 4 段 （1506273823301020033）

该段长城起自纳林陶亥镇武家坡村西 1.1 千米处，止于纳林陶亥镇罗家梁村东南 0.456 千米处。墙体大体呈东南—西北走向，上接武家坡长城 3 段，下接罗家梁长城 1 段。为消失段，起止点之间的直线长度 148 米。

34. 罗家梁长城 1 段 （1506273823102020034）

该段长城起自纳林陶亥镇罗家梁村东南 0.456 千米处，止于罗家梁村东南 0.195 千米处。墙体位于罗家梁村东南的山坡上，大体呈东南—西北走向，上接武家坡长城 4 段，下接罗家梁长城 2 段。墙体长 270 米，其中，保存较好部分长 48 米、一般部分长 91 米、消失部分长 131 米，分别占该段墙体总长的 18%、34% 和 48%。

墙体为堆积石墙，在自然基础上用土和石块混合筑成，石块为就地取材的河卵石（彩图一三）。墙体底宽顶窄，剖面呈梯形，底宽 3~4、顶宽 1~1.5、残高 0.5~0.8 米。

该段墙体东侧 5 千米处为束会川，西南方向有一个露天煤矿，西面 1 千米有一条乡村公路。墙体上有一座敖包，底部直径 5、顶部直径 2、高 1.5 米。

35. 罗家梁长城 2 段 （1506273823106020035）

该段长城起自纳林陶亥镇罗家梁村东南 0.195 千米处，止于罗家梁村西 0.212 千米处。大体呈西南—东北走向，上接罗家梁长城 1 段，下接罗家梁长城 3 段。为山险，起止点之间的直线长度 147 米。

36. 罗家梁长城 3 段 （1506273823102020036）

该段长城起自纳林陶亥镇罗家梁村西 0.212 千米处，止于罗家梁村东北 0.302 千米处。大体呈南—北走向，上接罗家梁长城 2 段，下接罗家梁长城 4 段。墙体长 166 米。

该段墙体为自然基础上用较大石块垒砌而成。整体保存一般。墙体底宽顶窄，剖面呈三角形，底宽 2、残高 1 米。

37. 罗家梁长城 4 段 （1506273823106020037）

该段长城起自纳林陶亥镇罗家梁村东北 0.302 千米处，止于纳林陶亥镇布尔洞塔村西南 1.4 千米处。大体呈南—北走向，上接罗家梁长城 3 段，下接布尔洞塔长城 1 段。为山险，起止点之间的直线长度 216 米。

38. 布尔洞塔长城 1 段 （1506273823102020038）

该段长城起自纳林陶亥镇布尔洞塔村西南 1.4 千米处，止于布尔洞塔村西南 1.3 千米处。墙体处于布尔洞塔村西南的台地上，大体呈东南—西北走向，上接罗家梁长城4段，下接布尔洞塔长城2段。墙体长96米。

墙体为堆积石墙，在自然基础上用土石混筑而成。整体保存较差。墙体底宽3.6、顶宽1.7、残高0.8米。

该段墙体东侧1千米处为束会川，南20米处有一条乡村公路，西0.1千米处为布尔洞塔烽燧。

布尔洞塔烽燧（150627353201020006）

该烽燧位于纳林陶亥镇布尔洞塔村西南1.5千米处。

台体为实心，用石块垒砌而成。台体石块大部分滑落，只有一小部分较完整，滑落成斜坡的台体上长满野草，整体保存一般。台体平面呈圆形，剖面呈梯形，底部直径6、顶部直径4、残高2米。

该烽燧东0.1千米为布尔洞塔长城1段墙体。

39. 布尔洞塔长城2段（150627382106020039）

该段长城起自纳林陶亥镇布尔洞塔村西南1.3千米处，止于纳林陶亥镇乌兰敖包村南0.434千米处。大体呈南—北走向，上接布尔洞塔长城1段，下接乌兰敖包长城1段。为山险，起止点之间的直线长度2600米。

40. 乌兰敖包长城1段（150627382102020040）

该段长城起自纳林陶亥镇乌兰敖包村南0.434千米处，止于乌兰敖包村西北0.714千米处。墙体位于乌兰敖包村西面的山坡上，大体呈东南—西北走向，上接布尔洞塔长城2段，下接乌兰敖包长城2段。墙体长974米，其中，保存较好部分长115米、一般部分长770米、消失部分长89米，分别占该段墙体总长的12%、79%和9%。

墙体为垒砌石墙，自然基础，墙体高峻，基本保持了原貌（彩图一四、一五）。墙体底宽顶窄，剖面略呈半圆形，底宽7～13、顶宽3～5、残高1.5～2.5米。

该段墙体两边是深沟，东侧为束会川，南面是乌兰敖包，西面有一座利用长城墙体石块所盖房子废弃后留下的痕迹，西3千米处有一条乡村土路。

41. 乌兰敖包长城2段（150627382106020041）

该段长城起自纳林陶亥镇乌兰敖包村西北0.714千米处，止于乌兰敖包村西北0.841千米处。大体呈南—北走向，上接乌兰敖包长城1段，下接乌兰敖包长城3段。为山险，起止点之间的直线长度197米。

42. 乌兰敖包长城3段（150627382102020042）

该段长城起自纳林陶亥镇乌兰敖包村西北0.841千米处，止于乌兰敖包村西北1.1千米处。墙体位于乌兰敖包村西面的山坡上，大体呈东南—西北走向，上接乌兰敖包长城2段，下接乌兰敖包长城4段。墙体长313米。

墙体为垒砌石墙，自然基础。整体保存较差。墙体底宽顶窄，剖面呈梯形，底宽4.3、顶宽2.4、残高3.2米。

该段墙体东侧为束会川，东1千米处有一条乡村公路，西5千米处是包（头）府（谷）公路。

43. 乌兰敖包长城4段（150627382106020043）

该段长城起自纳林陶亥镇乌兰敖包村西北1.1千米处，止于纳林陶亥镇纳林塔村西南0.965千米处。大体呈东南—西北走向，上接乌兰敖包长城3段，下接纳林塔长城1段。为山险，起止点之间的直线长度659米。

44. 纳林塔长城 1 段 （150627382102020044）

该段长城起自纳林陶亥镇纳林塔村西南 0.965 千米处，止于纳林塔村西南 0.838 千米处。大体呈东—西走向，东南接乌兰敖包长城 4 段，西北接纳林塔长城 2 段。墙体长 283 米。

墙体为垒砌石墙，自然基础，南壁垒砌的痕迹较明显（彩图一六）。整体保存较好，基本保存原貌（彩图一七、一八），墙体上沙土填缝，缝中长有野草。墙体底宽顶窄，剖面呈梯形，底宽 6.8 ~ 8、顶宽 4.3 ~ 5、残高 2.6 ~ 4 米。

墙体东侧为束会川，南 1 千米处有条盘山乡村土路，西南 1 千米处有一煤矿。墙体西侧立水泥包砖保护标志一块，为 1996 年伊金霍洛旗人民政府所立，内容为“纳林塔战国秦长城”（彩图一九）。

45. 纳林塔长城 2 段 （150627382102020045）

该段长城起自纳林陶亥镇纳林塔村西南 0.838 千米处，止于纳林塔村西南 0.73 千米处。墙体大体呈东南—西北走向，南端东接纳林塔长城 1 段，北端西北接纳林塔长城 6 段，东接纳林塔长城 4 段障墙。墙体长 260 米。

墙体为垒砌石墙，自然基础，南壁垒砌的痕迹较明显，石块间填充三合土。整体保存较好。墙体底宽顶窄，剖面呈梯形，底宽 4.5 ~ 5、顶宽 1.5 ~ 1.7、残高 1 ~ 1.5 米（彩图二〇）。墙体上建有一组敖包，主敖包 1 座，直径 4.8、高 1.7 米，守卫敖包共 18 个，底部直径 1、高 0.5 米，相互间距 1.7 米（彩图二一）。

该段墙体西北侧立石质保护标志一块，为伊金霍洛旗人民政府于 2001 年 11 月 18 日所立（彩图二二）。墙体东北 25 米处有纳林塔烽燧。

纳林塔烽燧 （150627353201020007）

该烽燧位于纳林陶亥镇纳林塔村西南 0.706 千米处。

台体为实心，用石块垒砌而成。整体保存一般。平面呈不规则形，剖面呈梯形，底部东西长 13.5、南北长 5、残高 1.5 米。

该烽燧西南 25 米处为纳林塔长城 2 段墙体。东北面是束会川，西侧有一条乡村土路。

46. 纳林塔长城 3 段 （150627382102020046）

该段长城起自纳林陶亥镇纳林塔村西南 0.764 千米处，止于纳林塔村西南 0.818 千米处。墙体大体呈西南—东北走向，为独立的一段障墙，西面 20 米处为纳林塔长城 2 段。该段长城与北面 40 米处的纳林塔长城 4 段障墙和南面 30 米处的纳林塔长城 5 段障墙，均位于纳林塔长城 2 段的东侧，三段障墙均大致为东—西走向，呈平行状。墙体长 50 米。

墙体为垒砌石墙，自然基础。整体保存较好。墙体底宽顶窄，剖面呈梯形，底宽 8、顶宽 4.5、残高 2 米。

47. 纳林塔长城 4 段 （150627382102020047）

该段长城起自纳林陶亥镇纳林塔村西南 0.737 千米处，止于纳林塔村西南 0.763 千米处。墙体大体呈东—西走向，为一段障墙，西接纳林塔长城 2 段，与南面 40 米处的纳林塔长城 3 段障墙平行。墙体长 71 米。

墙体为垒砌石墙，自然基础。整体保存一般。墙体底宽顶窄，剖面呈梯形，底宽 6.5、顶宽 4、残高 1.6 米。

48. 纳林塔长城 5 段 （150627382102020048）

该段长城起自纳林陶亥镇纳林塔村西南 0.78 千米处，止于纳林塔村西南 0.812 千米处。墙体大体呈东北—西南走向，为一段独立的障墙，南面 40 米处为纳林塔长城 1 段，西面 30 米处为纳林塔长城 2

段，与北面 30 米处的纳林塔长城 3 段障墙平行。墙体长 74 米。

墙体为垒砌石墙，自然基础。整体保存一般。墙体底宽顶窄，剖面呈半圆形，底宽 3.6、顶宽 2、残高 1 米。

49. 纳林塔长城 6 段（150627382106020049）

该段长城起自纳林陶亥镇纳林塔村西南 0.8 千米处，止于纳林陶亥镇李家村西北 0.253 千米处。大体呈南—北走向，东南接纳林塔长城 2 段，北接李家村长城 1 段。为山险，起止点之间的直线长度 1400 米。

50. 李家村长城 1 段（150627382102020050）

该段长城起自纳林陶亥镇李家村西北 0.253 千米处，止于李家村西北 0.301 千米处。墙体位于脑木图沟北面台地的顶部，大体呈东南—西北走向，上接纳林塔长城 6 段，下接李家村长城 2 段。墙体长 57 米。

墙体为垒砌石墙（彩图二三、二四），石块之间填充三合土，自然基础。整体保存较好。墙体底宽顶窄，剖面呈梯形，底宽 5、顶宽 3.5、残高 1.7 米。墙体附近有条乡村土路。

51. 李家村长城 2 段（150627382301020051）

该段长城起自纳林陶亥镇李家村西北 0.301 千米处，止于李家村西北 0.348 千米处。墙体大体呈东南—西北走向，上接李家村长城 1 段，下接李家村长城 3 段。为消失段，起止点之间的直线长度 49 米。

52. 李家村长城 3 段（150627382102020052）

该段长城起自纳林陶亥镇李家村西北 0.348 千米处，止于李家村西北 0.553 千米处。墙体位于脑木图沟北面台地的顶部，大体呈东南—西北走向，上接李家村长城 2 段，下接李家村长城 4 段。墙体长 219 米，其中，保存较好部分长 113 米、一般部分长 37 米、消失部分长 69 米，分别占该段墙体总长的 52%、17% 和 31%。

墙体为垒砌石墙（彩图二五、二六），石缝中间填充三合土，自然基础。墙体底宽顶窄，剖面呈梯形，底宽 2~4.5、顶宽 1.5~4、残高 0.6~1.6 米。墙体附近有条乡村土路。

53. 李家村长城 4 段（150627382301020053）

该段长城起自纳林陶亥镇李家村西北 0.553 千米处，止于李家村西北 0.9 千米处。墙体大体呈东南—西北走向，上接李家村长城 3 段，下接李家村长城 5 段。为消失段，起止点之间的直线长度 351 米。

54. 李家村长城 5 段（150627382102020054）

该段长城起自纳林陶亥镇李家村西北 0.9 千米处，止于李家村西北 0.996 千米处。墙体大体呈东南—西北走向，上接李家村长城 4 段，下接白家梁长城 1 段。墙体长 101 米。

墙体为垒砌石墙，自然基础。整体保存较好。墙体底宽顶窄，剖面呈梯形，底宽 2.5、顶宽 1.2、残高 0.5 米。

55. 白家梁长城 1 段（150627382301020055）

该段长城起自纳林陶亥镇李家村西北 0.996 千米处，止于纳林陶亥镇白家梁村西南 0.034 千米处。墙体大体呈东南—西北走向，上接李家村长城 5 段，下接白家梁长城 2 段。为消失段，起止点之间的直线长度 473 米。

56. 白家梁长城 2 段（150627382102020056）

该段长城起自纳林陶亥镇白家梁村西南 0.034 千米处，止于白家梁村西北 0.151 千米处。墙体大体呈东南—西北走向，上接白家梁长城 1 段，下接白家梁长城 3 段。墙体长 140 米。

墙体为垒砌石墙，自然基础。整体保存一般。墙体底宽顶窄，剖面呈梯形，底宽 4、顶宽 2.5、残高 1.7 米（彩图二七）。墙体附近采集有绳纹陶片、卷云纹瓦当等遗物。

该段墙体东侧为束会川，北侧 1 千米处有条乡村土路。

57. 白家梁长城 3 段（1506273821060200057）

该段长城起自纳林陶亥镇白家梁村西北 0.151 千米处，止于纳林陶亥镇兰家塔村北 0.578 千米处。大体呈南—北走向，上接白家梁长城 2 段，下接兰家塔长城 1 段。为山险，起止点之间的直线长度 2100 米。

该段山险东侧 2.2 千米处为电石湾障城。

电石湾障城（1506273531020200001）

该障城位于纳林陶亥镇白家梁村东北 2.2 千米处，当地称为电石湾的山梁上。

障城平面呈长方形，东西长 135、南北长 130 米。北墙、西墙痕迹清晰，均用石块垒筑。城内正南部有一座长方形建筑台基，长 2.3、宽 1.4、残高 1.3 米。城内地表散布有灰陶片、瓦片等遗物，陶片可辨器形有盆、甑等，瓦片有绳纹筒瓦、板瓦和云纹瓦当等。

该障城西 2.2 千米处为白家梁长城 3 段。

58. 兰家塔长城 1 段（1506273821020200058）

该段长城起自纳林陶亥镇兰家塔村北 0.578 米千米处，止于兰家塔村西北 0.758 千米处。墙体大体呈东—西走向，上接白家梁长城 3 段，下接兰家塔长城 2 段。墙体长 241 米，其中，保存一般部分长 216 米、消失部分长 25 米，分别占该段墙体总长的 90% 和 10%。

墙体为垒砌石墙，在自然基础上用河卵石混合黄土筑成（彩图二八），剖面呈梯形，底宽 2.5 ~ 5.6、顶宽 1.2 ~ 3.7、残高 1.5 ~ 1.6 米。

59. 兰家塔长城 2 段（1506273823010200059）

该段长城起自纳林陶亥镇兰家塔村西北 0.758 千米处，止于兰家塔村北 1 千米处。墙体大体呈南—北走向，上接兰家塔长城 1 段，下接兰家塔长城 3 段。为消失段，起止点之间的直线长度 274 米。

60. 兰家塔长城 3 段（1506273821010200060）

该段长城起自纳林陶亥镇兰家塔村北 1 千米处，止于兰家塔村北 1.1 千米处。墙体大体呈南—北走向，上接兰家塔长城 2 段，下接兰家塔长城 4 段。墙体长 63 米。

墙体为夯筑土墙，自然基础，墙体一部分为红土和沙石土交错夯筑而成，另一部分为黄土和沙石土交错夯筑而成，保留有红土夯筑和黄土夯筑的明显界线（彩图二九），夯层清晰可见，可见共 17 层，夯层厚 0.12 米。墙体高峻，整体保存较好。墙体剖面呈梯形，底宽 4、顶宽 2、残高 0.6 ~ 2.3 米。

该段墙体东侧为束会川，南侧为兰家塔煤矿，西侧为现代采石场。

61. 兰家塔长城 4 段（1506273823010200061）

该段长城起自纳林陶亥镇兰家塔村北 1.1 千米处，止于兰家塔村北 1.3 千米处。墙体大体呈南—北走向，上接兰家塔长城 3 段，下接兰家塔长城 5 段。为消失段，起止点之间的直线长度 253 米。

62. 兰家塔长城 5 段（1506273821010200062）

该段长城起自纳林陶亥镇兰家塔村北 1.3 千米处，止于兰家塔村北 1.4 千米处。墙体大体呈南—北走向，上接兰家塔长城 4 段，下接兰家塔长城 6 段。墙体长 63 米。

墙体为夯筑土墙，在自然基础上用黄土和沙石土交错夯筑而成（彩图三〇），夯层清晰可见，薄厚不均，夯层厚 0.03 ~ 0.2 米。墙体高峻，整体保存较好。墙体底宽顶窄，剖面呈梯形，底宽 3、顶宽

2、残高 1.5 米。

63. 兰家塔长城 6 段 （1506273821 02020063）

该段长城起自纳林陶亥镇兰家塔村北 1.4 千米处，止于兰家塔村北 1.9 千米处。墙体大体呈南一北走向，上接兰家塔长城 5 段，下接曹家塔长城 1 段。墙体长 603 米，其中，保存一般部分长 428 米、消失部分长 175 米，分别占该段墙体总长的 71% 和 29%。

墙体为垒砌石墙（彩图三一），在自然基础上用石块垒砌而成，部分墙体下部为夯筑土墙，上部为垒砌石墙，反映了增筑的迹象（彩图三二）。墙体底宽顶窄，剖面呈梯形，底宽 2~3.3、顶宽 1~2.2、残高 0.3~0.5 米。

64. 曹家塔长城 1 段 （1506273821 06020064）

该段长城起自纳林陶亥镇兰家塔村北 1.9 千米处，止于曹家塔村西南 1.2 千米处。墙体大体呈西南一东北走向，上接兰家塔长城 6 段，下接曹家塔长城 2 段。为山险，起止点之间的直线长度 1700 米（彩图三三）。

65. 曹家塔长城 2 段 （1506273821 02020065）

该段长城起自纳林陶亥镇曹家塔村西南 1.2 千米处，止于曹家塔村西南 1.28 千米处。墙体大体呈东南一西北走向，上接曹家塔长城 1 段，下接曹家塔长城 3 段。墙体长 87 米。

墙体为垒砌石墙，自然基础，下部由黄土夯筑而成，夯层厚 0.05~0.15 米；上部由片石垒砌而成。整体保存一般。墙体剖面呈梯形，底宽 3.4、顶宽 2.6、残高 0.5 米。

66. 曹家塔长城 3 段 （1506273821 02020066）

该段长城起自纳林陶亥镇曹家塔村西南 1.28 千米处，止于曹家塔村东北 1.31 千米处。墙体大体呈南一北走向，上接曹家塔长城 2 段，下接曹家塔长城 4 段。墙体长 99 米。

墙体为垒砌石墙，在自然基础上用石块垒砌而成。整体保存较差。墙体剖面呈梯形，底宽 3.6、顶宽 2.4、残高 0.6 米。

67. 曹家塔长城 4 段 （1506273821 02020067）

该段长城起自纳林陶亥镇曹家塔村东北 1.31 千米处，止于曹家塔村东北 1.32 千米处。墙体大体呈西南一东北走向，上接曹家塔长城 3 段，下接曹家塔长城 5 段。墙体长 34 米。

墙体为垒砌石墙，在自然基础上用石块垒砌而成。整体保存较差。墙体剖面呈梯形，底宽 2.7、顶宽 1.6、残高 0.6 米。

68. 曹家塔长城 5 段 （1506273821 06020068）

该段长城起自纳林陶亥镇曹家塔村东北 1.32 千米处，止于曹家塔村东北 1.4 千米处。墙体大体呈东南一西北走向，上接曹家塔长城 4 段，下接曹家塔长城 6 段。为山险，起止点之间的直线长度 351 米。

69. 曹家塔长城 6 段 （1506273821 02020069）

该段长城起自纳林陶亥镇曹家塔村东北 1.4 千米处，止于曹家塔村东北 1.6 千米处。墙体大体呈南一北走向，上接曹家塔长城 5 段，下接曹家塔长城 7 段。墙体长 170 米。

墙体为垒砌石墙（彩图三四），在自然基础上用石块垒砌而成，石缝中间填三合土（彩图三五）。部分墙体底部有夯层，可见夯层有 9 层，夯层厚 0.2~0.3 米；部分墙体段落有明显增筑痕迹（彩图三六）。墙体高峻、宽大，整体保存较好。墙体剖面呈梯形，底宽 5、顶宽 3.4、残高 1~2 米。

该段墙体东侧为束会川，西侧 0.3 千米处有条乡村土路，北面 1 千米处是铁路线。

70. 曹家塔长城 7 段（1506273821060400070）

该段长城起自纳林陶亥镇曹家塔村东北1.6千米处，止于准格尔旗准格尔召镇李家坡村东北0.732千米处。大体呈西南—东北走向，上接曹家塔长城6段，下接准格尔旗李家坡长城1段。为山险，起止点之间的直线长度2300米。

二　准格尔旗

准格尔旗战国秦长城总长42618米，从伊金霍洛旗纳林陶亥镇曹家塔村，由西南向东北跨过哈喇沁川，进入该旗准格尔召镇李家坡村，后向北进入碾房塔村，然后向东北进入黄天棉图村，再向北进入公沟村，在犄牛川西南的山梁上向东经过铧尖村到达暖水镇暖水村，此后走向大转折，向西北折向榆树壕村，最后向西北进入达拉特旗白泥井镇敖包梁村。在准格尔旗境内，长城墙体共行经准格尔召镇和暖水镇两个镇（地图三）。

（一）长城墙体分布与走向

准格尔旗战国秦长城从伊金霍洛旗纳林陶亥镇曹家塔村，由西南向东北跨过哈喇沁川，进入准格尔旗准格尔召镇李家坡村，该点为准格尔旗战国秦长城的南端起点。在哈喇沁川东面李家坡村的山梁上，长城墙体由大型石块垒砌而成，墙基较宽，达4米。在山脊上向东北绵延，部分墙体两侧和下部由片石垒砌而成，中间填充土石，垒砌规整，片石间填塞三合土，一定程度上呈现了原貌。在沟壑处消失，在大山之间形成天然山险。

在碾房塔村，多数墙体位于近山顶的山肩处，少数墙体位于山顶平台上，墙体随地势起伏而升降，西面为哈喇沁川，墙体由石块垒砌而成，较为低矮，部分隐没于黄土或草丛中，在沟壑断面处可见清晰的大石块垒砌剖面；在沟壑处消失。

向东北进入黄天棉图村，墙体先由黄土夯筑而成，不太明显，在田地中，乡村土路将墙体推出的断面上夯层清晰可见，夯层中夹杂料礓石；后变为石块垒砌的墙体，呈石垄状穿行于农田中。进入露天煤矿区后，墙体沿运煤公路路基向东北绵延，在路基下、山坡下、电线杆下石砌墙体非常清晰，在沟壑处消失，在大山之间形成自然山险。再向东北分布于高地上，为石块堆积的墙体，墙基较宽。最后进入山梁顶部，为石块垒砌的墙体，墙体上长有灌木和野草。主墙体又分支出有两段副墙，附近有两段独立而与主墙平行的墙体。沿线分布有9座烽燧，多数用石块垒砌而成，少数为黄土堆筑或石块堆积而成。

其后向北进入公沟村，在高原面上，墙体为下部黄土堆筑上部石块垒砌而成，非常规整，石块间填充三合土，应为墙体初始原貌。墙体依地势高低而起伏，向北在沟壑处消失，后沿高地边缘向东北延伸。沿线分布有烽燧和障城各一座。

再向东进入铧尖村，在犄牛川西南的山梁上自西向东断续绵延，为大型石块垒砌的墙体，部分段落建筑材料为大型片石，有一段墙体垒砌非常规整，底宽5.6、顶宽4.5、残高1.6米，采集有石杵一件，为夯筑土墙的工具。后墙体变为土垄状堆积石墙与垒砌石墙交错出现，部分石墙下有剖面呈梯形的夯土层，部分石墙垒砌规整。在沟壑处消失，在大山之间形成自然山险。沿线分布有烽燧2座、障城1座，烽燧均用石块垒砌而成，整体呈圆柱形或方柱形。

其后向东进入暖水村，墙体处于暖水川西丘陵顶部，均为夯筑土墙，夯层明显，剖面呈梯形，墙体上长满野草，周围为农田。墙体北面为群山形成的山险。

最后向西北进入榆树壕村，处于地势平坦的树林农田中，墙体为黄土夹杂料礓石夯筑而成，呈平顶土垄状，部分墙体上长满柠条。墙体东侧分布有榆树壕古城。

（二）长城墙体与单体建筑保存现状

在调查中，将准格尔旗境内的战国秦长城共划分为 74 段，其中包括土墙 8 段、石墙 34 段、山险 7 段、消失段 25 段。墙体总长 42618 米，其中，土墙 8540 米、石墙 7357 米、山险 20209 米、消失 6512 米。在全长 8540 米的土墙中，保存较好部分长 186 米、一般部分长 258 米、较差部分长 2770 米、差部分长 5177 米、消失部分长 149 米。在全长 7357 米的石墙中，保存较好部分长 613 米、一般部分长 2796 米、较差部分长 2254 米、差部分长 1292 米、消失部分长 402 米。沿线分布有烽燧 12 座、障城 2 座。

下面，对调查的 74 段长城墙体及其沿线的烽燧、障城，分作详细描述。

1. 李家坡长城 1 段（150622382102020001）

该段长城起自准格尔召镇李家坡村东北 0.732 千米处，止于李家坡村东北 0.824 千米处。墙体大体呈南—北走向，上接曹家塔长城 7 段，下接李家坡长城 2 段。墙体长 104 米。

墙体为垒砌石墙，自然基础，墙体外侧石块纵向垒成，中间石块横向垒砌，垒砌规整，一定程度上呈现了原貌。整体保存较好。墙体剖面呈梯形，底宽 4.8、顶宽 4、残高 1.58 米（彩图三七、三八）。

该段墙体东侧 0.3 千米处有一座高压电线塔，东南侧有条山沟，南侧 0.5 千米处是准（格尔）东（胜）铁路，西侧为哈喇沁川，川中有条乡村土路。

2. 李家坡长城 2 段（150622382301020002）

该段长城起自准格尔召镇李家坡村东北 0.824 千米处，止于李家坡村东北 0.91 千米处。墙体大体呈南—北走向，上接李家坡长城 1 段，下接李家坡长城 3 段。为消失段，起止点之间的直线长度 92 米。

3. 李家坡长城 3 段（150622382102020003）

该段长城起自准格尔召镇李家坡村东北 0.91 千米处，止于李家坡村东北 1.1 千米处。墙体大体呈南—北走向，上接李家坡长城 2 段，下接李家坡长城 4 段。墙体长 162 米，其中，保存较差部分长 126 米、消失部分长 36 米，分别占该段墙体总长的 78% 和 22%。

墙体为垒砌石墙（彩图三九），自然基础，墙体外侧石块纵向垒成，中间石块横向垒砌。墙体剖面呈梯形，底宽 2.6～2.8、顶宽 1.5～1.7、残高 0.5～0.7 米。

4. 李家坡长城 4 段（150622382301020004）

该段长城起自准格尔召镇李家坡村东北 1.1 千米处，止于李家坡村东北 1.2 千米处。墙体大体呈南—北走向，上接李家坡长城 3 段，下接李家坡长城 5 段。为消失段，起止点之间的直线长度 134 米。

5. 李家坡长城 5 段（150622382102020005）

该段长城起自准格尔召镇李家坡村东北 1.2 千米处，止于李家坡村东北 1.21 千米处。墙体大体呈南—北走向，上接李家坡长城 4 段，下接李家坡长城 6 段。墙体长 51 米。

墙体为垒砌石墙（彩图四〇），自然基础。整体保存一般。墙体底宽顶窄，剖面呈梯形，底宽 4、顶宽 1.6、残高 2 米。

6. 李家坡长城 6 段（150622382301020006）

该段长城起自准格尔召镇李家坡村东北 1.21 千米处，止于李家坡村东北 1.4 千米处。墙体大体呈南—北走向，上接李家坡长城 5 段，下接李家坡长城 7 段。为消失段，起止点之间的直线长度 179 米。

7. 李家坡长城 7 段（150622382102020007）

该段长城起自准格尔召镇李家坡村东北 1.4 千米处，止于李家坡村东北 1.7 千米处。墙体大体呈南—北走向，上接李家坡长城 6 段，下接李家坡长城 8 段。墙体长 319 米，其中，保存较好部分长 13 米、一般部分长 240 米、消失部分长 66 米，分别占该段墙体总长的 4%、75% 和 21%。

墙体为垒砌石墙（彩图四一），自然基础，墙体坍塌，石块散落于地表。墙体底宽顶窄，剖面呈梯形，底宽 3～3.6、顶宽 1.8～2.2、残高 0.4～0.8 米。墙体沿线采集有填充墙缝的三合土等。墙体上有现代人工建筑，东侧 0.3 千米处有一座高压电线塔，南侧是准（格尔）东（胜）铁路，西侧为哈喇沁川，西 0.6 千米处有条乡村土路。

8. 李家坡长城 8 段（150622382301020008）

该段长城起自准格尔召镇李家坡村东北 1.7 千米处，止于李家坡村东北 1.8 千米处。墙体大体呈西南—东北走向，上接李家坡长城 7 段，下接李家坡长城 9 段。为消失段，起止点之间的直线长度 86 米。

9. 李家坡长城 9 段（150622382102020009）

该段长城起自准格尔召镇李家坡村东北 1.8 千米处，止于李家坡村东北 1.9 千米处。墙体大体呈南—北走向，上接李家坡长城 8 段，下接李家坡长城 10 段。墙体长 72 米。

墙体为垒砌石墙，自然基础，底宽顶窄，剖面呈梯形。墙体整体保存较差，底宽 3.2、顶宽 2.3、残高 0.5 米。

10. 李家坡长城 10 段（150622382106020010）

该段长城起自准格尔召镇李家坡村东北 1.9 千米处，止于准格尔召镇碾房塔村南 1.1 千米处。大体呈南—北走向，上接李家坡长城 9 段，下接碾房塔长城 1 段。为山险，起止点之间的直线长度 293 米。

11. 碾房塔长城 1 段（150622382102020011）

该段长城起自准格尔召镇碾房塔村南 1.1 千米处，止于碾房塔村南 0.89 千米处。墙体大体呈南—北走向，上接李家坡长城 10 段，下接碾房塔长城 2 段。

墙体为垒砌石墙，自然基础，底宽顶窄，剖面呈梯形，底宽 3.2～7、顶宽 1.6～5、残高 0.5～2 米。墙体长 188 米，其中，保存一般部分长 29 米、较差部分长 84 米、消失部分长 75 米，分别占该段墙体总长的 15%、45% 和 40%。墙体附近采集有瓦片等遗物。

12. 碾房塔长城 2 段（150622382301020012）

该段长城起自准格尔召镇碾房塔村南 0.89 千米处，止于碾房塔村南 0.76 千米处。墙体大体呈西南—东北走向，上接碾房塔长城 1 段，下接碾房塔长城 3 段。为消失段，起止点之间的直线长度 162 米。

13. 碾房塔长城 3 段（150622382102020013）

该段长城起自准格尔召镇碾房塔村南 0.76 千米处，止于碾房塔村南 0.72 千米处。墙体大体呈西南—东北走向，上接碾房塔长城 2 段，下接碾房塔长城 4 段。墙体长 46 米。

墙体为垒砌石墙，自然基础。整体保存差。墙体底宽顶窄，剖面呈梯形，底宽 3.2、顶宽 2.1、残高 0.5 米。

该段墙体东侧 0.35 米处有一座高压电线塔，南侧是准（格尔）东（胜）铁路，西侧为哈喇沁川。

14. **碾房塔长城 4 段**（150622382301020014）

该段长城起自准格尔召镇碾房塔村南 0.72 千米处，止于碾房塔村南 0.36 千米处。墙体大体呈南—北走向，上接碾房塔长城 3 段，下接碾房塔长城 5 段。为消失段，起止点之间的直线长度 361 米。

15. **碾房塔长城 5 段**（150622382102020015）

该段长城起自准格尔召镇碾房塔村南 0.36 千米处，止于碾房塔村南 0.19 千米处。墙体大体呈南—北走向，上接碾房塔长城 4 段，下接碾房塔长城 6 段。墙体长 173 米，其中，保存一般部分长 73 米、差部分长 67 米、消失部分长 33 米，分别占该段墙体总长的 42%、39% 和 19%。

墙体为垒砌石墙，自然基础。墙体被野草覆盖，西侧垒砌的痕迹较为明显（彩图四二）。墙体底宽顶窄，剖面呈梯形，底宽 2.5~2.9、顶宽 1.3~1.8、残高 0.5 米。

16. **碾房塔长城 6 段**（150622382301020016）

该段长城起自准格尔召镇碾房塔村南 0.19 千米处，止于碾房塔村北 0.74 千米处。墙体大体呈南—北走向，上接碾房塔长城 5 段，下接碾房塔长城 7 段。为消失段，起止点之间的直线长度 918 米（彩图四三）。

17. **碾房塔长城 7 段**（150622382102020017）

该段长城起自准格尔召镇碾房塔村北 0.74 千米处，止于碾房塔村东北 0.96 千米处。墙体大体呈西南—东北走向，上接碾房塔长城 6 段，下接碾房塔长城 8 段。墙体长 221 米。

墙体为垒砌石墙，自然基础。大部分隐没于土层中，整体保存一般（彩图四四）。墙体底宽顶窄，剖面呈梯形，底宽 3.4、顶宽 2.6、残高 0.8 米。

18. **碾房塔长城 8 段**（150622382301020018）

该段长城起自准格尔召镇碾房塔村东北 0.96 千米处，止于碾房塔村东北 1 千米处。墙体大体呈西南—东北走向，上接碾房塔长城 7 段，下接碾房塔长城 9 段。为消失段，起止点之间的直线长度 89 米。

19. **碾房塔长城 9 段**（150622382102020019）

该段长城起自准格尔召镇碾房塔村东北 1 千米处，止于碾房塔村东北 1.2 千米处。墙体大体呈南—北走向，上接碾房塔长城 8 段，下接碾房塔长城 10 段。墙体长 111 米。

墙体为垒砌石墙，自然基础。大部隐没于土层中，整体保存一般。墙体宽而矮，剖面矮梯形，底宽 7、顶宽 5、残高 1.5 米。

20. **碾房塔长城 10 段**（150622382106020020）

该段长城起自准格尔召镇碾房塔村东北 1.2 千米处，止于准格尔召镇黄天棉图村东南 7.9 千米处。大体呈南—北走向，上接碾房塔长城 9 段，下接黄天棉图长城 1 段。为山险，起止点之间的直线长度 1100 米。

21. **黄天棉图长城 1 段**（150622382101020021）

该段长城起自准格尔召镇黄天棉图村东南 7.9 千米处，止于黄天棉图村东南 8.1 千米处。墙体大体呈西南—东北走向，上接碾房塔长城 10 段，下接黄天棉图长城 2 段。墙体长 277 米。

墙体为夯筑土墙，在自然基础上用黄土夯筑而成。上有人行小道，长满野草，整体保存差。墙体底宽顶窄，剖面呈梯形，底宽 3.4、顶宽 2.5、残高 0.5 米。

墙体东面是敖包沟，东南 0.3 千米处有一座露天煤矿，西侧为哈喇沁川，北面 0.5 千米处有条沙石路。

22. 黄天棉图长城 2 段（150622382301020022）

该段长城起自准格尔召镇黄天棉图村东南 8.1 千米处，止于黄天棉图村东南 8 千米处。墙体大体呈西南—东北走向，上接黄天棉图长城 1 段，下接黄天棉图长城 3 段。为消失段，起止点之间的直线长度 203 米。

23. 黄天棉图长城 3 段（150622382101020023）

该段长城起自准格尔召镇黄天棉图村东南 8 千米处，止于黄天棉图村东南 8.1 千米处。墙体大体呈西南—东北走向，上接黄天棉图长城 2 段，下接黄天棉图长城 4 段。墙体长 100 米。

墙体为夯筑土墙（彩图四五），在自然基础上用料礓石与沙土混筑而成。墙体被乡村砂石路穿过而破坏，整体保存一般。墙体底宽顶窄，剖面呈梯形，底宽 3.5、顶宽 2.5、残高 2 米，夯层厚 0.15～0.2 米。墙体附近采集有绳纹灰陶片等遗物。

该段墙体东面是敖包沟，东南 0.3 千米处有一座露天煤矿，西侧为哈喇沁川，北面 0.5 千米处有条沙石路。墙体上有一座烽燧，为黄天棉图 1 号烽燧。

黄天棉图 1 号烽燧（150622352101020001）

该烽燧位于准格尔召镇黄天棉图村东南 8 千米处的黄天棉图长城 3 段墙体上。

台体骑墙而建，实心，沙土堆成。整体保存一般，结构和形制均被破坏，仅略见整体状况。整体呈土丘状，平面呈圆形，剖面呈梯形，底部直径 3.6、顶部直径 2.7、残高 2.1 米。

该烽燧顶部有一座现代敖包，东侧为敖包沟，西侧为哈喇沁川，南侧是中兴煤矿，北侧紧邻一条沙石路。

24. 黄天棉图长城 4 段（150622382301020024）

该段长城起自准格尔召镇黄天棉图村东南 8.1 千米处，止于黄天棉图村东南 8.13 千米处。墙体大体呈西南—东北走向，上接黄天棉图长城 3 段，下接黄天棉图长城 5 段。为消失段，起止点之间的直线长度 48 米。

25. 黄天棉图长城 5 段（150622382101020025）

该段长城起自准格尔召镇黄天棉图村东南 8.13 千米处，止于黄天棉图村东南 8.15 千米处。墙体大体呈西南—东北走向，上接黄天棉图长城 4 段，下接黄天棉图长城 6 段。墙体长 205 米，其中，保存较好部分长 104 米、一般部分长 67 米、消失部分长 34 米，分别占该段墙体总长的 51%、33% 和 16%。

墙体为夯筑土墙，在人工基础上用料礓石与沙土混筑而成。现代沙石路沿着墙体修建，甚至占用了部分墙体，对墙体造成了巨大损坏。墙体底宽顶窄，剖面呈梯形，底宽 2.7～2.8、顶宽 2、残高 0.6～0.8 米，夯层厚 0.15～0.2 米。

26. 黄天棉图长城 6 段（150622382301020026）

该段长城起自准格尔召镇黄天棉图村东南 8.15 千米处，止于黄天棉图村东南 8.17 千米处。墙体大体呈西南—东北走向，上接黄天棉图长城 5 段，下接黄天棉图长城 7 段。为消失段，起止点之间的直线长度 43 米。

27. 黄天棉图长城 7 段（150622382101020027）

该段长城起自准格尔召镇黄天棉图村东南 8.17 千米处，止于黄天棉图村东南 8.19 千米处。墙体大体呈西南—东北走向，上接黄天棉图长城 6 段，下接黄天棉图长城 8 段。墙体长 225 米，其中，保存较好部分长 82 米、一般部分长 91 米、消失部分长 52 米，分别占该段墙体总长的 36%、40% 和 24%。

墙体为夯筑土墙，底部是人工基础，上面是夯土层，由料礓石、沙土混合夯筑而成（彩图四六）。墙体底宽顶窄，剖面呈梯形，底宽 2.8～3.2、顶宽 1.8～2.6、残高 0.6～1.2 米，夯层厚 0.15～0.2 米。墙体上有烽燧一座，为黄天棉图 2 号烽燧。

黄天棉图 2 号烽燧（150622352101020002）

该烽燧位于准格尔召镇黄天棉图村东南 8.1 千米，黄天棉图长城 7 段墙体上。

台体骑墙而建，实心，沙土堆成。整体保存一般，结构和形制均被破坏，仅略见整体状况。整体呈土丘状，平面呈圆形，剖面略呈半圆形，底部直径 4.3、顶部直径 1.6、残高 1.4 米。

28. 黄天棉图长城 8 段（150622382106020028）

该段长城起自准格尔召镇黄天棉图村东南 8.19 千米处，止于黄天棉图村东南 8.1 千米处。大体呈西南—东北走向，上接黄天棉图长城 7 段，下接黄天棉图长城 9 段。为山险（彩图四七），起止点之间的直线长度 767 米。

29. 黄天棉图长城 9 段（150622382102020029）

该段长城起自准格尔召镇黄天棉图村东南 8.1 千米处，止于黄天棉图村东南 8.3 千米处。墙体大体呈西南—东北走向，上接黄天棉图长城 8 段，下接黄天棉图长城 12 段。北 10 米处的黄天棉图长城 10 段和南 20 米处的黄天棉图长城 11 段为与本段长城平行的两段独立的墙体。墙体长 616 米，其中，保存一般部分长 444 米、较差部分长 152 米、消失部分长 20 米，分别占该段墙体总长的 72%、25% 和 3%。

墙体为堆积石墙，在人工基础上用土石混筑而成。墙体坍塌，呈土垄状，石块散落于地表，为野草覆盖，西侧垒砌的痕迹较为明显。墙体底宽顶窄，剖面呈梯形，底宽 3～3.6、顶宽 1.8～2.4 米、残高 0.5～1.3 米（彩图四八）。

墙体附近为村庄和运煤公路，受到盖房、修路、建电线塔以及堆放垃圾的破坏，时断时续（彩图四九）。墙体上有两座烽燧，为黄天棉图 3 号、4 号烽燧。

黄天棉图 3 号烽燧（150622352101020003）

该烽燧位于准格尔召镇黄天棉图村东南 8.2 千米处的黄天棉图长城 9 段墙体上。

台体骑墙而建，实心，石块垒砌而成。保存一般，结构和形制均被破坏，略见整体状况，西北侧石块垒砌的痕迹较为明显。整体呈土丘状，平面呈圆形，剖面略呈半圆形，底部直径 3.4、顶部直径 2.1、残高 0.8 米。烽燧附近采集有瓦片、瓷片等遗物。

该烽燧东北 48 米处为黄天棉图 4 号烽燧。

黄天棉图 4 号烽燧（150622352101020004）

该烽燧位于准格尔召镇黄天棉图村东南 8.21 千米处的黄天棉图长城 9 段墙体上。

台体骑墙而建，用石块垒砌而成，实心。台体保存一般，结构和形制均被破坏，略见整体状况，东北侧石块垒砌的痕迹较为明显。整体呈土丘状，平面呈圆形，剖面呈梯形，底部直径 4.5、顶部直径 3.3、残高 1.8 米。

该烽燧西南 48 米处为黄天棉图 3 号烽燧。

30. 黄天棉图长城 10 段（150622382102020030）

该段长城起自准格尔召镇黄天棉图村东南 8.3 千米处，止于黄天棉图村东南 8.4 千米处。墙体大体呈西—东走向，独立于主墙体以北，与主墙体平行。南 10 米处为主墙体黄天棉图长城 9 段，南 30 米处为独立墙体黄天棉图长城 11 段。墙体长 215 米。

墙体为垒砌石墙，人工基础。墙体坍塌，石块散落于地表，整体保存一般。墙体底宽顶窄，底宽

1、顶宽0.5、残高0.3米。

该段墙体北87米处为黄天棉图5号烽燧。

黄天棉图5号烽燧（150622353201020005）

该烽燧位于准格尔召镇黄天棉图村东南8.4千米处。

台体用石块垒砌而成，实心。水土流失、植物生长均对台体造成一定程度的破坏，石块散落周边，整体保存差。整体呈土丘状，平面呈圆形，剖面呈半圆形，底部直径13、顶部直径7、残高5米。

该烽燧南87米处为黄天棉图长城10段墙体。

31. 黄天棉图长城11段（1506223821020200031）

该段长城起自准格尔召镇黄天棉图村东南8.4千米处，止于黄天棉图村东南8.6千米处。墙体大体呈西—东走向，独立于主墙体以南，与主墙体平行。北20米为主墙体黄天棉图长城10段墙体，北30米处为独立墙体黄天棉图长城9段墙体。墙体长64米。

墙体为堆积石墙，在人工基础上用土石混筑而成，下部为黄土堆筑，上部为石块堆筑（彩图五〇）。整体保存一般。墙体底宽顶窄，底宽4、顶宽1.5、残高1米。

32. 黄天棉图长城12段（1506223821020200032）

该段长城起自准格尔召镇黄天棉图村东南8.7千米处，止于黄天棉图村东南8.8千米处。墙体大体呈西—东走向，上接黄天棉图长城9段，下接黄天棉图长城14段。西北0.13千米处的黄天棉图长城10段和西南0.135千米处的黄天棉图长城11段，为与本段墙体平行的两段独立的墙体。本段墙体与黄天棉图长城13段（为主墙体向西延伸的副墙）为同一个东端止点，西端起点在其南18米处。墙体长112米。

墙体为堆积石墙，在人工基础上用土石混筑而成。墙体坍塌，呈土垄状，石块散落于地表（彩图五一），整体保存一般。墙体底宽顶窄，剖面呈梯形，底宽4、顶宽2.8、残高1米。墙体上调查一座烽燧，为黄天棉图6号烽燧。

黄天棉图6号烽燧（150622352101020006）

该烽燧位于准格尔召镇黄天棉图村东南8.8千米处的黄天棉图长城12段墙体上。

台体骑墙而建，实心，石块垒砌而成。台体保存较差，结构和形制均被破坏。整体呈土丘状，平面呈圆形，剖面呈梯形，台体长8、宽6、残高0.4米。

33. 黄天棉图长城13段（1506223821020200033）

该段长城起自准格尔召镇黄天棉图村东南8.71千米处，止于黄天棉图村东南8.8千米处。墙体大体呈西—东走向，为主墙体向西延伸的副墙，与黄天棉图长城12段为同一个东端止点，西端起点在其北18米处。墙体长110米。

墙体为堆积石墙，在人工基础上用土石混筑而成。墙体坍塌，呈土垄状，石块散落于地表，整体保存较差。墙体底宽顶窄，剖面呈不规则梯形，底宽5、顶宽2、残高1.5米。

34. 黄天棉图长城14段（1506223823010200034）

该段长城起自准格尔召镇黄天棉图村东南8.8千米处，止于黄天棉图村东南9.1千米处。墙体大体呈西南—东北走向，上接黄天棉图长城12段，下接黄天棉图长城15段。为消失段，起止点之间的直线长度409米。

35. 黄天棉图长城15段（1506223821020200035）

该段长城起自准格尔召镇黄天棉图村东南9.1千米处，止于黄天棉图村东南9.2千米处。墙体大体呈西南—东北走向，上接黄天棉图长城14段，下接黄天棉图长城16段。墙体长171米。

墙体为堆积石墙，在人工基础上以土石混筑而成。墙体坍塌，呈土垄状，石块散落于地表，整体保存一般。墙体底宽顶窄，剖面呈扁梯形，底宽 4、顶宽 2、残高 0.5 米。墙体上有一座烽燧，为黄天棉图 7 号烽燧。

黄天棉图 7 号烽燧（150622352101020007）

该烽燧位于准格尔召镇黄天棉图村东南 9.1 千米处的黄天棉图长城 15 段墙体上。

台体骑墙而建，实心，石块垒砌而成。墙体保存一般，结构和形制均被破坏。整体呈土丘状，底部呈椭圆形，顶部呈不规则椭圆形（彩图五二），台体直径 8.5、残高 2 米。

该烽燧顶部有一座移动信号塔，东侧为敖包沟，西为哈喇沁川，西侧是柏油路，南面有一条乡村土路。

36. 黄天棉图长城 16 段（150622382301020036）

该段长城起自准格尔召镇黄天棉图村东南 9.2 千米处，止于黄天棉图村东南 9.3 千米处。墙体大体呈西—东走向，上接黄天棉图长城 15 段，下接黄天棉图长城 17 段。为消失段（彩图五三），起止点之间的直线长度 72 米。

37. 黄天棉图长城 17 段（150622382102020037）

该段长城起自准格尔召镇黄天棉图村东南 9.3 千米处，止于黄天棉图村东南 9.35 千米处。墙体大体呈西—东走向，上接黄天棉图长城 16 段，下接黄天棉图长城 18 段。墙体长 44 米。

墙体为堆积石墙，在人工基础上以土石混筑而成。墙体石块风化成碎片，上面长满野草，整体保存差。墙体底宽顶窄，剖面呈扁梯形，底宽 2～3、顶宽 1、残高 0.5～1 米。

38. 黄天棉图长城 18 段（150622382301020038）

该段长城起自准格尔召镇黄天棉图村东南 9.35 千米处，止于黄天棉图村东南 9.4 千米处。墙体大体呈西—东走向，上接黄天棉图长城 17 段，下接黄天棉图长城 19 段。为消失段，起止点之间的直线长度 204 米。

39. 黄天棉图长城 19 段（150622382102020039）

该段长城起自准格尔召镇黄天棉图村东南 9.4 千米处，止于黄天棉图村东南 9.7 千米处。墙体大体呈西南—东北走向，上接黄天棉图长城 18 段，下接黄天棉图长城 20 段。墙体长 300 米。

墙体为垒砌石墙，人工基础，下部黄土堆筑而成，上部石块垒砌或堆积而成（彩图五四）。墙体石块风化成碎片，上面长满野草，整体保存较差。墙体底宽顶窄，剖面呈扁梯形，底宽 2～3、顶宽 1、高 0.5～1 米。墙体沿线采集有白瓷碗口沿、陶器口沿等遗物。

该段墙体南 13 米处为黄天棉图 8 号烽燧。

黄天棉图 8 号烽燧（150622353201020008）

该烽燧位于准格尔召镇黄天棉图村东南 9.5 千米处。

台体土石混筑而成，实心。人为踩踏、种树均对台体造成一定程度的破坏，整体保存较差。台体整体呈馒头状，平面呈圆形，剖面呈半圆形，底部直径 6、顶部直径 2、残高 2 米。

该烽燧北 13 米处为黄天棉图长城 19 段墙体。

40. 黄天棉图长城 20 段（150622382301020040）

该段长城起自准格尔召镇黄天棉图村东南 9.7 千米处，止于黄天棉图村东南 9.75 千米处。墙体大体呈西—东走向，上接黄天棉图长城 19 段，下接黄天棉图长城 21 段。为消失段，起止点之间的直线长度 125 米。

41. 黄天棉图长城 21 段（150622382102020041）

该段长城起自准格尔召镇黄天棉图村东南 9.75 千米处，止于黄天棉图村东南 9.8 千米处。墙体大体呈西南—东北走向，上接黄天棉图长城 20 段，下接黄天棉图长城 23 段。黄天棉图长城 22 段墙体为主墙向西延伸的副墙，与本段墙体为同一东端止点。墙体长 141 米。

墙体为垒砌石墙，人工基础。断续可见墙体整体走向，周围石块散落（彩图五五），整体保存较差。墙体底宽顶窄，底宽 2~2.5、顶宽 0.5~1、高 0.4~1 米。墙体上调查一座烽燧，为黄天棉图 9 号烽燧。

黄天棉图 9 号烽燧（150622352101020009）

该烽燧位于准格尔召镇黄天棉图村东南 9.8 千米处的黄天棉图长城 21 段墙体上。

台体骑墙而建，土石混筑而成，实心。保存较差。台体整体呈土丘状，平面呈圆形，剖面略呈半圆形，底部直径 30 米，顶部东西长 12、南北长 5 米，残高 7 米。

42. 黄天棉图长城 22 段（150622382102020042）

该段长城起自准格尔召镇黄天棉图村东南 9.81 千米处，止于黄天棉图村东南 9.8 千米处。墙体大体呈西—东走向，为主墙向西延伸的副墙，与黄天棉图长城 21 段为同一东端止点。墙体长 98 米。

墙体为垒砌石墙，人工基础。断续可见墙体整体走向，周围石块散落，整体保存较差。墙体底宽顶窄，底宽 2~3、顶宽 1~2、残高 0.5~1.2 米。

43. 黄天棉图长城 23 段（150622382301020043）

该段长城起自准格尔召镇黄天棉图村东南 9.8 千米处，止于黄天棉图村东南 10.1 千米处。墙体大体呈西—东走向，上接黄天棉图长城 21 段，下接黄天棉图长城 24 段。为消失段，起止点之间的直线长度 207 米。

44. 黄天棉图长城 24 段（150622382102020044）

该段长城起自准格尔召镇黄天棉图村东南 10.1 千米处，止于黄天棉图村东南 10.3 千米处。墙体大体呈西—东走向，上接黄天棉图长城 23 段，下接黄天棉图长城 25 段。墙体长 233 米，其中，保存较好部分长 32 米、较差部分长 201 米，分别占该段墙体总长的 14% 和 86%。

墙体为垒砌石墙（彩图五六），人工基础，下部黄土堆筑而成，上部石块垒砌而成，底宽顶窄，底宽 1.5~4、顶宽 0.5~2、残高 0.4~1.5 米。断续可见墙体整体走向，周围石块散落。

45. 黄天棉图长城 25 段（150622382301020045）

该段长城起自准格尔召镇黄天棉图村东南 10.3 千米处，止于黄天棉图村东南 10.5 千米处。墙体大体呈南—北走向，上接黄天棉图长城 24 段，下接黄天棉图长城 26 段。为消失段，起止点之间的直线长度 145 米。

46. 黄天棉图长城 26 段（150622382102020046）

该段长城起自准格尔召镇黄天棉图村东南 10.5 千米处，止于黄天棉图村东南 10.7 千米处。墙体大体呈西—东走向，上接黄天棉图长城 25 段，下接黄天棉图长城 27 段。墙体长 15 米。

墙体为垒砌石墙，人工基础。墙体整体保存较差，几乎与地面持平。墙体底宽顶窄，底宽 1.2、顶宽 0.5、残高 0.3 米。

该段墙体东侧是敖包沟，东 5 千米处为荣（城）乌（海）高速公路，西 0.3 千米处有一条弯曲的乡村土路，再西为哈喇沁川，北 2 千米处有一座露天煤矿。

47. 黄天棉图长城 27 段（150622382106020047）

该段长城起自准格尔召镇黄天棉图村东南 10.7 千米处，止于准格尔召镇公沟村西南 0.18 千米处。

大体呈南—北走向，上接黄天棉图长城26段，下接公沟长城1段。为山险，起止点之间的直线长度349米。

48. 公沟长城1段（150622382102020048）

该段长城起自准格尔召镇公沟村西南0.18千米处，止于公沟村西南0.11千米处。墙体大体呈南—北走向，上接黄天棉图长城27段，下接公沟长城2段。墙体长89米，其中，保存较好部分长22米、一般部分长67米，分别占该段墙体总长的25%和75%。

墙体为垒砌石墙，在人工基础上以土石混筑而成，下部黄土堆筑，上部石块垒砌，垒砌相当规整，基本保持了原貌（彩图五七）。墙体剖面呈长方形，底宽2.5~2.8、顶宽1~1.5、残高0.5~1米。

该段墙体东面为敖包沟，东侧4千米处有一座露天煤矿，南面10千米处有一条公路，西面10米处有一条乡村土路，再西为哈喇沁川。

49. 公沟长城2段（150622382301020049）

该段长城起自准格尔召镇公沟村西南0.11千米处，止于公沟村西北0.05千米处。墙体大体呈西南—东北走向，上接公沟长城1段，下接公沟长城3段。为消失段，起止点之间的直线长度106米。

50. 公沟长城3段（150622382102020050）

该段长城起自准格尔召镇公沟村西北0.05千米处，止于公沟村东北0.12千米处。墙体大体呈西南—东北走向，上接公沟长城2段。墙体长137米。

墙体为垒砌石墙，在人工基础上以片石垒砌加填土修筑而成。沙土掩埋了大部分墙体，上面长满野草，保存一般。墙体剖面呈梯形，底宽4、顶宽2、残高0.5~0.8米。

该段墙体东面是敖包沟，东南0.3千米处有一座露天煤矿，西侧为哈喇沁川，西面0.1千米处和北面30米处各有一条乡村土路。

51. 公沟长城4段（150622382102020051）

该段长城起自准格尔召镇公沟村西北0.07千米处，止于公沟村东北0.14千米处。墙体大体呈西—东走向，为一段独立的墙体，西段与公沟长城3段交叉。墙体长192米。

墙体为堆积石墙，在人工基础上以土石混筑而成。沙土掩埋了大部分墙体，上面长满野草，整体保存一般。墙体底宽1.5、顶宽0.5、残高0.6米。

该段墙体北52米处为公沟烽燧，西北与公沟障城东南角交汇。

公沟烽燧（150622353201020010）

该烽燧位于准格尔召镇公沟村北2.1千米处。

台体用土石混筑而成，实心。水土流失、植物生长对台体造成了一定程度的破坏，整体保存一般。台体平面呈圆形，剖面呈梯形，底部直径5、顶部直径3、残高1.2米。

该烽燧南52米处为公沟长城4段，西南50米处为公沟障城。

公沟障城（150622353102020001）

该障城位于准格尔召镇公沟村东北2.2千米处，东南角与公沟长城4段墙体交汇。

障城平面呈长方形，东西长23、南北长27米（彩图五八）。四面墙体隐约可见，由石块垒砌而成，石块滑落于地表，上面长满野草。墙体底宽0.3~0.5、残高0.8~1米。

该障城东北50米处为公沟烽燧。

52. 铧尖长城1段（150622382102020052）

该段长城起自准格尔召镇铧尖村南3千米处，止于铧尖村南3.1千米处。墙体大体呈西—东走向，下接铧尖长城2段。南20米处为主墙体公沟长城3段、50米处为独立墙体公沟长城4段。墙体长407

米，其中，保存一般部分长 304 米、消失部分长 103 米，分别占该段墙体总长的 75% 和 25%。

墙体为垒砌石墙（彩图五九），自然基础，北侧石块垒砌的痕迹较为明显。墙体底宽顶窄，剖面呈梯形，底宽 3.2 ~ 5、顶宽 2.1 ~ 3、残高 1.2 ~ 1.5 米。

该段墙体附近为丘陵、沟壑地貌，东侧为牸牛川，东约 0.5 千米处有一座露天煤矿，南侧紧挨一条沙石路。墙体东南 5 米处为铧尖障城。

铧尖障城（1506223531020200002）

该障城位于准格尔召镇铧尖村东南 3 千米处。

障城保存一般，平面呈不规则形，周长 120 米，东西最长 43、南北最长 33 米。墙体由石块垒砌而成，宽 1.2、高约 0.4 米。墙体石块滑落于地表，上面长满野草（彩图六〇）。

该障城西北 5 米处为铧尖长城 1 段。

53. 铧尖长城 2 段（150622382102020053）

该段长城起自准格尔召镇铧尖村南 3.1 千米处，止于铧尖村南 3.2 千米处。墙体位于哈喇沁川东侧台地上，大体呈西—东走向，上接铧尖长城 1 段，下接铧尖长城 3 段，西 40 米处为铧尖长城 1 段。墙体长 198 米，其中，保存较好部分长 98 米、较差部分长 100 米，分别占该段墙体总长的 49% 和 51%。

墙体为垒砌石墙，非常规整，南、北侧石块垒砌的痕迹十分明显，自然基础。墙体底宽顶窄，剖面呈梯形，底宽 5.5 ~ 5.6、顶宽 4 ~ 4.5、残高 0.6 ~ 1.2 米。墙体上调查烽燧一座，为铧尖 1 号烽燧。

铧尖 1 号烽燧（150622352101020011）

该烽燧位于准格尔召镇铧尖村东南 3 千米处的铧尖长城 2 段墙体上。

台体骑墙而建，实心，石块垒砌而成。整体保存差，结构和形制均遭破坏。台体整体呈近圆柱形，平面呈圆形，剖面呈梯形，底部直径 3.6、顶部直径 3、残高 0.4 米。

该烽燧上有一座现代敖包，东侧约 0.2 千米处有一座露天煤矿。

54. 铧尖长城 3 段（150622382301020054）

该段长城起自准格尔召镇铧尖村南 3.2 千米处，止于铧尖村南 3.21 千米处。墙体大体呈西—东走向，上接铧尖长城 2 段，下接铧尖长城 4 段。为消失段，起止点之间的直线长度 182 米。

55. 铧尖长城 4 段（150622382102020055）

该段长城起自准格尔召镇铧尖村南 3.21 千米处，止于铧尖村南 3.3 千米处。墙体大体呈西—东走向，上接铧尖长城 3 段，下接铧尖长城 5 段。墙体长 218 米，其中，保存较好部分长 192 米、消失部分长 26 米，分别占该段墙体总长的 88% 和 12%。

墙体为垒砌石墙，非常规整，自然基础。墙体底宽顶窄，剖面呈梯形，底宽 4 ~ 5.6、顶宽 1.5 ~ 4.5、残高 1 ~ 1.6 米（彩图六一）。墙体附近采集石杵一件（彩图六二）。

该段墙体附近为丘陵、沟壑地貌，东侧为牸牛川，南侧 0.1 千米处有一条通往煤矿的土路，西南约 0.2 千米处有一座露天煤矿。

56. 铧尖长城 5 段（150622382301020056）

该段长城起自准格尔召镇铧尖村南 3.3 千米处，止于铧尖村南 3.31 千米处。墙体大体呈西—东走向，上接铧尖长城 4 段，下接铧尖长城 6 段。为消失段，起止点之间的直线长度 256 米。

57. 铧尖长城 6 段（150622382102020057）

该段长城起自准格尔召镇铧尖村南 3.31 千米处，止于铧尖村南 3.315 千米处。墙体大体呈西北—东南走向，上接铧尖长城 5 段，下接铧尖长城 7 段。墙体长 80 米。

墙体为自然基础上用土石混筑而成。整体保存较差。墙体底宽顶窄，剖面呈梯形，底宽2~3、顶宽1~2、残高1~2米。

该段墙体附近为丘陵、沟壑地貌，东侧为牸牛川，东约0.2千米处有一座露天煤矿，南侧紧挨一条沙石路。墙体西49米处为铧尖2号烽燧。

铧尖2号烽燧（1506223532010200012）

该烽燧位于准格尔召镇铧尖村东南3.5千米处。

台体用红砂岩石块垒砌而成，实心。垒砌整齐，整体保存较好。台体整体为长方体，平、剖面均呈矩形，底部边长3、顶部边长2.5、残高2米。

该烽燧东49米处为铧尖长城6段。

58. 铧尖长城7段（150622382301020058）

该段长城起自准格尔召镇铧尖村南3.315千米处，止于铧尖村南3.316千米处。墙体大体呈西—东走向，上接铧尖长城6段，下接铧尖长城8段。为消失段，起止点之间的直线长度341米。

59. 铧尖长城8段（150622382102020059）

该段长城起自准格尔召镇铧尖村南3.316千米处，止于铧尖村南3.8千米处。大体呈西北—东南走向，上接铧尖长城7段，下接铧尖长城9段。墙体长152米。

墙体为垒砌石墙，自然基础。建筑材料主要是片石，垒砌痕迹非常明显、规整，整体保存较好（彩图六三）。墙体底宽顶窄，剖面呈梯形，底宽2~5、顶宽0.5~2.5、残高0.8~3米。

该段墙体附近为丘陵、沟壑地貌，东侧为牸牛川，南0.5千米处有乡村土路、约1千米处有一座露天煤矿，西5千米处有几户人家。

60. 铧尖长城9段（150622382301020060）

该段长城起自准格尔召镇铧尖村南3.8千米处，止于铧尖村东南4.1千米处。墙体大体呈西—东走向，上接铧尖长城8段，下接铧尖长城10段。为消失段，起止点之间的直线长度327米。

61. 铧尖长城10段（150622382102020061）

该段长城起自准格尔召镇铧尖村东南4.1千米处，止于铧尖村东南4.6千米处。墙体大体呈西北—东南走向，上接铧尖长城9段，下接铧尖长城11段。墙体长676米。

墙体为堆积石墙，在自然基础上用土石混筑而成。整体保存较差。墙体底宽顶窄，剖面呈梯形，底宽1.5~2.5、顶宽1~2、残高1~2米（彩图六四）。

62. 铧尖长城11段（150622382301020062）

该段长城起自准格尔召镇铧尖村东南4.6千米处，止于铧尖村东南4.61千米处。墙体大体呈西北—东南走向，上接铧尖长城10段，下接铧尖长城12段。为消失段，起止点之间的直线长度212米。

63. 铧尖长城12段（150622382102020063）

该段长城起自准格尔召镇铧尖村东南4.61千米处，止于铧尖村东南5.1千米处。墙体大体呈南—北走向，上接铧尖长城11段，下接铧尖长城13段。墙体长473米，其中，保存一般部分长315米、差部分长115米、消失部分长43米，分别占该段墙体总长的67%、24%和9%。

墙体为堆积石墙，在自然基础上用土石混筑而成（彩图六五），底宽顶窄，剖面呈梯形，底宽1.5~5、顶宽0.5~3、残高0.5~2.5米。

该段墙体附近为丘陵、沟壑地貌，东侧约0.5千米处有一座露天煤矿，南面约50米处为荣（城）乌（海）高速，南约2千米处为准（格尔）东（胜）铁路。

64. 铧尖长城 13 段（150622382301020064）

该段长城起自准格尔召镇铧尖村东南 5.1 千米处，止于铧尖村东南 5.11 千米处。墙体大体呈南—北走向，上接铧尖长城 12 段，下接铧尖长城 14 段。为消失段，起止点之间的直线长度 535 米。

65. 铧尖长城 14 段（150622382102020065）

该段长城起自准格尔召镇铧尖村东南 5.11 千米处，止于铧尖村东南 5.12 千米处。墙体大体呈西北—东南走向，上接铧尖长城 13 段，下接铧尖长城 15 段。墙体长 50 米。墙体为垒砌石墙，自然基础，外侧用片石垒砌而成，内部填土。整体保存一般。墙体底宽顶窄，剖面呈梯形，底宽 3、顶宽 1、残高 0.5 米。

66. 铧尖长城 15 段（150622382106020066）

该段长城起自准格尔召镇铧尖村东南 5.12 千米处，止于铧尖村东南 5.8 千米处。大体呈西南—东北走向，上接铧尖长城 14 段，下接铧尖长城 16 段。为山险，起止点之间的直线长度 1600 米（彩图六六）。

67. 铧尖长城 16 段（150622382102020067）

该段长城起自准格尔召镇铧尖村东南 5.8 千米处，止于铧尖村东南 6.5 千米处。墙体大体呈西北—东南走向，上接铧尖长城 15 段，下接铧尖长城 17 段。墙体长 1119 米，其中，保存较差部分长 99 米、差部分长 1020 米，分别占该段墙体总长的 9% 和 91%。

墙体为堆积石墙，在自然基础上用土石混筑而成。墙体底宽顶窄，剖面呈矮梯形，底宽 2~4、顶宽 1~2、残高 0.8~1 米（彩图六七）。

68. 铧尖长城 17 段（150622382106020068）

该段长城起自准格尔召镇铧尖村东南 6.5 千米处，止于暖水镇暖水村西 2.1 千米处。大体呈西南—东北走向，上接铧尖长城 16 段，下接暖水长城 1 段。为山险，起止点之间的直线长度 8000 米。

69. 暖水长城 1 段（150622382101020069）

该段长城起自暖水镇暖水村西 2.1 千米处，止于暖水村西 1.4 千米处。墙体大体呈西—东走向，上接铧尖长城 17 段，下接暖水长城 2 段。墙体长 711 米。

墙体为夯筑土墙，在自然基础上用黄土夯筑而成（彩图六八）。整体保存较差，表面长满野草。墙体底宽顶窄，剖面呈扁梯形，底宽 3~5、顶宽 3、残高 1~1.5 米。墙体附近采集有绳纹陶片。

该段墙体附近为丘陵、沟壑地貌，东临暖水川，西临霍鸡图沟。

70. 暖水长城 2 段（150622382106020070）

该段长城起自暖水镇暖水村西 1.4 千米处，止于暖水镇榆树壕村东南 7.5 千米处。墙体大体呈东南—西北走向，上接暖水长城 1 段，下接榆树壕长城 1 段。为山险，起止点之间的直线长度 8100 米。

71. 榆树壕长城 1 段（150622382101020071）

该段长城起自暖水镇榆树壕村东南 7.5 千米处，止于榆树壕村东南 1.6 千米处。墙体大体呈东南—西北走向，上接暖水长城 2 段，下接榆树壕长城 2 段。墙体长 5899 米，其中，保存较差部分长 936 米、差部分长 4900 米、消失部分长 63 米，分别占该段墙体总长的 16%、83% 和 1%。

墙体为夯筑土墙，在自然基础上用黄土夹杂料礓石夯筑而成。表面长满野草，地表呈平顶土垄状（彩图六九）。墙体底宽顶窄，剖面呈扁梯形，底宽 8、顶宽 3~5、残高 1.5~2 米。

该段墙体附近为丘陵、沟壑地貌，西临霍鸡图沟，东临暖水川，附近有多处露天煤矿，北面 3 千米处为 109 国道。

该段墙体东侧 0.8 千米处有榆树壕古城，位于暖水镇榆树壕村东南 4.1 千米处。古城分为内、外城，内城位于外城西南角。外城平面呈长方形，东西长 525、南北长 400 米。内城西、南墙利用外城

西、南墙，另筑东、北墙，平面呈长方形，东西长 270、南北长 205 米。墙体用黄土夯筑而成，底宽 5
~14、顶宽 3~6、残高 1~5 米。外城北墙开有 3 座城门，内城北墙偏西处开有一座城门。

72. 榆树壕长城 2 段（150622382301020072）

该段长城起自暖水镇榆树壕村东南 1.6 千米处，止于榆树壕村东南 1.36 千米处。墙体大体呈东南
—西北走向，上接榆树壕长城 1 段，下接榆树壕长城 3 段。为消失段，起止点之间的直线长度 291 米。

73. 榆树壕长城 3 段（150622382101020073）

该段长城起自暖水镇榆树壕村东南 1.36 千米处，止于榆树壕村东南 0.23 千米处。墙体大体呈东
南—西北走向，上接榆树壕长城 2 段，下接榆树壕长城 4 段。墙体长 1123 米。

墙体为夯筑土墙，在自然基础上用黄土夯筑而成，夯层不明显。整体保存较差，表面长满柠条。
墙体底宽顶窄（彩图七〇），底宽 4~5、顶宽 2~3、残高 1.5~3 米。

74. 榆树壕长城 4 段（150622382301020074）

该段长城起自暖水镇榆树壕村东南 0.23 千米处，止于达拉特旗白泥井镇敖包梁村东南 2.3 千米
处。墙体大体呈东南—西北走向，上接榆树壕长城 3 段，下接敖包梁长城 1 段。为消失段，起止点之
间的直线长度 785 米。

三　达拉特旗

达拉特旗战国秦长城全长 4411 米，起自白泥井镇敖包梁村东南 2.3 千米处，止于东胜区塔拉壕镇
辛家梁村东 2.3 千米处。主要分布于白泥井镇敖包梁村附近（彩图四）。

（一）长城墙体分布与走向

达拉特旗白泥井镇敖包梁村周边一带地势平坦，战国秦长城墙体穿行于村庄农田中，受到很大影
响，已失去原貌，墙体用黄土夯筑而成，多呈土垄状。建水塔、电线杆和网围栏等设施，以及沟壑冲
刷对墙体破坏很大。北邻 109 国道。

（二）长城墙体保存现状

在调查中，将达拉特旗境内的战国秦长城共划分为 6 段，其中，包括土墙 3 段、消失段 3 段。墙
体总长 4411 米，其中，土墙 3172 米、消失段长 1239 米。在全长 3172 米的土墙中，保存一般部分长
417 米、较差部分长 849 米、差部分长 1854 米、消失部分长 52 米。

1. 敖包梁长城 1 段（150621382101020001）

该段长城起自白泥井镇敖包梁村东南 2.3 千米处，止于敖包梁村西南 1.9 千米处。墙体大体呈东
南—西北走向，上接榆树壕长城 4 段，下接敖包梁长城 2 段。墙体长 2205 米，其中，保存一般部分长
417 米、较差部分长 849 米、差部分长 939 米，分别占该段墙体总长的 19%、38%、43%。

墙体为夯筑土墙，自然基础，黄土夯筑而成（彩图七一）。底宽顶窄，向上有收分，剖面呈扁梯
形，底宽 5~6、顶宽 2~4、残高 0.8~2 米。墙体上长有草，建有水塔、电线杆和网围栏等设施。墙
体附近采集有绳纹灰陶片等遗物（彩图七二）。

2. 敖包梁长城 2 段（150621382301020002）

该段长城起自白泥井镇敖包梁村西南 1.9 千米处，止于敖包梁村西南 1.91 千米处。墙体大体呈东南—西北走向，上接敖包梁长城 1 段，下接敖包梁长城 3 段。为消失段，起止点之间的直线长度 72 米（彩图七三）。

3. 敖包梁长城 3 段（150621382101020003）

该段长城起自白泥井镇敖包梁村西南 1.91 千米处，止于敖包梁村西南 2.3 千米处。墙体大体呈东南—西北走向，上接敖包梁长城 2 段，下接敖包梁长城 4 段。墙体长 584 米，其中，保存差部分长 532 米、消失部分长 52 米，分别占该段墙体总长的 91% 和 9%。

墙体为夯筑土墙，自然基础，用黄土、小石块夯筑而成。墙体呈土垄状（彩图七四），底宽顶窄，向上有收分，剖面呈梯形，底宽 4、顶宽 1、残高 0.8～1.5 米。

4. 敖包梁长城 4 段（150621382301020004）

该段长城起自白泥井镇敖包梁村西南 2.3 千米处，止于敖包梁村西南 2.7 千米处。墙体大体呈东—西走向，上接敖包梁长城 3 段，下接敖包梁长城 5 段。为消失段，起止点之间的直线长度 540 米。冲沟使墙体消失。

5. 敖包梁长城 5 段（150621382101020005）

该段长城起自白泥井镇敖包梁村西南 2.7 千米处，止于敖包梁村西南 3.1 千米处。墙体大体呈东—西走向，上接敖包梁长城 4 段，下接敖包梁长城 6 段。墙体长 383 米。

墙体为夯筑土墙，自然基础，黄土夯筑而成。整体保存差，呈土垄状。墙体底宽顶窄，向上有收分，剖面呈梯形，底宽 2～3、顶宽 0.5～1、残高 0.5～1.5 米。

该段墙体南面为丘陵沟壑地貌，以北地势平坦，北面紧靠 109 国道。

6. 敖包梁长城 6 段（150621382301020006）

该段长城起自白泥井镇敖包梁村西南 3.1 千米处，止于东胜区塔拉壕镇辛家梁村东 2.3 千米处。墙体大体呈东—西走向，上接敖包梁长城 5 段，下接辛家梁长城 1 段。为消失段，起止点之间的直线长度 627 米。冲沟使墙体消失。

四　东胜区

东胜区战国秦长城总长 5729 米，起自塔拉壕镇辛家梁村东 2.3 千米处，止于塔拉壕镇店圪卜村西南 0.49 千米处，行经塔拉壕镇一个镇，辛家梁和店圪卜两个村（地图五）。

（一）长城墙体分布与走向

战国秦长城经过达拉特旗白泥井镇敖包梁村，向西进入东胜区塔拉壕镇辛家梁村，处于丘陵沟壑区，或穿行于松林中、耕地边，或位于两侧为深沟的中间山梁脊上，黄土夯筑而成，多呈土垄状。部分地段被辟为打谷场地，在 109 国道通过的地段墙体消失。

最后向西到达店圪卜村，墙体用黄土夯筑而成，呈土垄状，从田地边缘延伸至山坡下。此处为鄂尔多斯战国秦长城的北端止点。

（二）长城墙体保存现状

在调查中，将东胜区境内的战国秦长城共划分为 8 段，包括土墙 5 段、消失段 3 段。墙体总长 5729 米，其中，土墙长 1895 米、消失段长 3834 米。在全长 1895 米的土墙中，保存一般部分长 312 米、较差部分长 1572 米、消失部分长 11 米。下面，分作详细介绍。

1. 辛家梁长城 1 段（150602382101020001）

该段长城起自塔拉壕镇辛家梁村东 2.3 千米处，止于辛家梁村东 1.8 千米处。墙体建于山梁上，大体呈东—西走向，上接敖包梁长城 6 段，下接辛家梁长城 2 段。墙体长 494 米，其中，保存较差部分长 483 米、消失部分长 11 米，分别占该段墙体总长的 98%、2%。

墙体为夯筑土墙（彩图七五），自然基础，黄土夯筑而成，剖面呈梯形，底宽 4~8、顶宽 1~3、残高 0.5~4 米。墙体附近采集有陶片和瓦片（彩图七六）。

2. 辛家梁长城 2 段（150602382301020002）

该段长城起自塔拉壕镇辛家梁村东 1.8 千米处，止于辛家梁村东 1.7 千米处。墙体大体呈东—西走向，上接辛家梁长城 1 段，下接辛家梁长城 3 段。为消失段，起止点之间的直线长度 44 米。109 国道穿过致使墙体消失。

3. 辛家梁长城 3 段（150602382101020003）

该段长城起自塔拉壕镇辛家梁村东 1.7 千米处，止于辛家梁村东 1.5 千米处。墙体大体呈东南—西北走向，上接辛家梁长城 2 段，下接辛家梁长城 4 段。墙体长 269 米。

墙体用黄土夯筑而成，自然基础。整体保存较差。墙体剖面呈半圆形，底宽 6~8、顶宽 2~4、残高 0.5~2 米。附近地表长满蒿草并种有松树。

4. 辛家梁长城 4 段（150602382101020004）

该段长城起自塔拉壕镇辛家梁村东 1.5 千米处，止于辛家梁村东 0.8 千米处。墙体大体呈东—西走向，上接辛家梁长城 3 段，下接辛家梁长城 5 段。墙体长 705 米。

墙体夯筑土墙，自然基础，黄土夯筑而成。墙体由于雨水冲刷，只留下两边沟壑、中间山梁的凸起部分（彩图七七），部分段墙体被辟为打谷场地，整体保存较差。墙体剖面呈半圆形，底宽 6~10、顶宽 2~4、残高 0.5~4 米。

5. 辛家梁长城 5 段（150602382301020005）

该段长城起自塔拉壕镇辛家梁村东 0.8 千米处，止于辛家梁村东 0.2 千米处。墙体大体呈东南—西北走向，上接辛家梁长城 4 段，下接辛家梁长城 6 段。为消失段，起止点之间的直线长度 590 米。因墙体所在地段被辟为耕地，导致长城墙体消失。

6. 辛家梁长城 6 段（150602382101020006）

该段长城起自塔拉壕镇辛家梁村东 0.2 千米处，止于辛家梁村东 0.1 千米处。墙体处于耕地边缘，大体呈东南—西北走向（彩图七八），上接辛家梁长城 5 段，下接辛家梁长城 7 段。墙体长 115 米。

墙体用黄土夯筑而成，自然基础。整体保存较差，呈土垄状。墙体剖面略呈半圆形，底宽 3~5、顶宽 1~2、残高 0.5~3 米。

7. 辛家梁长城 7 段（150602382301020007）

该段长城起自塔拉壕镇辛家梁村东 0.1 千米处，止于塔拉壕镇店圪卜村西南 0.38 千米处。墙体大体呈东南—西北走向，上接辛家梁长城 6 段，下接店圪卜长城 1 段。为消失段，起止点之间的直线长度 3200 米。由于冲沟和耕地破坏导致墙体消失（彩图七九）。

8. 店圪卜长城（1506023821010200008）

该段长城起自塔拉壕镇店圪卜村西南 0.38 千米处，止于店圪卜村西南 0.49 千米处。墙体大体呈东南—西北走向，上接辛家梁长城 7 段。该段墙体为鄂尔多斯战国秦长城的西北端。墙体长 312 米。

墙体用黄土夯筑而成，自然基础。墙体上长满蒿草或沙柳，保存一般，整体呈土垄状（彩图八〇）。墙体剖面呈梯形，底宽 8 ~ 10、顶宽 5 ~ 6、高 0.7 ~ 3 米。附近采集有陶片和瓦片（彩图八一）。

五　小　结

战国秦长城除了具有界线的作用外，军事上的意义主要有两个，一个是预警作用，一个是挡马墙作用。烽燧具有点火报警功能，而低矮的墙体只能起到挡马墙作用，多数高 1 ~ 2 米的低窄墙体，比起明长城动辄 5 ~ 6 米的高大墙体，真正的实战军事防御作用是有限的。

墙体主要有石墙、土墙和山险三类，前二者多为就地取材，后者则是因地制宜。附近有石块，就用石块堆积；附近有规整的石片，就用石片垒砌；附近有黏合性较好的黄土，就用黄土夯筑；附近有黏合性较好的红土，就用红土夯筑；附近没有黏合性较好的土壤，也没有石料，就用沙土堆筑。有个别长城段，一侧为红色夯土墙，一侧为黄色夯土墙，显示了墙体两侧土质的差异。鄂尔多斯高原多呈现为丘陵沟壑地貌，像秦直道那样的工程，遇山开山，遇沟填平，必须动用大量的人力物力。长城则不用开山、不用填沟，山和沟本身就是险，因而形成了很多段落的山险（沟险）长城。

战国秦长城除少数地段采用垒砌石墙和夯筑土墙等相对复杂的修筑方式外，多数地段采用堆积石墙、土墙等简单省力的修筑方式。与以后的秦汉长城和明长城相比，战国秦长城具有墙体矮、建筑形式简单等特点，一些地段防御功能较弱，仅具有界线的作用。多个地段有补筑和增筑的痕迹，特别是在山险附近，出现许多段垒砌石墙，有的已经坍塌，有的垒砌得非常规整，而这些垒砌石墙旁边是截然不同的堆筑石墙或土墙；还有一种情况，就是在夯筑土墙的基础上再堆积石墙。修筑方式和材质的差异，反映出这些垒砌石墙应为后期补筑或增筑而成，与史料记载的战国秦长城为秦代、西汉早期所加筑沿用相符合。

具体来看，石墙可分为垒砌、堆积两类，多数石墙为石块堆积而成，少部分为石块垒砌而成。垒砌石墙的石块都经过挑选甚至加工，较为规整，垒砌方式讲究，一般为石片平放横向垒砌。个别地段墙体内外均为垒砌，多数地段只垒砌外部，墙体内填充沙土或土石。石块垒砌的墙体，石片之间一部分为毛石干垒，一部分填充沙土，也有一部分使用三合土粘合。

土墙可分为夯筑和堆积两类。多数土墙为堆积而成，草率堆积而成的土墙经过两千多年的风雨侵蚀，现呈土垄状，甚或接近于消失。少数土墙为夯筑而成，夯层不一，土质土色也不一样。多数地段只是简单地夯筑一下，也有个别地段夯筑得非常结实。有的墙体段落，下部为夯筑土墙，上部为堆积石墙。在调查中，采集到当时夯土筑墙的石杵一件。

战国秦长城沿线调查发现的烽燧、障城均较少，与后来遭自然与人为破坏有关。调查烽燧 19 座，其中 12 座倚墙而建，有 11 座为石块垒砌而成，其他则采用了石块堆筑、土石混筑、沙土堆积等建筑方式。从现存整体形制来看，有 8 座烽燧呈土丘状，另有馒头状、圆柱体、长方体和不规则状等。存留的三座障城，墙体均用石块垒砌而成。

与长城相关的古城，北、中、南各调查一座，分别为榆树壕古城、瓦尔吐沟古城和古城壕古城。榆树壕古城分布于长城北部内侧，处于鄂尔多斯高原四十里梁—点素敖包东西一线分水岭的北侧。古城地表散布遗物较多，有属于战国秦汉时期的绳纹陶片和砖瓦建筑构件，也有属于西夏时期的陶瓷片，表明古城沿用时间较长。该古城的始建年代应当与战国秦长城相同，属于秦国上郡最北部的一座县邑，军事作用显著，后为秦朝、汉朝所沿用。结合张家山汉简《二年律令·秩律》的记载，初步推断该古城为武都县旧址，战国秦时期、秦代、西汉早期均属上郡，西汉中期之后改属五原郡。

瓦尔吐沟古城、古城壕古城的情况，与榆树壕古城大致相同。瓦尔吐沟古城位于准格尔旗纳日松镇瓦尔吐沟村西约 1 千米处，地处瓦尔吐沟注入牸牛川南岸的一级台地上，东南为碾房渠环抱，依山傍水，形势险要。古城大部分遭牸牛川冲毁，平面布局不清，仅残存东墙和北墙残段，东墙残长 390 米，北墙残长 87 米。城墙夯筑而成，底宽 6.7、残高 1.6 米，夯层厚 0.1～0.15 米。城内暴露建筑基址，文化层厚约 2 米，地表散布有战国秦汉时期的陶片和砖瓦等遗物，采集有圆瓦当、半瓦当和"半两"、"五铢"、"大泉五十"铜钱等。周围分布有同时代的墓葬，城北墓地曾出土有"广衍"印文的陶壶。经考证，该古城为广衍县旧址，战国秦时期、秦代、西汉早期均属上郡，西汉中期之后改属西河郡[1]。

古城壕古城位于伊金霍洛旗纳林陶亥镇新庙村古城壕社南 50 米处，地处牸牛川东岸，过牸牛川便是战国秦长城墙体。古城内外均被开垦为农田，城墙遗迹不明显，仅存部分南墙，为丘垄状凸起。依据相关资料，古城平面大略呈正方形，边长约 330 米，城内文化层厚约 1.5 米。城内散布有大量陶片、砖瓦等遗物，采集有"五铢"钱。结合张家山汉简《二年律令·秩律》的记载，初步推断该古城为中阳县旧址，战国秦时期、秦代、西汉早期均属上郡，西汉中期之后改属西河郡。

〔1〕　崔璇：《秦汉广衍故城及其附近的墓葬》，《文物》1977 年第 5 期。

第三章

鄂尔多斯秦汉榆溪塞长城

鄂尔多斯秦汉榆溪塞长城可分为两个大的段落，分别为哈什拉川水险和新民堡长城。哈什拉川水险东起自战国秦长城北端点店圪卜长城墙体止点处，北止于新民堡长城东端点新民堡长城1段墙体起点处，主要利用由东向西转为由南向北而流的哈什拉川作为天然的水险防御，绵延约70千米。新民堡长城为土质长城，由东向西呈直线延伸，现存墙体总长22206米，由东向西分布于王爱召镇的新民堡村、王爱召村和树林召镇的释尼召村（参见地图四）。

在本次长城调查中，除分布于达拉特旗境内的新民堡长城外，对哈什拉川水险未作编号记录。下面，从长城墙体分布与走向、长城墙体保存现状两个方面，对新民堡长城作详细介绍。

一 长城墙体分布与走向

新民堡长城位于黄河南岸的冲积平原上，属于库布其沙漠边缘地带，呈现丛草沙丘地貌，地势平坦，周围多村庄。长城墙体北距黄河约20千米，整体大致呈东—西走向，墙体均为黄土夯筑而成。

墙体东起王爱召镇的新民堡村西北0.495千米处，由于地处村庄之中，部分墙体已接近于消失。后向西进入王爱召村，墙体或处于河滩之中，痕迹依稀可见，或处于树林中，呈土垄状。再向西到达树林召镇释尼召村西北0.468千米处，以西再不见墙体遗迹。这段墙体位于砖场和道路附近，墙体上长满树木和蒿草，部分地段接近于消失。长城北侧约1千米处，大致平行分布有连接准格尔旗十二连城乡与达拉特旗树林召镇之间的柏油路。

二 长城墙体保存现状

在调查中，将新民堡长城共划分为7段，其中，包括土墙4段、消失段3段。墙体总长22206米，其中，土墙1806米、消失段长20400米。在全长1806米的土墙中，保存较差部分长1577米、差部分长229米。

1. 新民堡长城1段 （150621382101030001）

该段长城起自王爱召镇新民堡村西北0.495千米处，止于新民堡村西北1.8千米处。墙体处于地势平坦的新民堡村附近，大致呈东南—西北走向，下接新民堡长城2段。墙体长1471米。

墙体在自然基础上以黄土夯筑而成，夯层明显（彩图八二）。整体保存较差。墙体底宽顶窄，底宽 4~6、顶宽 3~4、残高 0.5~1 米（彩图八三）。墙体附近地表采集有绳纹泥质灰陶片。

由于位于村庄之中，该段墙体顶部多被用作道路，或用作秋收场地（彩图八四），或被取土或修路，接近于消失，需要尽快保护。

2. **新民堡长城 2 段**（1506213823010300002）

该段长城起自王爱召镇新民堡村西北 1.8 千米处，止于王爱召村东南 2.1 千米处。墙体大致呈东南—西北走向，上接新民堡长城 1 段，下接王爱召长城 1 段。为消失段，起止点之间的直线长度 3900米（彩图八五）。

3. **王爱召长城 1 段**（1506213821010300003）

该段长城起自王爱召镇王爱召村东南 2.1 千米处，止于王爱召村东南 2.0 千米处。墙体大致呈东—西走向，上接新民堡长城 2 段，下接王爱召长城 2 段。墙体长 106 米。

墙体在自然基础上用黄土夯筑而成（彩图八六）。整体保存较差，地表呈土垄状。墙体底宽顶窄，剖面呈扁梯形，底宽 4~5、顶宽 1~3、残高 0.5~1.5 米。墙体附近地表采集有泥质素面灰陶片。

该段墙体所在地域地势平坦，处于河滩地之中（彩图八七）。

4. **王爱召长城 2 段**（1506213823010300004）

该段长城起自王爱召镇王爱召村东南 2.0 千米处，止于王爱召村西南 1.5 千米处。墙体大致呈东—西走向，上接王爱召长城 1 段，下接王爱召长城 3 段。为消失段，起止点之间的直线长度3300 米。

5. **王爱召长城 3 段**（1506213821010300005）

该段长城起自王爱召镇王爱召村西南 1.5 千米处，止于王爱召村西南 1.6 千米处。墙体大致呈东—西走向，上接王爱召长城 2 段，下接王爱召长城 4 段。墙体长 109 米。

墙体在自然基础上用黄土夯筑而成（彩图八八），剖面夯层清晰可见。整体保存差，呈土垄状。墙体底宽顶窄，底宽 2~6、顶宽 1.5~3、残高 0.5~2 米。

该段墙体所在地域地势平坦，呈现丛草沙丘地貌，南侧有大片树林，墙体上有电线杆南北向穿过。

6. **王爱召长城 4 段**（1506213823010300006）

该段长城起自王爱召镇王爱召村西南 1.6 千米处，止于树林召镇释尼召村西北 0.393 千米处。墙体大致呈东—西走向，上接王爱召长城 3 段，下接释尼召长城。为消失段，起止点之间的直线长度13200 米。

7. **释尼召长城**（1506213821010300007）

该段长城起自树林召镇释尼召村西北 0.393 千米处，止于释尼召村西北 0.468 千米处。墙体大致呈东—西走向，上接王爱召长城 4 段。墙体长 120 米。

墙体在自然基础上用黄土夯筑而成（彩图八九）。整体保存差。墙体底宽顶窄，底宽 10、顶宽 4、残高 1~3 米。长城旁侧树立有一方石质保护标志，书写文字为"战国（魏）长城遗址/达拉特旗文物保护管理所/公元一九九六年夏立"。

该段墙体东临一条乡村土路，西面紧靠一砖厂，由于砖场于墙体附近常年取土，墙体接近于消失，急需保护。

三　小　结

新民堡长城整体大致呈东—西走向，墙体类型较为单一，均用黄土夯筑而成，夯层厚约 0.2 米。

本次调查显示，墙体绵延 22.206 千米，但保留下来的可见墙体仅有 1.806 千米。以前的调查资料显示，墙体沿线分布有烽燧等单体建筑，在本次调查中均已破坏无存。墙体位于黄河以南的冲积平原上，属于库布其沙漠边缘地带，地势平坦，周围多村庄。由于修路、耕地、建厂以及风沙侵蚀、河流冲刷等，墙体面临彻底消失的危险。据长城周围的村民讲述，该条长城在他们的记忆中比现在还要更长一些。

关于这条长城的具体性质，一直争议较多，除前文"概述"中提到的战国秦长城的延伸、战国赵长城外，甚至还有认为是战国魏长城者。在长城调查中，可见长城墙体旁侧树立的书写有"战国魏长城"字样的保护标志，相关论述多出自一些文物考古爱好者的作品之中。在本次长城资源调查工作中，陕西长城调查队确认了魏长城的具体分布走向，许多新闻媒体作了报道，魏长城分布于今陕西省延安市、铜川市、渭南市境内，东起黄河之滨，向西沿黄龙山南麓、西麓，越洛河至子午岭，为魏国防御秦国的一条不连续的防线。

关于魏长城达到今准格尔旗的主要证据，来源于《史记·魏世家》关于魏长城的一条记载：魏惠王"十九年，诸侯围我襄陵。筑长城，塞固阳。"有人据此认为这里的固阳，即是后来的西汉五原郡稒阳县。实则此"固阳"非彼"稒阳"也，战国魏的疆域未能进入今鄂尔多斯市、包头市境内，五原郡稒阳县为西汉县治。在本次长城调查中，对有人认为的魏长城在准格尔旗黄河西岸亦有分布的记载，经实地踏勘，未能发现长城墙体遗迹。有人或认为，分布于准格尔旗龙口镇和尚窑子村东北的一段石墙属于魏长城，经调查认定为一座近代以来的堡寨，而非古代长城。

在达拉特旗境内，可见三座规模较大的战国秦汉时期的古城遗址，分别为二狗湾古城、哈勒正壕古城、康家湾古城，均与榆溪塞长城有所关联。下面，对这三座古城分作简要介绍。

1. 二狗湾古城

又名城拐子古城、昭君坟古城，位于昭君镇黄河南岸 3 千米的一座土阜上，二沟湾村亦位于这座土阜上，东南距新民堡长城墙体西端点 34 千米。

古城墙体依土阜的边缘而建，平面大体呈不规则长方形，东西长约 1100、南北长约 200～420 米，周长约 2720 米。古城东北方向不远处有一座低矮的石山，今人讹传其为昭君坟。该城址以前多认为是汉代五原郡河阴县治所；莫久愚通过实地考察，结合《水经注》关于汉代宜梁县在北魏时期被称作"石崖城"的记载，考证该古城为汉代五原郡宜梁县治所[1]，是非常有见地的。宜梁县不见于张家山汉简《二年律令·秩律》，可见其应位于西汉早期榆溪塞长城的外侧。

2. 哈勒正壕古城

古城位于王爱召镇哈勒正壕村西北 0.5 千米处，处于新民堡长城东端点南 16 千米处的哈什拉川东岸，分内、外两城。外城平面略呈正方形，东西长 520、南北长 510 米。内城位于外城西北角，与外城共用西、北墙，平面呈长方形，东西长 160、南北长 230 米。城墙均用黄土夯筑而成，底宽约 3.5、高 1～3 米，夯层厚 0.07～0.1 米。内城南、北墙中部各开一门。城内文化层厚约 1.2 米，地表散布有绳纹筒瓦、板瓦、云纹瓦当等建筑构件，泥质灰陶折沿盆、敛口陶瓮等陶器残片，秦汉"半两"、"五铢"、"大泉五十"等铜钱。城西 0.3 千米处有汉代墓葬群。结合张家山汉简《二年律令·秩律》的记载，初步考订该古城为秦代九原郡莫黚县，在西汉早期沿用为云中郡莫黚县治所，西汉中期以后改属五原郡，东汉废治。

3. 康家湾古城

古城位于耳字壕镇康家湾村东南。该古城经西夏、元代沿用，城垣范围已不大清晰，平面大体呈

---

〔1〕 莫久愚：《昭君坟、石崖城与达拉特旗段黄河——关于〈中国历史地图集〉相关注记的考疏》，《西部资源》2010 年第 1 期。

长方形，东西长约 490 米，南北宽约 426 米。地表散布遗物较为复杂，包含了新石器时代、秦代、汉代、西夏、元代等多个时期。结合张家山汉简《二年律令·秩律》的记载，初步考订该古城为秦汉时期的博陵县旧址，秦代属九原郡，西汉早期属云中郡，西汉中期之后改属西河郡，东汉废治。

　　以前的资料显示，在达拉特旗马场壕乡城圪梁村北侧分布有城圪梁古城[1]。在本次长城调查中，对该遗址作了实地勘察，并非是一座汉代古城，而是一座汉代烽燧遗址，应重新命名为城圪梁烽燧。该烽燧位于木哈尔沟西岸的一级台地之上，遭盗掘破坏，周围散布大量陶片、瓦片等遗物。

---

〔1〕　国家文物局主编：《中国文物地图集·内蒙古自治区分册》（上册），第 576 页，西安地图出版社，2003 年。

第四章

乌海—鄂托克旗桌子山秦长城

分布于乌海市和鄂尔多斯市鄂托克旗境内的秦长城，分为南北向的凤凰岭秦长城、东西向的苏白音沟秦长城和呈半环状的巴音温都尔山秦长城三部分。

凤凰岭秦长城沿着桌子山山脉的西坡一带，由宁夏回族自治区石嘴山市惠农区自南向北进入乌海市海南区，后进入海勃湾区，再向北在鄂尔多斯市鄂托克旗与乌海市海勃湾区之间穿插，最后进入鄂托克旗，整体呈南北向线性分布。

苏白音沟秦长城主要分布于鄂托克旗棋盘井镇乌仁都西嘎查，从苏白音沟东口进入沟内，在沟底北侧以石墙与山险交替的方式由东向西延伸至苏白音沟西口。

巴音温都尔山秦长城主要分布于鄂托克旗蒙西镇巴音温都尔嘎查，以巴音温都尔山东面山脚下、从棋盘井镇经阿尔巴斯苏木通往碱柜镇的南北向公路西侧为起点，向西一直沿着山脊蜿蜒盘旋上升。然后墙体向南一直延伸至山顶，至山顶南侧墙体不见。

在对乌海—鄂托克旗桌子山秦长城的调查中，共划分 106 段墙体，墙体总长 94924 米，其中，石墙长 19810 米、山险墙长 34 米、山险长 35035 米、消失段长 40045 米。在总长 19810 米的石墙中，保存较好部分长 2342 米、一般部分长 2806 米、较差部分长 7270 米、差部分长 5247 米、消失部分长 2145 米。墙体沿线共调查烽燧 10 座、障城 2 座。具体情况如下表所示（表二）。

表二　乌海—鄂托克旗桌子山秦长城数据简表

长城段落	盟（市）	旗（区）	墙体（米）								单体建筑（座）	
			石墙					山险墙	山险	消失	烽燧	障城
			较好	一般	较差	差	消失					
凤凰岭秦长城	乌海市	海南区	0	392	1795	898	71	0	9000	20078	4	0
		海勃湾区	0	633	4646	3683	1923	0	20327	14279	3	1
	鄂尔多斯市	鄂托克旗	0	0	801	666	151	0	0	5688	0	0
苏白音沟秦长城	鄂尔多斯市	鄂托克旗	1153	1393	0	0	0	0	5624	0	1	1
巴音温都尔山秦长城	鄂尔多斯市	鄂托克旗	1189	388	28	0	0	34	84	0	2	0
总计			2342	2806	7270	5247	2145	34	35035	40045	10	2

　　根据秦长城在乌海市、鄂托克旗境内的分布与走向，分为凤凰岭秦长城、苏白音沟秦长城和巴音温都尔山秦长城三部分，分别予以介绍，每部分之下再分为长城墙体分布与走向、长城墙体与单体建筑保存现状两个方面的具体内容。

一　凤凰岭秦长城

　　凤凰岭秦长城总长 85031 米，由宁夏回族自治区石嘴山市惠农区，自南向北进入乌海市海南区巴音陶亥镇东风农场十队、雀儿沟三队、雀儿沟二队、向阳农场、平沟农场，后向北进入西卓子山街道办事处西卓子山水泥厂、巴音陶亥镇东风农场七队，再向北进入海勃湾区滨河街道办事处五一农场九队、新华街道办事处新南社区、海北街道办事处东山北社区、岳佳焦化厂、中正公司、摩尔沟煤矿、乌兰布和煤矿，经鄂托克旗蒙西镇巴音温都尔嘎查，进入千里山镇千钢社区，最后向北再次进入巴音温都尔嘎查终止。该段秦长城墙体共行经乌海市、鄂尔多斯市两个市，海南区、海勃湾区、鄂托克旗三个旗区，巴音陶亥镇、西卓子山街道办事处、滨河街道办事处、新华街道办事处、海北街道办事处、千里山镇、蒙西镇 7 个镇（街道办事处）（地图六）。

（一）长城墙体分布与走向

　　凤凰岭秦长城由宁夏回族自治区石嘴山市惠农区，自南向北进入乌海市海南区巴音陶亥镇东风农场十队，该点为凤凰岭秦长城的南端起点，也是乌海市秦长城的南端起点。在这里从甘德尔山西侧山脚下，向东沿山脊爬上甘德尔山支脉，沿山脊向北延伸。

　　在巴音陶亥镇东风农场十队，采取就地取材的办法，以毛石干垒的墙体蜿蜒于雀儿沟山西坡上，直接砌筑在山体的岩基上，墙体坍塌严重，西临南北走向的黄河。墙体附近分布有渡口烽燧。

　　向北进入雀儿沟三队和雀儿沟二队，墙体变为黄土夹砂石堆筑而成，坍塌严重，呈土垄状分布。墙体附近分布有拉僧庙烽燧。

　　在向阳农场，长城建于黄河东岸二级台地上，如一道长堤一样与黄河河道平行。墙体用黄沙土夹砂石堆筑而成，呈土垄状分布。在平沟农场，墙体仍建在黄河东岸二级台地上，就地取材，用大小不等的毛石块干垒而成，表面长有野草，高低不平。

　　在西卓子山山脚下，进入西卓子山街道办事处西卓子山水泥厂西北，多系在自然基础上用毛石干垒而成，就地取石而筑，墙体依山势而起伏，山上垒砌形制清晰，山下墙体多被黄沙掩埋，个别地段甚是险峻，延伸至山体顶部。后向北在高大的山体间形成山险，再北仍为毛石干垒墙体，现多已坍塌成垄状。

　　长城向北，在甘德尔山与黄河之间向北盘桓，为巴音陶亥镇东风农场七队地面，墙体分布于山地之间，由山险变为垒砌石墙，墙体低矮，隐没于土石中，后又成为山险。墙体再继续向北进入海勃湾区。

　　墙体由南向北进入海勃湾区滨河街道办事处五一农场九队后，沿着甘德尔山西坡转向甘德尔山北坡进入新华街道办事处。此段山体高大险峻，以自然山体为险。

　　进入新华街道办事处新南社区后又开始出现墙体，为石块堆积或垒砌墙体，蜿蜒沿山脊直上，依山体起伏，呈石垄状，间或被道路、村庄、树木、河谷打断。向北穿越海勃湾区—海南区快速通道，再向北穿过河槽，沿中石油油库东侧山体向北至海北街道办事处东山北社区。

在海北街道办事处沿凤凰山脊继续向北，行至凤凰岭北段东坡出现墙体，石块垒砌而成，非常规整，剖面呈梯形，一定程度地保留了原貌。部分地段墙体被柏油路、露天煤矿破坏严重。

墙体向东穿越京藏高速公路进入煤炭开采区，向北进入岳佳焦化厂。此段墙体位于山脚下厂房东侧，石块垒砌而成，墙体低矮，被沙土覆盖。后向北进入中正公司东侧，墙体用石块垒砌或堆积而成，呈石垄状，较低矮，部分地段被沙土掩埋，或被露天煤矿、道路、堆土等打断和破坏。进入摩尔沟煤矿采矿区后，墙体位于河滩中，石块垒砌或堆积而成，被挖沟、修路、盖房或露天煤矿排土破坏。进入乌兰布和煤矿后，墙体位于山体顶部，用大型石块垒砌，依地形起伏。

墙体继续向北，进入鄂托克旗蒙西镇巴音温都尔嘎查境内。该段墙体为石块垒砌而成，部分段落墙体较高，位于山谷中，遭受破坏严重。墙体沿着千里山继续向北延伸，又进入乌海市海勃湾区千里山镇千钢社区。该段墙体位于山顶上，石块堆积或垒砌而成，呈石垄状。此点为乌海市境内秦长城的北端止点。

至千里沟下山后，墙体向北再次进入鄂托克旗巴音温都尔嘎查，墙体为石块垒砌而成，依山势起伏，向东北穿越棋盘井—碱柜公路，沿公路向北蜿蜒数百米消失不见。再向北，已无长城墙体踪迹。此点为凤凰岭秦长城的北端止点。

（二）长城墙体与单体建筑保存现状

在调查中，将凤凰岭秦长城共划分为80段，其中，包括石墙42段、山险8段、消失段30段。墙体总长85031米，其中，石墙长15659米、山险长29327米、消失段长40045米。在全长15659米的石墙中，保存一般部分长1025米、较差部分长7242米、差部分长5247米、消失部分长2145米。沿线分布有烽燧7座、障城1座。

乌海市境内的凤凰岭秦长城共划分为65段，其中，包括石墙34段、山险8段、消失段23段。墙体总长77725米，其中，石墙长14041米、山险长29327米、消失段长34357米。在全长14041米的石墙中，保存一般部分长1025米、较差部分长6441米、差部分长4581米、消失部分长1994米。沿线分布有烽燧7座、障城1座。

鄂托克旗境内的凤凰岭秦长城共划分为15段，其中，包括石墙8段、消失段7段。墙体总长7306米，其中，石墙长1618米、消失段长5688米。在全长1618米的石墙中，保存较差部分长801米、差部分长666米、消失部分长151米。

下面，对调查的80段长城墙体及其沿线的7座烽燧、1座障城，分作详细描述。

1. 东风农场十队长城1段（150303382102170029）

该段长城起自海南区巴音陶亥镇东风农场十队东北1.1千米处，止于东风农场十队东北1.3千米处。墙体大致呈南—北走向，该段为乌海市秦长城的南端起点，下接东风农场十队长城2段。墙体长196米。

墙体为石墙，在自然基础上用毛石干垒而成，墙体直接砌筑在山体的岩基上（彩图九〇）。墙体整体保存较差，残存基础以上一层，较窄。砌筑墙体的石料系就地取材，以黄砂石为主，石块较大，最大的石块边长0.3米。由于年久失修，墙体坍塌严重，变得低矮，墙体中间有冲沟穿过。墙体底宽1.1～1.3、残高0.35～0.8米（彩图九一）。

墙体蜿蜒于海南区雀儿沟山西坡上，越往东山体越高，西临南北走向的黄河。西南1.1千米处为渡口烽燧。

渡口烽燧（150303353201170004）

该烽燧位于巴音陶亥镇渡口黄河大桥东北1.4千米处，黄河二级台地的山顶上。

台体用毛石干垒而成，实心。台体保存较差，整体坍塌成一个石堆，较低矮，顶部长有白刺。台体底部边长8米，顶部东西长3.9、南北长4米，残高4米。

该烽燧东北1.1千米处为东风农场十队长城1段。

2. **东风农场十队长城2段**（150303382301170030）

该段长城起自巴音陶亥镇东风农场十队东北1.3千米处，止于东风农场十队东北1.5千米处。墙体大致呈南—北走向，上接东风农场十队长城1段，下接东风农场十队长城3段。为消失段，起止点之间的直线长度278米。农业生产、开山建厂、村民建房、洪水冲刷等因素，导致墙体消失。

3. **东风农场十队长城3段**（150303382102170031）

该段长城起自巴音陶亥镇东风农场十队东北1.5千米处，止于东风农场十队东北1.7千米处。墙体大致呈南—北走向，上接东风农场十队长城2段，下接雀儿沟三队长城1段。墙体长166米。

墙体在自然基础上用毛石干垒，错缝平砌而成，直接砌筑在山体的岩基上。就地取材，以山体上的黄砂石为主，石块较大，边长可达0.3米。整体保存较差，大多剥蚀滑落，变得低矮，只残留墙体基础部分，断断续续。墙体底宽1.1~1.3、残高0.2~1.2米。

4. **雀儿沟三队长城1段**（150303382301170032）

该段长城起自巴音陶亥镇东风农场十队东北1.7千米处，止于巴音陶亥镇雀儿沟三队东南0.561千米处。墙体大致呈南—北走向，上接东风农场十队长城3段，下接雀儿沟三队长城2段。为消失段，起止点之间的直线长度1600米。

5. **雀儿沟三队长城2段**（150303382101170033）

该段长城起自巴音陶亥镇雀儿沟三队东南0.561千米处，止于雀儿沟三队东南0.452千米处。墙体大致呈南—北走向，上接雀儿沟三队长城1段，下接雀儿沟三队长城3段。墙体长113米。

墙体用黄土夹砂石块堆筑而成，呈土垄状分布。墙体因长年风化、沙化及人为破坏保存较差，坍塌严重，保存低矮，濒临消失。墙体底宽8.6~11、残高0.85~1米。

6. **雀儿沟三队长城3段**（150303382301170034）

该段长城起自巴音陶亥镇雀儿沟三队东南0.452千米处，止于巴音陶亥镇雀儿沟二队西北0.261千米处。墙体大致呈南—北走向，上接雀儿沟三队长城2段，下接雀儿沟二队长城。为消失段，起止点之间的直线长度1300米。农业生产、开地、建房、洪水冲刷等因素，导致墙体消失。

7. **雀儿沟二队长城**（150303382101170035）

该段长城起自巴音陶亥镇雀儿沟二队西北0.261千米处，止于雀儿沟二队西北0.567千米处。墙体大致呈南—北走向，上接雀儿沟三队长城3段，下接向阳农场长城1段。墙体长490米。

该段长城建在黄河东岸二级台地上，如一道长堤与黄河平行。墙体用黄沙土夹砂石块堆筑而成，呈土垄状分布。整体保存差，严重坍塌，高低不平。墙体中有一道水冲沟将墙体打断，宽约7米。墙体底宽8~11、残高0.5~0.8米。墙体东北2.9千米有拉僧庙烽燧。

拉僧庙烽燧（150303353201170005）

该烽燧位于公乌素镇拉僧庙南2千米河槽南岸山顶上。

台体底部东西长23.1、南北长18.8米，顶部东西长8.6、南北长5.8米，残高12米。整体保存一般，坍塌成堆状。台体北侧为峭壁，南侧倾斜成斜坡状，使得烽燧尤其高大（彩图九二）。台体顶部被用作现代祭祀台，有瓷佛、菩萨像及贡物等，四壁坍塌成斜坡，长有杂草和四合木。台体周围散落有素面灰陶片（彩图九三）。

该烽燧西南距雀儿沟二队长城2.9千米。

8. 向阳农场长城1段（150303382301170036）

该段长城起自巴音陶亥镇雀儿沟二队西北0.567千米处，止于巴音陶亥镇向阳农场西北0.897千米处。墙体大致呈南—北走向，上接雀儿沟二队长城，下接向阳农场长城2段。为消失段，起止点之间的直线长度5100米。

9. 向阳农场长城2段（150303382101170037）

该段长城起自巴音陶亥镇向阳农场西北0.897千米处，止于向阳农场西北1.3千米处。墙体大致呈南—北走向，上接向阳农场长城1段，下接平沟农场长城1段。墙体长533米。

该段长城亦建于黄河东岸二级台地上，如一道长堤与黄河河道平行。墙体以黄沙土夹砂石块堆筑而成，呈土垄状分布。整体保存较差，坍塌严重，保存低矮，高低不平。墙体表面长满各种野草，基部栽有沙枣树。部分段墙体顶部早年挖有灌溉渠，立有修渠的标志桩，破坏更为严重（彩图九四）。现存墙体底宽6.6~9.4、残高0.8~1米。

10. 平沟农场长城1段（150303382301170038）

该段长城起自巴音陶亥镇向阳农场西北1.3千米处，止于巴音陶亥镇东风农场六队北1千米处。墙体呈南—北走向，上接向阳农场长城2段，下接平沟农场长城2段。为消失段，起止点之间的直线长度8800米。据当地村民介绍，此处初建村庄时尚有墙体存在，后因开垦耕地、建房、洪水冲刷、风雨侵蚀、沙化等因素，导致墙体消失。

11. 平沟农场长城2段（150303382102170039）

该段长城起自巴音陶亥镇东风农场六队北1千米处，止于西卓子山街道办事处西卓子山水泥厂西北4.7千米处。墙体大致呈南—北走向，上接平沟农场长城1段，下接平沟农场长城3段。墙体长318米。

墙体建在黄河东岸二级台地上，为石筑墙体，系就地取材，在自然基础上用大小不等的毛石块干垒而成（彩图九五）。整体保存差，比较低矮，只可看出基础部分，表面长有野草，高低不平，局部痕迹非常模糊，濒临消失。农业生产、建房等亦对墙体有破坏，造成两处豁口，分别宽1.5、6米。墙体宽0.6~1.5、残高0.1~0.3米。有一座现代河神庙建在墙体后半段。

12. 平沟农场长城3段（150303382301170040）

该段长城起自西卓子山街道办事处西卓子山水泥厂西北4.7千米处，止于西卓子山水泥厂西北2.9千米处。墙体大致呈东—西走向，上接平沟农场长城2段，下接西卓子山长城1段。为消失段，起止点之间的直线长度3000米。

13. 西卓子山长城1段（150303382102030001）

该段长城起自西卓子山街道办事处西卓子山水泥厂西北2.9千米处，止于西卓子山水泥厂西北2.6千米处。墙体起点位于西卓子山脚下，东侧山峦叠嶂，西侧地势较平坦，大体呈西南—东北走向，上接平沟农场长城3段，下接西卓子山长城2段。墙体长547米，其中，保存一般部分长170米、较差部分长377米，分别占该段墙体总长的31.1%、68.9%。

墙体依山势起伏，就地取石，在自然基础上用毛石干垒而成（彩图九六）。整体垒砌形制清晰，个别段甚是险峻，部分地段上部坍塌，石块多散落于墙体两侧；山下部分地段墙体被黄沙掩埋。现存墙体底宽1~5、顶宽0.5~1.5、残高0.5~2米（彩图九七）。

14. 西卓子山长城2段（150303382102030002）

该段长城起自西卓子山街道办事处西卓子山水泥厂西北2.6千米处，止于西卓子山水泥厂西北2.7千米处。墙体起点位于山体上，后沿山脊向北而去，大体呈西南—东北走向，上接西卓子山长城1段，下接西卓子山长城3段。墙体长570米，其中，保存一般部分长175米、较差部分长272米、差部分长52米、消失部分长71米，分别占该段墙体总长的30.7%、47.7%、9.1%和12.5%。

墙体在自然基础上用毛石干垒而成，就地取石依地形而筑（彩图九八）。整体垒砌形制清晰，因风雨侵蚀严重，石块多散落墙体两侧。现存墙体底宽1～3、顶宽0.5～2、残高0.5～1.8米。

15. 西卓子山长城3段（150303382106030003）

该段长城起自西卓子山街道办事处西卓子山水泥厂西北2.7千米处，止于西卓子山水泥厂西北3.8千米处。大体呈东南—西北走向，上接西卓子山长城2段，下接西卓子山长城4段。为山险，起止点之间的直线长度1300米。

16. 西卓子山长城4段（150303382102030004）

该段长城起自西卓子山街道办事处西卓子山水泥厂西北3.8千米处，止于西卓子山水泥厂西北3.9千米处。墙体起点位于西卓子山顶部，大体呈东南—西北走向，上接西卓子山长城3段，下接东风农场七队长城1段。墙体长97米，其中，保存一般部分长47米、较差部分长50米，分别占该段墙体总长的48.5%、51.5%。

墙体在自然基础上以毛石干垒，就地取石依地形而筑（彩图九九）。墙体两侧坍塌成垄状，部分段两侧石块垒砌平整。现存墙体底宽1.5～3、顶宽0.1～1、残高0.2～1米。

该段墙体东面群山叠嶂，山势陡峭，山上岩石裸露，西侧为悬崖峭壁，山下为广阔平地，有正在施工的呈南北走向的铁路线，向西3.1千米为黄河，北侧山体绵延。

17. 东风农场七队长城1段（150303382106030005）

该段长城起自西卓子山街道办事处西卓子山水泥厂西北3.9千米处，止于巴音陶亥镇东风农场七队北1.2千米处。大体呈东南—西北走向，上接西卓子山长城4段，下接东风农场七队长城2段。为山险，起止点之间的直线长度3100米。

18. 东风农场七队长城2段（150303382102030006）

该段长城起自巴音陶亥镇东风农场七队北1.2千米处，止于东风农场七队北1.3千米处。墙体起点位于矮山顶部，沿缓坡延伸，至南北走向的公路处消失，大体呈东南—西北走向，上接东风农场七队长城1段，下接东风农场七队长城3段。墙体长126米，其中，保存较差部分长88米、差部分长38米，分别占该段墙体总长的69.8%、30.2%。

墙体在自然基础上用石块垒砌而成，遭风雨侵蚀坍塌严重，石块多散落于墙体两侧，呈垄状。现存墙体底宽1～2、顶宽0.5～1.5、残高0.2～2米。

该段墙体东面群山叠嶂，西0.8千米处为黄河，黄河对岸为乌达区，北侧山体绵延。

19. 东风农场七队长城3段（150303382106030007）

该段长城起自巴音陶亥镇东风农场七队北1.3千米处，止于东风农场七队东北5.8千米处。大体呈西南—东北走向，上接东风农场七队长城2段，下接海勃湾区五一农场九队长城。为山险，起止点之间的直线长度4600米。

该段墙体西0.78千米处是东风农场七队烽燧、80米处是三道坎烽燧。

三道坎烽燧（150303353201030001）

该烽燧位于巴音陶亥镇东风农场七队西北3千米处。

台体用石块垒砌而成，实心，呈方形石堆状，石块滑落四周。台体遭破坏严重，保存差，仅剩基础部分。现存台体东西长 10.2、南北长 5.1、残高 1 米。

该烽燧东 80 米处有东风农场七队长城 3 段，东北 1.5 千米处有东风农场七队烽燧。

东风农场七队烽燧（150303353201030002）

该烽燧位于巴音陶亥镇东风农场七队东北 4.2 千米处。

台体用石块垒砌而成，实心，大体呈圆形石堆状，东西长 11.2、南北长 11.1、残高 3 米。台体保存较差，中间部分由于人为取石挖出一个大坑。台体四周有围墙，东西长 17.5、南北长 20.5 米，墙体宽 0.9、残高 0.6 米。东北角开门，门宽约 3 米。台体北侧有一处生活遗迹，采集有素面灰陶片、筒瓦残片等。

该烽燧东 0.78 千米处有东风农场七队长城 3 段，西南 1.5 千米处有三道坎烽燧。

20. 五一农场九队长城（150302382106030001）

该段长城起自滨河街道办事处五一农场九队南 3.5 千米处，止于新华街道办事处新南社区东南 1.4 千米处。大体呈西南—东北走向，上接海南区东风农场七队长城 3 段，下接新南长城 1 段。为山险，起止点之间的直线长度 13800 米。

21. 新南长城 1 段（1503023821020030002）

该段长城起自新华街道办事处新南社区东南 1.4 千米处，止于新南社区东南 1.2 千米处。墙体起于甘德尔山东北坡半山腰，大体呈西南—东北走向，上接五一农场九队长城，下接新南长城 2 段。墙体长 259 米，其中，保存较差部分长 156 米、差部分长 96 米、消失部分长 7 米，分别占该段墙体总长的 60.2%、37.1% 和 2.7%。

墙体在自然基础上用石块垒筑，就地取石，依地形而筑。遭风雨侵蚀坍塌严重，石块多散落墙体两侧，呈垄状（彩图一〇〇）。现存墙体底宽 1.5 ~ 3、顶宽 0.5 ~ 1.5、残高 0.3 ~ 1.5 米。

该段墙体东北有海南区至海渤湾区快速通道穿过，路边有输电线路及零星树木和民居，东北为高山，山势较陡峭，基本光秃，北为海勃湾城区。

22. 新南长城 2 段（150302382301030003）

该段长城起自新华街道办事处新南社区东南 1.2 千米处，止于新南社区东南 1.1 千米处。墙体大体呈西南—东北走向，上接新南长城 1 段，下接新南长城 3 段。为消失段，起止点之间的直线长度 224 米。

23. 新南长城 3 段（150302382102030004）

该段长城起自新华街道办事处新南社区东南 1.1 千米处，止于新南社区东南 1 千米处。墙体大体呈西南—东北走向，上接新南长城 2 段，下接新南长城 4 段。墙体长 148 米，其中，保存差部分长 105 米、消失部分长 43 米，分别占该段墙体总长的 70.9%、29.1%。

墙体以自然山体为基础用石块垒砌而成，底宽顶窄，剖面大体呈梯形，向上有收分，底宽 1.5 ~ 2、顶宽 1 ~ 1.5、残高 0.1 ~ 0.3 米。

24. 新南长城 4 段（150302382301030005）

该段长城起自新华街道办事处新南社区东南 1 千米处，止于新南社区东南 0.91 千米处。墙体大体呈西南—东北走向，上接新南长城 3 段，下接新南长城 5 段。为消失段，起止点之间的直线长度 466 米。

25. 新南长城 5 段（150302382102030006）

该段长城起自新华街道办事处新南社区东南 0.91 千米处，止于新南社区东南 0.9 千米处。墙体位于矮山顶部，大体呈西南—东北走向，上接新南长城 4 段，下接新南长城 6 段。墙体长 200 米。

墙体在自然基础上用石块垒砌，就地取石依地形而筑。遭风雨侵蚀坍塌严重，石块多散落墙体两侧，整体保存差。墙体底宽 1.5~2、顶宽 1~1.5、残高 0.1~0.2 米。

该段墙体位于海勃湾区城区东南，东北为高山，山势较陡峭，基本光秃，南面较平坦，山下有较宽干涸河床，南面为甘德尔山，有海南区至海渤湾区快速通道穿过，路边有输电线路及零星树木和民居。东 20 米处有新南 1 号烽燧。

新南 1 号烽燧（150302353201030003）

该烽燧位于新华街道办事处新南社区东南 1 千米山顶至高点处。

台体为实心，整体呈馒头土包状，下部有包石痕迹。顶部有一块现代水泥板，保存较差。底部直径 18.3、顶部直径 11.7、残高 1.8 米。台体周围发现较多弦断绳纹陶片（彩图一○一）和铁器残块。

烽燧南面山腰处有一处方形石围墙遗迹，现仅存石墙基础，东西长 14.5、南北长 7 米，石墙宽 0.8、残高 0.3 米。该石围墙遗迹应是和烽燧相关的一处居住址。

该烽燧西 20 米处是新南长城 5 段墙体。

26. 新南长城 6 段（150302382301030007）

该段长城起自新华街道办事处新南社区东南 0.9 千米处，止于新南社区东 1 千米处。墙体大体呈西南—东北走向，上接新南长城 5 段，下接新南长城 7 段。为消失段，起止点之间的直线长度 186 米。

27. 新南长城 7 段（150302382102030008）

该段长城起自新华街道办事处新南社区东 1 千米处，止于新南社区东北 1.2 千米处。墙体大体呈西南—东北走向，上接新南长城 6 段，下接新南长城 8 段。墙体长 233 米，其中，保存较差部分长 33 米、差部分长 78 米、消失部分长 122 米，分别占该段墙体总长的 14.2%、33.5% 和 52.3%。

墙体在自然基础上用石块堆积，就地取石依地形而筑。坍塌严重，石块多散落于墙体两侧。现存墙体底宽 1~4、顶宽 0.5~0.8、残高 0.1~1.5 米。

该段墙体所在山体属桌子山余脉，呈南北走向平行排列。东北山势较陡峭，南面为甘德尔山，有海南区至海渤湾区快速通道穿过，西侧是乌海市油库。

28. 新南长城 8 段（150302382102040009）

该段长城起自新华街道办事处新南社区东北 1.2 千米处，止于新南社区东北 2.2 千米处。墙体大体呈西南—东北走向，上接新南长城 7 段，下接新南长城 9 段。墙体长 1184 米，其中，保存较差部分长 987 米、差部分长 197 米，分别占该段墙体总长的 83.3%、16.7%。

墙体在自然基础上用石块堆积，就地取石依地形而筑。呈垄状，蜿蜒直上（彩图一○二），坍塌严重，石块多散落墙体两侧。现存墙体底宽 1~3、顶宽 0.5~1.5、残高 0.5~1.5 米。墙体东侧紧连新南障城。

新南障城（150302353102030001）

该障城位于新华街道办事处新南社区东北 1.5 千米处，建于新南长城 8 段墙体东侧，障城西墙即利用了长城墙体（彩图一○三）。

障城平面大体呈长方形，东西长 18.2、南北长 47.6 米。东、南、北墙用石块垒砌而成，保存较差，现存墙体宽 1~1.5、残高 0.2~0.5 米。城内西北角靠近长城墙体处有一房址，东西长 4.9、南北长 5.2 米，墙体底宽 0.8、残高 0.9 米。

29. 新南长城 9 段（150302382106030010）

该段长城起自新华街道办事处新南社区东北 2.2 千米处，止于新南社区东北 2.3 千米处。大体呈西南—东北走向，上接新南长城 8 段，下接新南长城 10 段。为山险，起止点之间的直线长度 199 米。

30. 新南长城 10 段（150302382102030011）

该段长城起自新华街道办事处新南社区东北 2.3 千米处，止于新南社区东北 2.4 千米处。墙体位于海勃湾城区东部山体上，大体呈南—北走向，上接新南长城 9 段，下接新南长城 11 段。墙体长 130 米。

墙体在自然基础上用石块垒砌，就地取石依地形而筑。风雨侵蚀致坍塌严重，保存差。墙体底宽 1.5~2、顶宽 0.8~1、残高 0.5~1 米。

31. 新南长城 11 段（150302382106030012）

该段长城起自新华街道办事处新南社区东北 2.4 千米处，止于新南社区东北 3.1 千米处。墙体大体呈西南—东北走向，上接新南长城 10 段，下接新南长城 12 段。为山险，起止点之间的直线长度 728 米。

32. 新南长城 12 段（150302382102030013）

该段长城起自新华街道办事处新南社区东北 3.1 千米处，止于新南社区东北 3.1 千米处。墙体大体呈西南—东北走向，上接新南长城 11 段，下接新南长城 13 段。墙体长 59 米。

墙体在自然基础上用石块垒砌而成。依山势起伏，地表呈垄状，石块散落于墙体两侧（彩图一〇四），整体保存较差。墙体底宽 2~2.5、顶宽 1~1.5、残高 1~1.5 米。墙体上分布有新南 2 号烽燧。

新南 2 号烽燧（150302352101030004）

该烽燧位于新华街道办事处新南社区东北 3.1 千米处。

台体骑新南长城 12 段墙体而建，用石块堆筑而成，实心。整体保存较差。台体整体呈圆锥形，底部直径 4.5、残高 1.6 米。

33. 新南长城 13 段（150302382106030014）

该段长城起自新华街道办事处新南社区东北 3.1 千米处，止于新南社区东北 5.6 千米处。大体呈西南—东北走向，上接新南长城 12 段，下接凤凰岭长城 1 段。为山险，起止点之间的直线长度 2400 米。

34. 凤凰岭长城 1 段（150302382102030015）

该段长城起自海北街道办事处东山北社区东南 4.9 千米处，止于东山北社区东南 5.7 千米处。墙体位于凤凰岭山体东坡上（彩图一〇五），大体呈西北—东南走向，上接新南长城 13 段，下接凤凰岭长城 2 段。墙体长 791 米，其中，保存一般部分长 253 米、较差部分长 160 米、差部分长 226 米、消失部分长 152 米，分别占该段墙体总长的 31.9%、20.2%、28.5% 和 19.4%。

墙体在自然基础上就地取石依地形用石块垒砌而成。部分地段非常规整，一定程度地保留了原貌（彩图一〇六）；部分地段坍塌严重，石块多散落于墙体两侧。墙体底宽顶窄，剖面呈梯形，底宽 0.5~1.5、顶宽 0.5~1.5、残高 0.1~1.2 米。

该段墙体东面有南北走向的京藏高速公路及同走向的运煤大通道，再向东多露天煤矿。周边山势较陡峭，山体连绵起伏，南面较平坦。

35. 凤凰岭长城 2 段（150302382301030016）

该段长城起自海北街道办事处东山北社区东南 5.7 千米处，止于东山北社区东南 6.1 千米处。墙体大体呈西北—东南走向，上接凤凰岭长城 1 段，下接凤凰岭长城 3 段。为消失段，起止点之间的直线长度 410 米。

36. 凤凰岭长城 3 段（150302382102030017）

该段长城起自海北街道办事处东山北社区东南 6.1 千米处，止于东山北社区东南 6.2 千米处。墙体位于凤凰岭东侧相对平坦处，大体呈西北—东南走向，上接凤凰岭长城 2 段，下接凤凰岭长城 4 段。

墙体长 160 米。

　　墙体为自然基础上用石块垒砌,就地取石依地形而筑。墙体低矮,坍塌严重,部分被沙土掩埋,整体保存差。现存墙体底宽 2～3、顶宽 1～2、残高 0.1～0.5 米。

　　该段墙体向东是露天煤矿区,再向东山势较陡峭,山体连绵起伏,西面有京藏高速公路及同走向的运煤大通道。

　　37. 凤凰岭长城 4 段（150302382301030018）

　　该段长城起自海北街道办事处东山北社区东南 6.2 千米处,止于东山北社区东 7 千米处。墙体大体呈西南—东北走向,上接凤凰岭长城 3 段,下接岳佳长城 1 段。为消失段,起止点之间的直线长度 918 米。

　　该段墙体东侧是苏白音沟,南侧是山体,西侧是煤矿区,西北是岳佳焦化厂。东南 10 米处有凤凰岭烽燧。

　　凤凰岭烽燧（150302353201030005）

　　该烽燧位于海北街道办事处东山北社区东南 7.3 千米处。

　　台体用石块堆筑而成,实心。遭人为取石破坏,保存差。台体平面呈圆形,剖面呈梯形,底部直径 8.6、残高 3 米,顶部有一个直径 4.6、深 0.5 米的大坑。

　　该烽燧西北 10 米处是凤凰岭长城 4 段墙体。

　　38. 岳佳长城 1 段（150302382102030019）

　　该段长城起自海北街道办事处东山北社区岳佳焦化厂东南 0.7 千米处,止于岳佳焦化厂东南 0.5 千米处。墙体大体呈南—北走向,上接凤凰岭长城 4 段,下接岳佳长城 2 段。墙体长 331 米,其中,保存较差部分 265 米、差部分 66 米,分别占墙体长度的 80%、20%。

　　墙体位于山脚下,在自然基础上用石块垒砌而成。墙体低矮且被沙土覆盖,底宽 2～2.5、顶宽 0.5～1.5、残高 0.5～1 米。

　　墙体东面为桌子山余脉,山体较平缓,沙漠化严重,基本光秃,西侧 0.5 千米处有岳佳焦化厂,墙体旁有南北走向的输电线路。

　　39. 岳佳长城 2 段（150302382301030020）

　　该段长城起自海北街道办事处东山北社区岳佳焦化厂东南 0.5 千米处,止于岳佳焦化厂东北 0.7 千米处。墙体大体呈西南—东北走向,上接岳佳长城 1 段,下接中正长城 1 段。为消失段,起止点之间的直线长度 457 米。

　　40. 中正长城 1 段（150302382102030021）

　　该段长城起自海北街道办事处东山北社区岳佳焦化厂东北 0.7 千米处,止于东山北社区中正公司东 0.4 千米处。墙体位于乌海市中正公司院内,大体呈西南—东北走向,上接岳佳长城 2 段,下接中正长城 2 段。墙体长 233 米,其中,保存差部分长 156 米、消失部分长 77 米,分别占该段墙体总长的 67%、33%。

　　墙体为自然基础上用石块垒砌,就地取石依地形而筑。整体保存差,较低矮,部分地段被沙土掩埋（彩图一〇七）。墙体底宽顶窄,剖面大体呈梯形,底宽 2～2.5、顶宽 0.8～1.5、残高 0.3～1 米。

　　该段墙体东面为桌子山余脉,南面为岳佳焦化厂,西面紧贴厂矿,北面为露天煤矿。

　　41. 中正长城 2 段（150302382301030022）

　　该段长城起自海北街道办事处东山北社区中正公司东 0.4 千米处,止于中正公司东北 0.9 千米处。墙体大体呈西南—东北走向,上接中正长城 1 段,下接中正长城 3 段。为消失段,起止点之间的直线长度 614 米。

42. 中正长城 3 段（150302382102030023）

该段长城起自海北街道办事处东山北社区中正公司东北 0.9 千米处，止于中正公司东北 1.1 千米处。墙体大体呈西南—东北走向，上接中正长城 2 段，下接中正长城 4 段。墙体长 263 米，其中，保存较差部分长 159 米、差部分长 104 米，分别占该段墙体总长的 60.5%、39.5%。

墙体为自然基础上用石块堆积而成，呈垄状，部分地段墙体稍高，个别仅稍隆起于地表。现存墙体底宽 3~4、顶宽 1~3、残高 0.1~1.5 米。

43. 中正长城 4 段（150302382301030024）

该段长城起自海北街道办事处东山北社区中正公司东北 1.1 千米处，止于中正公司东北 1.5 千米处。墙体大体呈南—北走向，上接中正长城 3 段，下接中正长城 5 段。为消失段，起止点之间的直线长度 483 米。

44. 中正长城 5 段（150302382102030025）

该段长城起自海北街道办事处东山北社区中正公司东北 1.5 千米处，止于中正公司东北 1.9 千米处。墙体位于桌子山余脉矮山上，大体呈南—北走向，上接中正长城 4 段，下接中正长城 6 段。墙体长 407 米，其中，保存较差部分长 165 米、差部分长 219 米、消失部分长 23 米，分别占该段墙体总长的 40.5%、53.8% 和 5.7%。

墙体为自然基础上用石块堆积而成。部分地段墙体遭风雨侵蚀坍塌严重，石块多散落于两侧，个别处被冲毁。墙体底宽顶窄，剖面大体呈梯形，底宽 0.5~3、顶宽 0.5~1.5、残高 0.1~1.2 米（彩图一○八）。

45. 中正长城 6 段（150302382301030026）

该段长城起自海北街道办事处东山北社区中正公司东北 1.9 千米处，止于中正公司东北 2.3 千米处。墙体大体呈南—北走向，上接中正长城 5 段，下接摩尔沟长城 1 段。为消失段，起止点之间的直线长度 472 米。

46. 摩尔沟长城 1 段（150302382102030027）

该段长城起自海北街道办事处东山北社区中正公司东北 2.3 千米处，止于东山北社区摩尔沟煤矿南 2.6 千米处。墙体处于摩尔沟煤矿河滩东侧山体边缘上，大体呈南—北走向，上接中正长城 6 段，下接摩尔沟长城 2 段。墙体长 867 米，其中，保存较差部分长 373 米、差部分长 188 米、消失部分长 306 米，分别占该段墙体总长的 43%、21.7% 和 35.3%。

墙体为自然基础上用石块垒砌，就地取石依地形而筑。部分地段墙体遭风雨侵蚀坍塌严重，个别段被冲毁。墙体底宽顶窄，剖面呈梯形，底宽 1~3、顶宽 0.5~1.5、残高 0.2~1.5 米。

47. 摩尔沟长城 2 段（150302382301030028）

该段长城起自海北街道办事处东山北社区摩尔沟煤矿南 2.6 千米处，止于摩尔沟煤矿南 1.1 千米处。墙体大体呈南—北走向，上接摩尔沟长城 1 段，下接摩尔沟长城 3 段。为消失段，起止点之间的直线长度 1500 米。

48. 摩尔沟长城 3 段（150302382102030029）

该段长城起自海北街道办事处东山北社区摩尔沟煤矿南 1.1 千米处，止于摩尔沟煤矿南 0.7 千米处。墙体位于摩尔沟西侧，大体呈南—北走向，上接摩尔沟长城 2 段，下接摩尔沟长城 4 段。墙体长 381 米，其中，保存较差部分长 220 米、差部分长 62 米、消失部分长 99 米，分别占该段墙体总长的 57.7%、16.3% 和 26%。

墙体为自然基础上用石块堆积，就地取石依地形而筑。部分地段墙体坍塌严重。墙体底宽顶窄，剖面呈梯形，底宽 1.5～3.5、顶宽 0.5～1.5、残高 0.1～0.5 米。

该段墙体东面为桌子山，山体较平缓，南面为摩尔沟矿居民区及露天煤矿的堆土，西面为露天煤矿的堆土（彩图一〇九）。

49. 摩尔沟长城 4 段（1503023823010300030）

该段长城起自海北街道办事处东山北社区摩尔沟煤矿南 0.7 千米处，止于摩尔沟煤矿南 0.5 千米处。墙体大体呈南—北走向，上接摩尔沟长城 3 段，下接摩尔沟长城 5 段。为消失段，起止点之间的直线长度 263 米。

50. 摩尔沟长城 5 段（1503023821020300031）

该段长城起自海北街道办事处东山北社区摩尔沟煤矿南 0.5 千米处，止于摩尔沟煤矿南 0.1 千米处。墙体位于摩尔沟煤矿公路西侧山坡上，大体呈南—北走向，上接摩尔沟长城 4 段，下接摩尔沟长城 6 段。墙体长 400 米，其中，保存较差部分长 174 米、差部分长 63 米、消失部分长 163 米，分别占该段墙体总长的 43.5%、15.7% 和 40.8%。

墙体为自然基础上用石块堆积，就地取石依地形而筑。部分地段坍塌严重（彩图一一〇）。墙体底宽顶窄，剖面呈梯形，底宽 2～4、顶宽 1～2、残高 0.5～1 米。

51. 摩尔沟长城 6 段（1503023823010300032）

该段长城起自海北街道办事处东山北社区摩尔沟煤矿南 0.1 千米处，止于摩尔沟煤矿北 0.1 千米处。墙体大体呈南—北走向，上接摩尔沟长城 5 段，下接摩尔沟长城 7 段。为消失段，起止点之间的直线长度 177 米。

52. 摩尔沟长城 7 段（1503023821020300033）

该段长城起自海北街道办事处东山北社区摩尔沟煤矿北 0.1 千米处，止于摩尔沟煤矿北 1.1 千米处。墙体大体呈南—北走向，上接摩尔沟长城 6 段，下接摩尔沟长城 8 段。墙体长 1082 米，其中，保存较差部分长 139 米、差部分长 727 米、消失部分长 216 米，分别占该段墙体总长的 12.8%、67.2% 和 20%。

墙体为自然基础上用石块堆积，就地取石依地形而筑。坍塌严重，石块多散落墙体两侧。墙体底宽顶窄，剖面呈梯形，底宽 1～4、顶宽 0.5～1.5、残高 0.1～1.2 米。

53. 摩尔沟长城 8 段（1503023823010300034）

该段长城起自海北街道办事处东山北社区摩尔沟煤矿北 1.1 千米处，止于摩尔沟煤矿北 1.2 千米处。墙体大体呈南—北走向，上接摩尔沟长城 7 段，下接乌兰布和长城 1 段。为消失段，起止点之间的直线长度 120 米。

54. 乌兰布和长城 1 段（1503023821020300035）

该段长城起自海北街道办事处东山北社区摩尔沟煤矿北 1.2 千米处，止于东山北社区乌兰布和煤矿矿东北 0.8 千米处。墙体位于桌子山西坡，起点处有东西走向的山谷，大体呈南—北走向，上接摩尔沟长城 8 段，下接乌兰布和长城 2 段。墙体长 1064 米，其中，保存较差部分长 667 米、差部分长 233 米、消失部分长 164 米，分别占该段墙体总长的 62.7%、21.9% 和 15.4%。

墙体为自然基础上用石块垒砌（彩图一一一），就地取石依地形而筑。部分地段墙体坍塌严重，石块多散落于墙体两侧，个别地段毁坏。墙体底宽顶窄，剖面呈梯形，底宽 1～4、顶宽 0.5～2、残高 0.3～1.5 米。

该段墙体东面山体较平缓，南面为起伏的山峦，西面山坡下为河滩、约 50 米处有一户牧民、0.4 千米处为乌兰布和煤矿，北面为山峦。

55. 乌兰布和长城 2 段（150302382102030036）

该段长城起自海北街道办事处东山北社区乌兰布和煤矿东北 0.8 千米处，止于乌兰布和煤矿北 2 千米处。墙体大体呈南—北走向，上接乌兰布和长城 1 段，下接鄂托克旗蒙西镇巴音温都尔长城 1 段。墙体长 1376 米，其中，保存较差部分长 866 米、差部分长 88 米、消失部分长 422 米，分别占该段墙体总长的 62.9%、6.3% 和 30.8%。

墙体为自然基础上用较大石块垒砌，就地取石依地形而筑。部分地段遭风雨侵蚀坍塌严重。墙体底宽顶窄，剖面呈梯形，底宽 1~4、顶宽 0.5~1.5、残高 0.1~1.5 米。

56. 巴音温都尔长城 1 段（150624382102030001）

该段长城起自蒙西镇巴音温都尔嘎查西南 13.8 千米处，止于巴音温都尔嘎查西南 13.7 千米处。墙体位于山谷中，大体呈南—北走向，上接乌海市海勃湾区乌兰布和长城 2 段，下接巴音温都尔长城 2 段。墙体长 189 米，其中，保存较差部分长 105 米、差部分长 84 米，分别占该段墙体总长的 55.6%、44.4%。

墙体为自然基础上以石块垒砌而成。部分地段坍塌严重。墙体底宽顶窄，剖面呈梯形，底宽 2~2.5、顶宽 1~1.5、残高 0.2~1 米。

该段墙体位于山脚下，东面有一户牧民，南面、西面为矮山，山上有露天煤矿采区，北为河滩。

57. 巴音温都尔长城 2 段（150624382301030002）

该段长城起自蒙西镇巴音温都尔嘎查西南 13.7 千米处，止于巴音温都尔嘎查西南 13.4 千米处。墙体大体呈南—北走向，上接巴音温都尔长城 1 段，下接巴音温都尔长城 3 段。为消失段，起止点之间的直线长度 355 米。

58. 巴音温都尔长城 3 段（150624382102030003）

该段长城起自蒙西镇巴音温都尔嘎查西南 13.4 千米处，止于巴音温都尔嘎查西南 13.4 千米处。墙体位于山谷中，大体呈西南—东北走向，上接巴音温都尔长城 2 段，下接巴音温都尔长城 4 段。墙体长 20 米。

墙体为自然基础上用石块垒砌而成。部分地段墙体坍塌严重，石块多散落于墙体两侧，整体保存差。墙体底宽顶窄，剖面呈梯形，底宽 1~1.5、顶宽 0.5~1、残高 0.3~0.8 米。

该段墙体位于山脚下，东为高山，山体光秃，东南有一牧户，南面为矮山，西为河滩，再西为矮山，山上有露天煤矿采区，北面为露天煤矿堆土区。

59. 巴音温都尔长城 4 段（150624382301030004）

该段长城起自蒙西镇巴音温都尔嘎查西南 13.4 千米处，止于巴音温都尔嘎查西南 12.7 千米处。墙体大体呈南—北走向，上接巴音温都尔长城 3 段，下接巴音温都尔长城 5 段。为消失段，起止点之间的直线长度 1000 米。

60. 巴音温都尔长城 5 段（150624382102030005）

该段长城起自蒙西镇巴音温都尔嘎查西南 12.7 千米处，止于巴音温都尔嘎查西南 12.6 千米处。墙体位于山脚下，大体呈南—北走向，上接巴音温都尔长城 4 段，下接巴音温都尔长城 6 段。墙体长 77 米。

墙体为自然基础上以石块垒砌而成。部分地段遭风雨侵蚀坍塌严重，石块多散落于墙体两侧，整体保存差。墙体底宽 2~3、顶宽 0.5~1、残高 0.1~0.5 米。

该段墙体遭露天煤矿堆土破坏严重。东面为起伏高山，山峦叠嶂，中间部分全部为露天煤矿及堆土，南面有一户牧民，再南为露天矿堆土，西面是矮山，南、北两面多为采矿区。

61. 巴音温都尔长城 6 段（150624382301030006）

该段长城起自蒙西镇巴音温都尔嘎查西南 12.6 千米处，止于巴音温都尔嘎查西南 12.5 千米处。墙体大体呈南—北走向，上接巴音温都尔长城 5 段，下接巴音温都尔长城 7 段。为消失段，起止点之间的直线长度 144 米。

62. 巴音温都尔长城 7 段（150624382102030007）

该段长城起自蒙西镇巴音温都尔嘎查西南 12.5 千米处，止于巴音温都尔嘎查西南 12.4 千米处。墙体大体呈南—北走向，上接巴音温都尔长城 6 段，下接巴音温都尔长城 8 段。墙体长 185 米。

墙体为自然基础上用石块垒砌而成。整体保存较差。墙体底宽 3~4、顶宽 2~3、残高 0.5~1 米。

63. 巴音温都尔长城 8 段（150624382301030008）

该段长城起自蒙西镇巴音温都尔嘎查西南 12.4 千米处，止于巴音温都尔嘎查西南 12.3 千米处。墙体大体呈南—北走向，上接巴音温都尔长城 7 段，下接巴音温都尔长城 9 段。为消失段，起止点之间的直线长度 123 米。

64. 巴音温都尔长城 9 段（150624382102030009）

该段长城起自蒙西镇巴音温都尔嘎查西南 12.3 千米处，止于巴音温都尔嘎查西南 12.2 千米处。墙体位于山脚下，大体呈东南—西北走向，上接巴音温都尔长城 8 段，下接巴音温都尔长城 10 段。墙体长 246 米。

墙体为自然基础上用石块垒砌而成。整体保存差。墙体底宽 3~4、顶宽 2~3、残高 0.5~1 米。

该段墙体东面为起伏高山，山峦叠嶂，南面多为采矿区，西面是矮山，北面为露天矿堆土区。

65. 巴音温都尔长城 10 段（150624382301030010）

该段长城起自蒙西镇巴音温都尔嘎查西南 12.2 千米处，止于巴音温都尔嘎查西南 11.6 千米处。墙体大体呈西南—东北走向，上接巴音温都尔长城 9 段，下接巴音温都尔长城 11 段。为消失段，起止点之间的直线长度 704 米。

66. 巴音温都尔长城 11 段（150624382102030011）

该段长城起自蒙西镇巴音温都尔嘎查西南 11.6 千米处，止于巴音温都尔嘎查西南 11.4 千米处。墙体大体呈南—北走向，上接巴音温都尔长城 10 段，下接巴音温都尔长城 12 段。墙体长 354 米，其中，保存较差部分长 248 米、差部分长 72 米、消失部分长 34 米，分别占该段墙体总长的 70.1%、20.3% 和 9.6%。

墙体为自然基础上毛石干垒而成，较高大，石块散落于墙体两侧。墙体底宽顶窄，剖面呈梯形，底宽 1~2、顶宽 0.5~1.5、残高 0.5~1.5 米。

67. 巴音温都尔长城 12 段（150624382301030012）

该段长城起自蒙西镇巴音温都尔嘎查西南 11.4 千米处，止于巴音温都尔嘎查西南 10.3 千米处。墙体大体呈东南—西北走向，上接巴音温都尔长城 11 段，下接乌海市海勃湾区千钢长城 1 段。为消失段，起止点之间的直线长度 3200 米。

68. 千钢长城 1 段（1503023821020300037）

该段长城起自千里山镇千钢社区南 3.1 千米处，止于千钢社区南 3 千米处。墙体大体呈南—北走向，上接鄂托克旗蒙西镇巴音温都尔长城 12 段，下接千钢长城 2 段。墙体长 47 米。

墙体为自然基础上用石块堆积而成。低矮，几乎消失，整体保存差。现存墙体底宽 1、顶宽 0.5~0.8、残高 0.1~0.2 米。

该段墙体东、西、南面皆为连绵高山，北侧是千里山镇千钢社区。

69. 千钢长城 2 段 （150302382301030038）

该段长城起自千里山镇千钢社区南 3 千米处，止于千钢社区东南 3.6 千米处。墙体大体呈西南—东北走向，上接千钢长城 1 段，下接千钢长城 3 段。为消失段，起止点之间的直线长度 3900 米。

70. 千钢长城 3 段 （150302382102030039）

该段长城起自千里山镇千钢社区东南 3.6 千米处，止于千钢社区东南 3.6 千米处。墙体位于山顶上，依地形起伏延伸，大体呈南—北走向，上接千钢长城 2 段，下接千钢长城 4 段。墙体长 727 米，其中，保存一般部分长 380 米、较差部分长 145 米、差部分长 149 米、消失部分长 53 米，分别占该段墙体总长的 52.3%、20%、20.5% 和 7.2%。

墙体在自然基础上用石块垒砌而成，底宽顶窄，剖面呈梯形，底宽 0.5 ~ 1.2、顶宽 0.2 ~ 1、残高 0.1 ~ 1.3 米。

71. 千钢长城 4 段 （150302382106030040）

该段长城起自千里山镇千钢社区东南 3.6 千米处，止于千钢社区东北 5.5 千米处，位于千里沟西侧的山坡上。大体呈西南—东北走向，上接千钢长城 3 段，下接千钢长城 5 段。为山险，起止点之间的直线长度 3200 米。

72. 千钢长城 5 段 （150302382102030041）

该段长城起自千里山镇千钢社区东北 5.5 千米处，止于千钢社区东北 5.3 千米处。墙体大体呈东南—西北走向，上接千钢长城 4 段，下接千钢长城 6 段。墙体长 322 米，其中，保存较差部分长 78 米、差部分长 210 米、消失部分长 34 米，分别占该段墙体总长的 24.2%、65.2% 和 10.6%。

墙体为自然基础上用石块堆积而成，地表呈垄状，底宽 1.2 ~ 2.4、顶宽 0.4 ~ 1.1、残高 0.4 ~ 1.5 米。

该段墙体东面是千里沟后沟，西南有一选沙厂，北面是山体。

73. 千钢长城 6 段 （150302382301030042）

该段长城起自千里山镇千钢社区东北 5.3 千米处，止于千钢社区东北 5.4 千米处。墙体大体呈南—北走向，上接千钢长城 5 段，下接千钢长城 7 段。为消失段，起止点之间的直线长度 168 米。

74. 千钢长城 7 段 （150302382102030043）

该段长城起自千里山镇千钢社区东北 5.4 千米处，止于千钢社区东北 5.4 千米处。墙体大体呈南—北走向，上接千钢长城 6 段，下接千钢长城 8 段。墙体长 55 米。

墙体为自然基础上用石块堆积而成。地表呈垄状，石块多散落于墙体两侧，整体保存差。底宽 1 ~ 1.4、顶宽 0.5 ~ 0.9、残高 0.5 ~ 0.8 米。

75. 千钢长城 8 段 （150302382301030044）

该段长城起自千里山镇千钢社区东北 5.4 千米处，止于千钢社区东北 5.6 千米处。墙体大体呈西南—东北走向，上接千钢长城 7 段，下接千钢长城 9 段。为消失段，起止点之间的直线长度 221 米。

76. 千钢长城 9 段 （150302382102030045）

该段长城起自千里山镇千钢社区东北 5.6 千米处，止于千钢社区东北 5.7 千米处。墙体大体呈西北—东南走向，上接千钢长城 8 段，下接千钢长城 10 段。墙体长 166 米，其中，保存差部分长 124 米、消失部分长 42 米，分别占该段墙体总长的 74.7%、25.3%。

墙体为自然基础上用较大石块堆积而成，呈垄状向山顶延伸，底宽 1.5 ~ 3、顶宽 0.5 ~ 1、残高 0.1 ~ 0.8 米。

该段墙体东面是千里沟，南侧为千里沟的沟谷河滩，西面是高山，北侧是高山。

77. 千钢长城 10 段（150302382301030046）

该段长城起自千里山镇千钢社区东北 5.7 千米处，止于千钢社区东北 9.1 千米处。墙体大体呈东—西走向，上接千钢长城 9 段，下接鄂托克旗蒙西镇巴音温都尔长城 13 段。为消失段，起止点之间的直线长度 3700 米。

78. 巴音温都尔长城 13 段（150624382102030013）

该段长城起自蒙西镇巴音温都尔嘎查北 0.53 千米处，止于巴音温都尔嘎查北 0.77 千米处。墙体大体呈南—北走向，上接乌海市海勃湾区千里山镇千钢长城 10 段，下接巴音温都尔长城 14 段。墙体长 239 米，其中，保存较差部分长 33 米、差部分长 167 米、消失部分长 39 米，分别占该段墙体总长的 13.8%、69.9% 和 16.3%。

墙体为自然基础上用石块垒砌而成。依山势起伏分布，石块散落于墙体两侧（彩图一一二）。墙体底宽顶窄，剖面呈梯形，底宽 1.5~3.5、顶宽 0.8~1.1、残高 0.5~1.2 米。

该段墙体东面是连绵高山，西面是千里沟，再西是千里山水库，南北皆为缓坡山地。

79. 巴音温都尔长城 14 段（150624382301030014）

该段长城起自蒙西镇巴音温都尔嘎查北 0.77 千米处，止于巴音温都尔嘎查北 0.93 千米处。墙体大体呈南—北走向，上接巴音温都尔长城 13 段，下接巴音温都尔长城 15 段。为消失段，起止点之间的直线长度 162 米。

80. 巴音温都尔长城 15 段（150624382102030015）

该段长城起自蒙西镇巴音温都尔嘎查北 0.93 千米处，止于巴音温都尔嘎查北 1.2 千米处。墙体大体呈南—北走向，上接巴音温都尔长城 14 段。该段长城为乌海—鄂托克旗凤凰岭秦始皇长城的北端。墙体长 308 米，其中，保存较差部分长 230 米、消失部分长 78 米，分别占该段墙体总长的 74.7%、25.3%。

墙体为自然基础上用石块垒砌而成（彩图一一三），依山势起伏。现存墙体底宽 1.5~3.5、顶宽 0.8~1.1、残高 0.5~1.2 米。

二 苏白音沟秦长城

苏白音沟秦长城主要分布于鄂托克旗棋盘井镇乌仁都西嘎查，从苏白音沟东口进入沟内，在沟底北侧以石墙与山险交替的方式由东向西延伸至苏白音沟西口。起点在棋盘井镇乌仁都西嘎查西北 8.8 千米处，止于乌仁都西嘎查西北 15.7 千米处（地图七）。

（一）长城墙体分布与走向

苏白音沟位于鄂托克旗西部与乌海市交界地带，属于阿尔巴斯山系桌子山山脉。苏白音沟全长约 10 千米，沟宽 20~200 米，大体呈东西走向。沟两侧山体陡立，相对高度达 10~100 米，有的山体可以攀登至山顶，有的山体则陡峭不可攀爬。沟蜿蜒曲折，呈 "S" 形走向，东西不可透视。位于山顶上的长城设施在山下往往看不到，起到了很好的隐蔽效果。沟底为季节性河床，修筑有从乌仁都西嘎查通往乌海市的砂石路。主沟两侧时有小岔沟向南或向北延伸。

苏白音沟秦长城东起自苏白音沟东口，自东向西在沟底北侧绵延，墙体以石墙为主，遇山体则变为山险。石墙与山险交错出现，一直向西延伸至苏白音沟西口，再向西进入乌海市境内，距离桌子山西坡大致呈南北向延伸的凤凰岭秦长城最近距离约为 5 千米。在这 5 千米的距离内，分布有两座烽燧，一座位于鄂托克旗境内、一座位于乌海市境内，苏白音沟秦长城通过这两座烽燧的延伸与凤凰岭秦长城连贯起来。

（二）长城墙体与单体建筑保存现状

在调查中，将苏白音沟秦长城共划分为 19 段，其中，包括石墙 10 段、山险 9 段。墙体总长 8170 米，其中，石墙长 2546 米、山险长 5624 米。在全长 2546 米的石墙中，保存较好部分长 1153 米、一般部分长 1393 米。墙体沿线调查烽燧、障城各 1 座。

1. 乌仁都西长城 1 段（1506243821020 30016）

该段长城起自棋盘井镇乌仁都西嘎查西北 8.8 千米处，止于乌仁都西嘎查西北 8.9 千米处。墙体呈西南—东北走向，下接乌仁都西长城 2 段。墙体长 546 米。

墙体在自然基础上用石块垒砌而成。整体保存一般，地表呈石垄状（彩图一一四）。墙体底宽顶窄，剖面呈扁平的长方形，底宽 0.7 ~ 2、顶宽 0.8 ~ 1、高 0.5 ~ 1 米。墙体附近地表采集有泥质灰陶片等遗物。

墙体附近有许多小型煤矿，对墙体构成潜在危险。有电线杆、网围栏穿过长城墙体。墙体起点东南 0.956 千米处有乌仁都西障城。

乌仁都西障城（1506243531020 30001）

该障城位于棋盘井镇乌仁都西嘎查西北 8.1 千米处，苏白音沟东端北侧的一座独立的山丘上，山顶距沟谷底部相对高约 40 米。从障城上可以观察到苏白音沟沟底状况，而如果身在沟底则不见障城（彩图一一五）。

障城依山势而建，平面略呈长方形，东西长 31.5、南北长 45 米（图一）。墙体保存较为完好，用石块垒砌而成，底宽 10 ~ 11.5、顶宽 3 ~ 4.5、残高 4 ~ 5 米，石块表面多附有苔藓。东墙顶部设有可行走的台阶，宽 1.4 米，每阶踏步宽 0.4、残高 0.2 米。墙体东北角向南 13.3 米处设一处位于东墙内侧的登城台阶（彩图一一六）。城墙西北角设置有角台，平面大体呈底大上小的圆形，底部直径 8、顶部直径 4、残高 3 米（彩图一一七），角台东侧设有宽 1.3 米的登城台阶，登城台阶旁侧有一座直径 10、残高 1 米的石砌圆形台基。南墙开门，门址位于城墙东南角向西 15.5 米处，门宽 2 米（彩图一一八）。障城中部有房址一座，平面呈长方形，东西长 12、南北长 15.5 米（彩图一一九）；西南角开门，门宽 2.5 米；东北角有隔间，隔间东西长 3.5、南北长 7 米；墙体均为石砌垣墙，宽 0.5、残高 1 米。

2. 乌仁都西长城 2 段（1506243821060 30017）

该段长城起自棋盘井镇乌仁都西嘎查西北 8.9 千米处，止于乌仁都西嘎查西北 10 千米处。墙体呈东—西走向，上接乌仁都西长城 1 段，下接乌仁都西长城 3 段。为山险，起止点之间的直线长度 1100 米（彩图一二○）

3. 乌仁都西长城 3 段（1506243821020 30018）

该段长城起自棋盘井镇乌仁都西嘎查西北 10 千米处，止于乌仁都西嘎查西北 10.5 千米处。墙体呈东—西走向，上接乌仁都西长城 2 段，下接乌仁都西长城 4 段。墙体长 507 米。

墙体在自然基础上用石块垒砌而成（彩图一二一）。整体保存较好。墙体底宽顶窄，剖面呈梯形，略有收分，底宽 1 ~ 2.5、顶宽 0.8 ~ 1.1、残高 0.7 ~ 1.2 米（彩图一二二）。

4. 乌仁都西长城 4 段（1506243821060 30019）

该段长城起自棋盘井镇乌仁都西嘎查西北 10.5 千米处，止于乌仁都西嘎查西北 10.7 千米处。墙

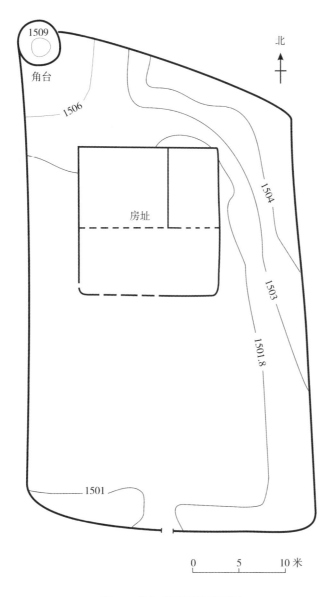

图一　乌仁都西障城平面图

体呈东南—西北走向，上接乌仁都西长城3段，下接乌仁都西长城5段。为山险，起止点之间的直线长度301米。

5. 乌仁都西长城5段（1506243821 02030020）

该段长城起自棋盘井镇乌仁都西嘎查西北10.7千米处，止于乌仁都西嘎查西北10.8千米处。墙体呈东南—西北走向，上接乌仁都西长城4段，下接乌仁都西长城6段。墙体长126米。

墙体在自然基础上用石块堆积而成。整体保存一般。墙体底宽顶窄，剖面呈梯形，略有收分，底宽0.7~1.5、顶宽1~1.2、残高0.6~0.8米。

6. 乌仁都西长城6段（1506243821 06030021）

该段长城起自棋盘井镇乌仁都西嘎查西北10.8千米处，止于乌仁都西嘎查西北10.7千米处。墙体呈东南—西北走向，上接乌仁都西长城5段，下接乌仁都西长城7段。为山险，起止点之间的直线长度483米。

7. 乌仁都西长城 7 段（1506243382102030022）

该段长城起自棋盘井镇乌仁都西嘎查西北 10.7 千米处，止于乌仁都西嘎查西北 11.2 千米处。墙体呈西南—东北走向，上接乌仁都西长城 6 段，下接乌仁都西长城 8 段。墙体长 60 米。

墙体在自然基础上用石块垒砌而成。整体保存较好。墙体底宽顶窄，剖面呈矩形，略有收分，底宽 0.7 ~ 1.1、顶宽 0.5 ~ 0.7、残高 0.6 ~ 1.2 米。

8. 乌仁都西长城 8 段（1506243382106030023）

该段长城起自棋盘井镇乌仁都西嘎查西北 11.2 千米处，止于乌仁都西嘎查西北 12.1 千米处。墙体呈东南—西北走向，上接乌仁都西长城 7 段，下接乌仁都西长城 9 段。为山险，起止点之间的直线长度 904 米。

9. 乌仁都西长城 9 段（1506243382102030024）

该段长城起自棋盘井镇乌仁都西嘎查西北 12.1 千米处，止于乌仁都西嘎查西北 12.3 千米处。墙体呈东南—西北走向，上接乌仁都西长城 8 段，下接乌仁都西长城 10 段。墙体长 165 米。

墙体在自然基础上用石块垒砌而成（彩图一二三）。整体保存一般。墙体底宽顶窄，剖面呈梯形，略有收分，底宽 0.7 ~ 3、顶宽 1 ~ 2、残高 0.6 ~ 1 米。

10. 乌仁都西长城 10 段（1506243382106030025）

该段长城起自棋盘井镇乌仁都西嘎查西北 12.3 千米处，止于乌仁都西嘎查西北 12.5 千米处。墙体呈东北—西南走向，上接乌仁都西长城 9 段，下接乌仁都西长城 11 段。为山险，起止点之间的直线长度 262 米。

11. 乌仁都西长城 11 段（1506243382102030026）

该段长城起自棋盘井镇乌仁都西嘎查西北 12.5 千米处，止于乌仁都西嘎查西北 12.7 千米处。墙体呈东北—西南走向，上接乌仁都西长城 10 段，下接乌仁都西长城 12 段。墙体长 417 米。

墙体在自然基础上用石块垒砌而成（彩图一二四）。整体保存一般。墙体底宽顶窄，剖面呈梯形，略有收分，底宽 0.7 ~ 2、顶宽 0.3 ~ 0.8、残高 0.6 ~ 0.8 米。

12. 乌仁都西长城 12 段（1506243382106030027）

该段长城起自棋盘井镇乌仁都西嘎查西北 12.7 千米处，止于乌仁都西嘎查西北 13.7 千米处。墙体呈东南—西北走向，上接乌仁都西长城 11 段，下接乌仁都西长城 13 段。为山险，起止点之间的直线长度 1000 米。

13. 乌仁都西长城 13 段（1506243382102030028）

该段长城起自棋盘井镇乌仁都西嘎查西北 13.7 千米处，止于乌仁都西嘎查西北 13.8 千米处。墙体呈南—北走向，上接乌仁都西长城 12 段，下接乌仁都西长城 14 段。墙体长 221 米。

墙体在自然基础上用石块垒砌而成。整体保存较好。墙体底宽顶窄，剖面呈梯形，略有收分（彩图一二五），底宽 0.7 ~ 1.5、顶宽 0.5 ~ 1、残高 0.6 ~ 1.2 米。

14. 乌仁都西长城 14 段（1506243382106030029）

该段长城起自棋盘井镇乌仁都西嘎查西北 13.8 千米处，止于乌仁都西嘎查西北 14.4 千米处。墙体呈东—西走向，上接乌仁都西长城 13 段，下接乌仁都西长城 15 段。为山险，起止点之间的直线长度 518 米。

15. 乌仁都西长城 15 段（1506243382102030030）

该段长城起自棋盘井镇乌仁都西嘎查西北 14.4 千米处，止于乌仁都西嘎查西北 14.5 千米处。墙体呈东北—西南走向，上接乌仁都西长城 14 段，下接乌仁都西长城 16 段。墙体长 139 米。

墙体在自然基础上用石块垒砌而成。整体保存一般。墙体底宽顶窄，剖面呈梯形，略有收分，底宽 2 ~ 3、顶宽 0.9 ~ 1、残高 0.7 ~ 0.9 米。墙体石块有红、白、黑三种颜色，表面附着有苔藓。

16. **乌仁都西长城 16 段**（150624382106030031）

该段长城起自棋盘井镇乌仁都西嘎查西北 14.5 千米处，止于乌仁都西嘎查西北 15 千米处。墙体呈东—西走向，上接乌仁都西长城 15 段，下接乌仁都西长城 17 段。为山险，起止点之间的直线长度 550 米。

17. **乌仁都西长城 17 段**（150624382102030032）

该段长城起自棋盘井镇乌仁都西嘎查西北 15 千米处，止于乌仁都西嘎查西北 15.1 千米处。墙体呈东北—西南走向，上接乌仁都西长城 16 段，下接乌仁都西长城 18 段。墙体长 129 米。

墙体在自然基础上用石块垒砌而成。整体保存较好。墙体底宽顶窄，剖面呈梯形，略有收分（彩图一二六），底宽 1 ~ 1.5、顶宽 0.8 ~ 1、残高 0.5 ~ 1 米。

18. **乌仁都西长城 18 段**（150624382106030033）

该段长城起自棋盘井镇乌仁都西嘎查西北 15.1 千米处，止于乌仁都西嘎查西北 15.5 千米。墙体呈东—西走向，上接乌仁都西长城 17 段，下接乌仁都西长城 19 段。为山险，起止点之间的直线长度 506 米。

19. **乌仁都西长城 19 段**（150624382102030034）

该段长城起自棋盘井镇乌仁都西嘎查西北 15.5 千米，止于乌仁都西嘎查西北 15.7 千米。墙体呈东南—西北走向，上接乌仁都西长城 18 段。墙体长 236 米。

墙体为自然基础上用石块垒砌而成（彩图一二七）。整体保存较好。墙体底宽顶窄，剖面呈梯形，略有收分，底宽 1 ~ 2、顶宽 0.8 ~ 1、残高 0.5 ~ 1 米。墙体在近山体处拐一直角，从山顶冲刷下来的泥土将墙体填平。墙体末端处有一个小山洞，宽 0.8、高 0.4 米（彩图一二八）。

该段墙体止点处西 2 千米处为乌仁都西烽燧、2.7 千米处为凤凰岭烽燧。乌仁都西烽燧与凤凰岭烽燧均为苏白音沟秦长城向西的延伸，起到与凤凰岭秦长城相联系的作用。由于凤凰岭烽燧位于乌海市的辖境内，因此特置于本章内凤凰岭秦长城部分内予以介绍。

乌仁都西烽燧（150624353201030001）

该烽燧位于棋盘井镇乌仁都西嘎查西北 17.4 千米苏白音沟西沟口处的山顶上。

台体用石块堆砌而成，实心。由于处于山顶上，整体保存较好，较完整地保留了原貌。整体呈馒头形（彩图一二九），平面呈圆形，底部直径 11、顶部直径 6.4、残高 3 米。台体顶部有石砌围墙，东西长 2、南北长 2.5 米、墙体宽 0.7、残高 4 米。

该烽燧东距乌仁都西长城 19 段 2 千米，西距乌海市凤凰岭烽燧 0.7 千米、凤凰岭秦长城凤凰岭长城 4 段约 2.9 千米。

三 巴音温都尔山秦长城

巴音温都尔山秦长城主要分布于蒙西镇巴音温都尔嘎查，从巴音温都尔山东山脚下向西盘旋而上，再向南延伸至山顶（地图七）。

（一）长城墙体分布与走向

墙体所在巴音温都尔山为桌子山山脉的一部分，山下东部为波状高原，山脚下为从棋盘井镇经阿尔巴斯苏木通往碱柜的南北向公路。高原与大山之间为已干涸的河沟，附近有许多小型煤矿。

墙体起自蒙西镇巴音温都尔嘎查西北 10.3 千米处，止于巴音温都尔嘎查西北 10.7 千米处。墙体以巴音温都尔山东面山脚下、从棋盘井镇经阿尔巴斯苏木通往碱柜镇的南北向公路西为起点，向西一直沿着山脊蜿蜒盘旋上升。然后墙体向南一直延伸至山顶，至山顶南侧墙体不见。墙体以垒砌石墙为主，偶见山险墙和山险。墙体石块表面多附着有苔藓。

（二）长城墙体与单体建筑保存现状

在调查中，将鄂托克旗巴音温都尔山秦长城共划分为 7 段，其中，包括石墙 5 段、山险墙 1 段、山险 1 段。墙体总长 1723 米，其中，石墙长 1605 米、山险墙长 34 米、山险长 84 米。在全长 1605 米的石墙中，保存较好部分长 1189 米、一般部分长 388 米、较差部分长 28 米。墙体沿线调查烽燧 2 座。

1. 巴音温都尔山长城 1 段 （150624382102030035）

该段长城起自蒙西镇巴音温都尔嘎查西北 10.7 千米处，止于巴音温都尔嘎查西北 10.3 千米处。墙体呈东北—西南走向，下接巴音温都尔山长城 2 段。墙体长 178 米，其中，保存较好部分长 77 米、一般部分长 101 米，分别占该段墙体总长的 43%、57%。

墙体系就地取材，在自然基础上用大小不同的石块垒砌而成。整体保存一般。墙体底宽顶窄，剖面呈梯形，底宽 0.7~0.8、顶宽 0.7、高 0.4~0.8 米。

2. 巴音温都尔山长城 2 段 （150624382102030036）

该段长城起自蒙西镇巴音温都尔嘎查西北 10.3 千米处，止于巴音温都尔嘎查西北 10.1 千米处。墙体呈东南—西北走向，上接巴音温都尔山长城 1 段，下接巴音温都尔山长城 3 段。墙体长 315 米，其中，保存一般部分长 287 米、较差部分长 28 米，分别占该段墙体总长的 91%、9%。

墙体系就地取材，在自然基础上用大小不同的石块垒砌而成（彩图一三〇）。整体保存一般。墙体底宽顶窄，底宽 0.7~0.8、顶宽 0.6~0.7、残高 0.4~0.8 米。

该段墙体西南 0.1 千米处有一处圆形遗迹，遗迹平面呈圆形，直径 8 米，中间有一道隔墙，将遗迹分为东西两部分。墙体宽 1、残高 0.7 米。墙体西北角北部有一门址，宽 2 米。墙体上长满野草，坍塌严重，保存较差。遗迹北侧 20 米处有一座长方形石砌房址，长 6、宽 5 米，墙体宽 0.75、残高 0.5 米。

3. 巴音温都尔山长城 3 段 （150624382102030037）

该段长城起自蒙西镇巴音温都尔嘎查西北 10.3 千米处，止于巴音温都尔嘎查西北 11 千米处。墙体呈东—西走向，上接巴音温都尔山长城 2 段，下接巴音温都尔山长城 4 段。墙体长 853 米。

墙体系就地取材，在自然基础上用石块垒砌而成（彩图一三一、一三二）。整体保存较好。墙体底宽顶窄，剖面呈梯形，略有收分，底宽 0.8~0.9、顶宽 0.7~0.8、残高 0.7~1 米。

4. 巴音温都尔山长城 4 段 （150624382102030038）

该段长城起自蒙西镇巴音温都尔嘎查西北 11 千米处，止于巴音温都尔嘎查西北 11.05 千米处。墙体呈东北—西南走向，上接巴音温都尔山长城 3 段，下接巴音温都尔山长城 5 段。墙体长 170 米。

墙体系就地取材，在自然基础上以毛石干垒而成，片石垒砌非常规整（彩图一三三）。整体保存较好（彩图一三四）。墙体底宽顶窄，略有收分，剖面呈梯形，底宽 0.5~0.7、顶宽 0.4~0.5、残高 0.6~0.8 米。沿线采集有泥质灰陶片等遗物。

5. 巴音温都尔山长城 5 段（150624382105030039）

该段长城起自蒙西镇巴音温都尔嘎查西北 11.05 千米处，止于巴音温都尔嘎查西北 11.1 千米处。墙体呈南—北走向，上接巴音温都尔山长城 4 段，下接巴音温都尔山长城 6 段。为山险墙，长 34 米。

墙体在山体低凹处由天然堆积的大石块经过简单加工而成。整体保存较好，非常险峻（彩图一三五）。墙体底宽 1～1.5、顶宽 1.5～2、残高 1～1.2 米。

6. 巴音温都尔山长城 6 段（150624382102030040）

该段长城起自蒙西镇巴音温都尔嘎查西北 11.1 千米处，止于巴音温都尔嘎查西北 10.8 千米处。墙体呈南—北走向，上接巴音温都尔山长城 5 段，下接巴音温都尔山长城 7 段。墙体长 89 米。

墙体为自然基础上用片石垒砌而成，垒砌规整。整体保存较好。墙体底宽顶窄，有收分（彩图一三六），剖面呈梯形，底宽 0.6～0.8、顶宽 0.5～0.7、残高 0.4～0.8 米。

7. 巴音温都尔山长城 7 段（150624382106030041）

该段长城起自蒙西镇巴音温都尔嘎查西北 10.8 千米处，止于巴音温都尔嘎查西北 10.7 千米处。墙体呈南—北走向，上接巴音温都尔山长城 6 段。为山险，起止点之间的直线长度 84 米（彩图一三七）。

该段长城南 97 米处有巴音温都尔山 1 号烽燧，东南 0.108 千米处有巴音温都尔山 2 号烽燧。

巴音温都尔山 1 号烽燧（150624353201030002）

该烽燧位于蒙西镇巴音温都尔嘎查东南 10.8 千米处，巴音温都尔山一山顶上。

台体用石块堆砌而成，实心。总体保存较差。台体呈圆锥形，平面呈圆形，剖面呈三角形，底部直径 12、顶部直径 5.5、残高 11 米。长年的风雨侵蚀和人为破坏使台体变得低矮，顶部立有一座地质铁三角塔。

该烽燧北 97 米处有巴音温都尔山长城 7 段，东北 45 米处有巴音温都尔山 2 号烽燧。

巴音温都尔山 2 号烽燧（150624353201030003）

该烽燧位于蒙西镇巴音温都尔嘎查西北 10.8 千米处巴音温都尔山一座山顶上。

台体用石块堆积而成，实心，平面呈圆形，剖面呈梯形，底部直径 4、顶部直径 3.5、残高 0.6 米。整体保存较差。由于长年的风雨侵蚀以及人为因素的破坏致使烽燧破坏严重，顶部现被辟为敖包。

该烽燧西北 0.108 千米处有巴音温都尔山长城 7 段，西南 45 米处有巴音温都尔山 1 号烽燧。

四　小　结

乌海—鄂托克旗桌子山秦长城墙体，位于北流黄河东侧，长城墙体与黄河河道的最近距离仅为 5 千米。长城修筑的主要作用在于利用黄河天险，在其内侧加强防御。其中，南北向的凤凰岭长城应为防守黄河渡口，东西向的苏白音沟长城应为防守苏白音沟，呈半环状的巴音温都尔山长城应是据巴音温都尔山险要守卫。

长城墙体多数为垒砌石墙，就地取材，采用毛石干垒的方法筑墙，只有个别地段为堆积石墙。墙体多依山势修筑，在山顶、山脊、山腰上蜿蜒盘旋，遇到山体险峻之处，则直接利用山险。

长城墙体沿线调查烽燧 10 座、障城 2 座。10 座烽燧中有 6 座建于山顶上，便于瞭望和报警。烽燧的修筑方式多数为石块堆筑而成，个别为石块垒砌或者毛石干垒等建筑形式，整体形状主要呈圆堆状和圆锥形。两座障城平面均呈长方形，墙体用石块垒砌而成。新南障城利用长城墙体而建。乌仁都西障城处于苏白音沟东端北侧的一座独立的山丘上，山顶距沟谷底部的相对高约 40 米，从障城上可以观察到苏白音沟沟底状况，而如果身在沟底则不见障城，选址精妙，便于隐蔽，易守难攻。

在乌海—鄂托克旗桌子山秦长城周边，目前仅发现较大古城一座，为位于乌海市海勃湾区千里山镇新园社区的新地古城。古城西邻黄河，东距凤凰岭长城约12千米。古城遭破坏严重，目前仅保留有30余米较为明显的东墙以及西北角少量墙体遗迹，墙体为土夯而成，残存东墙底宽约9、高0.3~2.2米。早年的调查资料显示，古城平面略呈正方形，东西长307、南北长294米。南墙开门，方向为175°[1]。古城地表散布遗物较多，有陶片、陶质建筑构件和"半两"钱、"五铢"钱等，遗物年代集中于西汉时期。古城北、东北侧分布有墓葬群，以汉墓居多，也曾发掘出土具有明显秦文化特征的曲肢葬墓，随葬高领陶罐、圜底陶釜等典型秦文化陶器。初步考证，该古城为西汉西河郡广田县旧址[2]。

---

〔1〕 张郁：《巴彦高勒市兰城子汉代古城》，《内蒙古文物资料选辑》，内蒙古人民出版社，1964年。

〔2〕 张文平：《西汉眩雷塞小考》，《北方民族考古》，科学出版社，2015年。

第五章

鄂托克前旗秦长城

分布于鄂尔多斯市鄂托克前旗境内的秦长城，大致呈东西走向穿过鄂托克前旗东南部，起自上海庙镇特布德嘎查四十堡小队东南 3.1 千米处，止于特布德嘎查十三里套小队西 1.4 千米处，由东向西分布于上海庙镇特布德嘎查四十堡小队、宝日岱小队和十三里套小队，南距明长城二道边与头道边50～300 米（地图八）。

一　长城墙体分布与走向

秦长城处于毛乌素沙地的南缘，西北为宁夏河东沙地，整体地形呈平坦的丛草沙丘地貌。墙体北面的内蒙古自治区鄂托克前旗为牧区，地广人稀；墙体南面为宁夏回族自治区灵武市农区，村落较为密集。

长城墙体东由宁夏回族自治区吴忠市盐池县进入鄂托克前旗境内，在鄂托克前旗以上海庙镇特布德嘎查四十堡小队为东端起点，南 1 千米处为明长城二道边和头道边。在四十堡小队一带，墙体或为黄沙土夹杂小石粒堆筑，或为灰白色泥土堆筑，呈泛白色或泛红色的土垄状，遗迹不明显。部分墙体上长满杂草；有的墙体两侧野草茂盛，而墙体上不长草，呈泛白色的鱼脊状突起。

向西北进入宝日岱小队，墙体呈土垄状，几乎与地面持平，用黄沙土夹杂小砂石堆筑而成。墙体上的野草较墙体两侧稀疏。

再向西进入十三里套小队，墙体仍大部分呈土垄状，以泛红色沙土夹杂小砂石堆筑而成。部分段墙体较高，最高可达 3 米。从该段长城墙体北侧支出一段副墙，到西段最远处与主墙南北相距可达 0.2千米，与主墙平行排列。再向西，主墙和副墙均消失，为该段秦长城的西部止点所在。

二　长城墙体保存现状

在调查中，将鄂托克前旗秦长城共划分为 8 段，其中包括土墙 5 段、消失段 3 段，在 5 段土墙中有主墙 4 段、副墙 1 段。墙体总长 12288 米，其中，土墙 7003 米、消失段长 5285 米。在 7003 米的土墙中，有主墙 5552 米、副墙 1451 米。在全长 7003 米的土墙中，保存一般部分长 1451 米、较差部分长3416 米、差部分长 2109 米、消失部分长 27 米。

1. 四十堡长城 1 段（1506233382101030001）

该段长城起自上海庙镇特布德嘎查四十堡小队东南 3.1 千米处，止于四十堡小队南 0.4 千米处。

墙体大致呈东—西走向，下接四十堡长城 2 段墙体。南 0.08 千米处为明长城二道边、0.128 千米处为明长城头道边。墙体全长 3079 米，其中，保存较差部分长 1558 米、差部分长 1521 米，分别占该段墙体总长的 50.6%、49.4%。

墙体在自然基础上用黄沙土夹杂小石粒堆筑而成。整体保存较差，呈不明显的土垄状（彩图一三八）。墙体底宽顶窄，底宽 4~8、顶宽 1.5~5、残高 0.5~2 米（彩图一三九）。

该段墙体附近为丛草沙丘地貌，墙体上长满杂草（彩图一四〇），远望呈泛白色。墙体附近有一个干涸的湖泊，北侧远处为裸露的大沙丘，附近有几条简易的乡村土路。

2. 四十堡长城 2 段（150623382301030002）

该段长城起自上海庙镇特布德嘎查四十堡小队南 0.4 千米处，止于四十堡小队西南 0.578 千米处。墙体大致呈东—西走向，上接四十堡长城 1 段，下接四十堡长城 3 段。南 0.128 千米处为明长城二道边、0.188 千米处为明长城头道边。为消失段，起止点之间的直线长度 501 米（彩图一四一）。

3. 四十堡长城 3 段（150623382101030003）

该段长城起自上海庙镇特布德嘎查四十堡小队西南 0.578 千米处，止于四十堡小队西南 0.854 千米处。墙体大致呈东—西走向，上接四十堡长城 2 段，下接四十堡长城 4 段。南 0.235 千米处为明长城二道边、0.289 千米处为明长城头道边。墙体全长 349 米，其中，保存较差部分长 213 米、差部分长 115 米、消失部分长 21 米，分别占该段墙体总长的 61%、33% 和 6%。

墙体在自然基础上用灰白色泥土堆筑而成。整体保存较差，呈土垄状（彩图一四二）。墙体底宽顶窄，底宽 3~6、顶宽 1~3、高 0.5~2 米。

该段墙体上较周围植被稀疏（彩图一四三），被乡村土路穿过而打断。

4. 四十堡长城 4 段（150623382301030004）

该段长城起自上海庙镇特布德嘎查四十堡小队西南 0.854 千米处，止于四十堡小队西北 4.9 千米处。墙体呈东—西走向，上接四十堡长城 3 段墙体，下接宝日岱长城 1 段。南 0.328 千米处为明长城二道边、0.372 千米处为明长城头道边。为消失段，起止点之间的直线长度 4100 米。

5. 宝日岱长城 1 段（150623382101030005）

该段长城起自上海庙镇特布德嘎查四十堡小队西北 4.9 千米处，止于特布德嘎查宝日岱小队西南 0.95 千米处。墙体呈东—西走向，上接四十堡长城 4 段，下接宝日岱长城 2 段。南 0.378 千米处为明长城二道边、0.421 千米处为明长城头道边。墙体全长 973 米，其中，保存较差部分长 494 米、差部分长 473 米、消失部分长 6 米，分别占该段墙体总长的 51%、48% 和 1%。

墙体在自然基础上用黄、白色沙土夹杂小砂石堆筑而成，泛白色。整体保存较差，呈土垄状（彩图一四四）。墙体剖面略呈半圆形，底宽 4~5、顶宽 1.5~2.5、高 0.5~1 米。墙体沿线采集有少量灰陶片。

该段墙体周围为丛草沙丘地貌（彩图一四五），南面有一个干涸的湖泊，北侧远处有裸露的大沙丘，附近有一些简易的乡村土路。

6. 宝日岱长城 2 段（150623382301030006）

该段长城起自上海庙镇特布德嘎查宝日岱小队西南 0.95 千米处，止于宝日岱小队西 1.6 千米处。墙体呈东—西走向，上接宝日岱长城 1 段，西与宁夏灵武市境内的宝塔长城相连接。为消失段，起止点之间的直线长度 684 米。

秦长城修筑在先，明长城二道边和头道边修筑在后，明长城两道墙体以及毛卜剌堡均穿越该段秦长城，导致秦长城墙体消失。

7. 十三里套长城 1 段（150623382101030007）

该段长城起自上海庙镇特布德嘎查十三里套小队南 0.29 千米处，止于十三里套小队西 1 千米处。墙体呈东—西走向，东端与十三里套长城 2 段相接，西段平行。南约 0.32 米处为明长城二道边、约 0.47 千米处为头道边。墙体长 1151 米。

墙体在自然基础上用黄沙土夹杂小砂石堆筑而成，泛红色。整体保存较差，地表呈土垄状（彩图一四六、一四七）。墙体剖面略呈半圆形，底宽 5～9、顶宽 2～5、残高 1～2 米。墙体沿线采集有少量灰陶片。

8. 十三里套长城 2 段（150623382101030008）

该段长城起自上海庙镇特布德嘎查十三里套小队南 0.24 千米处，止于十三里套小队西 1.4 千米处。墙体呈东—西走向，为十三里套长城 1 段向西南支出的一段副墙，东端点从十三里套长城 1 段北侧分出，与十三里套长城 1 段西段大致平行而行。南约 0.09 千米处为明长城二道边、约 0.26 千米处为头道边（彩图一四八）。墙体长 1451 米。

墙体在自然基础上用黄沙土夹杂小砂石堆筑而成，泛红色。整体保存一般，地表呈土垄状（彩图一四九）。墙体较高、较宽，剖面略呈半圆形，底宽 6～12、顶宽 2～6、高 2.5～3 米（彩图一五〇）。

该段墙体周围呈现丛草沙丘地貌，墙体上较周围植被稀疏。

第六章

准格尔旗北宋丰州长城

准格尔旗丰州长城主要由沙梁川和清水川两道河险、23座烽火台、永安砦和保宁砦2座砦址组成，共同护卫着丰州城（参见地图三）。下面，分别对河险、烽火台、砦址和丰州城予以详细描述。

一　沙梁川与清水川河险长城

沙梁川与清水川属于鄂尔多斯市东部丘陵沟壑区外流水系，最终注入黄河，均位于准格尔旗东南部纳日松镇境内，由纳日松镇东部发源，均呈西北—东南流向，由准格尔旗进入陕西省境内。沙梁川在南，清水川在北，两川相距约15千米。

沙梁川发源于纳日松镇川掌村川掌沟北山，上游称川掌沟，中游称羊市塔沟，下游称沙梁川。流经区域为山区、半山区地貌，在准格尔旗境内河道总长25.1千米，流域面积达293平方千米。

清水川发源于纳日松镇西营子村淡家坡北山顶，向东南流至哈拉寨入陕西省府谷县境内。该河上游称大路峁沟，中下游称清水川（彩图一五一），流经区域为丘陵沟壑区，在准格尔旗境内主河道长33.1千米，流域面积355平方千米。

二　河险长城沿线烽火台

在沙梁川与清水川两侧以及二者之间，共调查烽火台23座，由南向北分布于纳日松镇的羊市塔村、纳林庙村、松树墕村、川掌村、大路峁村、李家渠村、布尔洞沟村、四道敖包村、五字湾村、石窑沟村和双山梁村周围。烽火台大多用黄土夯筑而成，底部直径8~40、高4~16米，夯层厚0.08~0.2米。

烽火台主要选择于地势高亢处修筑，相互间距2.5~5.5千米，登上一座方能望见下一座，绵延相连，分布于500平方千米的区域内。观察这些烽火台的总体分布形势，大致可分为相互联系的"两横一纵"三部分。南部"一横"是以沙梁川为依托、以永安砦为防御中心的沙梁川两侧烽火台，包括10座烽火台，分别为羊市塔1~4号烽火台、纳林庙1~2号烽火台、松树墕1~2号烽火台、川掌1~2号烽火台。北部"一横"是以清水川为依托、以保宁砦为防御中心的的清水川两侧烽火台，包括10座烽火台，分别为大路峁村1~4号烽火台、双山梁烽火台、石窑沟烽火台、五字湾烽火台、四道敖包烽火台、李家渠烽火台、布尔洞沟烽火台。中部"一纵"是以东南面丰州城为防御中心的、连接上述两横的南北向烽火台，有 3 座烽火台，分别为松树塔 3 号、4 号烽火台和二长渠烽火台，其中二长渠烽火台东 800 多米处就是丰州城。

准格尔旗北宋丰州长城沿线的 23 座烽火台，按现存形制来划分，呈圆锥形的 10 座、馒头形的 6 座、山丘形的 5 座、覆钵形的 1 座、不规则形的 1 座；按保存状况来划分，保存较好的 6 座、一般的 15 座、较差的 2 座；按建筑材质和构筑方法来划分，19 座用黄土夯筑，2 座用黄土夹杂料礓石夯筑，1 座用黄土和红土交叠夯筑，1 座底部用黄土堆筑、顶部用石块垒砌。

下面，对这 23 座烽火台按照由南向北的顺序，分别详细描述。

1. 羊市塔 1 号烽火台（150622353201130001）

该烽火台位于纳日松镇羊市塔村东南 3.1 千米处一座高山的顶部。

台体用黄土夯筑而成，实心。保存较好，顶部建有现代敖包（彩图一五二）。台体整体呈圆锥形，平面呈圆形，剖面呈三角形，底部直径 10、顶部直径 4、残高 5 米。台体顶部敖包底部直径 4、顶部直径 1.5、残高 1.2 米，其南面另有守卫敖包 10 座（彩图一五三）。台体周围地表散布有灰陶片，可辨器形有双耳罐等。

该烽火台西北 2.3 千米处为羊市塔 2 号烽火台，西南 4.4 千米处为羊市塔 3 号烽火台；南 1.5 千米处有一条季节性河流。

2. 羊市塔 2 号烽火台（150622353201130002）

该烽火台位于纳日松镇羊市塔村东北 2.1 千米处一座高山的顶部。

台体建于一圆形台基上，用黄土夯筑而成，实心。保存较好。台体整体呈圆锥形，平面呈圆形，剖面呈三角形（彩图一五四），底部直径 9.5、残高 6、台基直径 18 米。台体表面长满野草，其上有盗洞。台体周围地表散布有弦纹灰陶片等遗物。

该烽火台东南 2.3 千米处为羊市塔 1 号烽火台，北 2.8 千米处为羊市塔 4 号烽火台；南 1.5 千米处有一条季节性河流，西临羊市塔村通往陕西府谷县的公路，周边有多处露天煤矿。

3. 羊市塔 3 号烽火台（150622353201130003）

该烽火台位于纳日松镇羊市塔村南 3.1 千米处一座高山的顶部。

台体用黄土夯筑而成，实心。保存一般。台体整体呈馒头状，平面呈圆形，剖面呈半圆形，底部直径 7、顶部直径 2、残高 4.5 米。台体表面长满野草，自然风化严重，顶部有大致相同的两个盗洞，洞口长约 2、宽约 1、深 2~3 米。

该烽火台东北 4.4 千米处为羊市塔 1 号烽火台、4.9 千米处为羊市塔 2 号烽火台；西临羊市塔村通往陕西府谷县的公路。

4. 羊市塔 4 号烽火台（150622353201130004）

该烽火台位于纳日松镇羊市塔村北 4.2 千米处，周边为丘陵、沟壑地貌。

台体黄土夯筑而成，实心。保存较好。台体整体呈圆锥形，平面呈圆形，剖面呈三角形（彩图一五五），底部直径 8、顶部直径 3、残高 5.5 米。台体自然风化严重，表面凹凸不平，长有野草；顶部立有地质铁三角塔一座，旁侧有一方形盗坑。台体周围采集有弦纹灰陶片、黑瓷片等遗物（彩图一五六）。

该烽火台南 2.8 千米处为羊市塔 2 号烽火台，西北 4.6 千米处为纳林庙 1 号烽火台；南 0.5 千米处有一条公路、1.5 千米处有一季节性河流，周边有多处露天煤矿。

5. 纳林庙 1 号烽火台（150622353201130005）

该烽火台位于纳日松镇纳林庙村南 1.9 千米处，周边为丘陵沟壑地貌。

台体用黄土夯筑而成，空心。保存较差。整体呈圆锥形，平面呈圆形，剖面呈三角形（彩图一五七），底部直径7、顶部直径2、残高4.5米。台体受自然和人为因素的破坏严重，表面凹凸不平，顶部有一个正方形盗坑，可以清晰地看到内部的夯层和部分残砖（彩图一五八），台体内部原应有砖砌栖身所。台体周围地表采集有弦纹灰陶片等（彩图一五九）。

该烽火台东南4.6千米处为羊市塔4号烽火台，东北2.7千米处为纳林庙2号烽火台；南0.5千米处有一条公路、1.5千米处有一条季节性河流，周边有多处露天煤矿。

6. 纳林庙2号烽火台（150622353201130006）

该烽火台位于纳日松镇纳林庙村西2.7千米处，附近为丘陵沟壑地貌。

台体用黄土和红土交替夯筑而成，实心。保存较差。整体呈圆锥形，平面呈圆形，剖面呈三角形（彩图一六〇），底部直径8、顶部直径3、残高4.5米。台体受自然风化和人为破坏严重，表面凹凸不平。台体顶部有一个直径1米的盗洞，南壁底部有一直径3米的盗洞，均很深，可以清晰地看到台体内部的夯层痕迹（彩图一六一）。

该烽火台西南2.7千米处为纳林庙1号烽火台，东北1.3千米处为松树塔1号烽火台；南1.5千米处有一条季节性河流、0.5千米处有一条公路。

7. 松树塔1号烽火台（150622353201130007）

该烽火台位于纳日松镇松树塔村南1.4千米处，附近为丘陵地貌。

台体用黄土夯筑而成，实心（彩图一六二）。保存较好。整体呈圆锥形，平面呈圆形，剖面呈三角形，底部直径10、顶部直径3、残高5米。台体表面长满蒿草，凹凸不平，顶部有盗洞。

该烽火台西北1.9千米处为松树塔2号烽火台，西南1.3千米处为纳林庙2号烽火台；东面有一条公路，南1.5千米处有一条季节性河流，北0.4千米处为油松王旅游区，生长有被誉为"中华油松王"的大松树（彩图一六三）。

8. 松树塔2号烽火台（150622353201130008）

该烽火台位于纳日松镇松树塔村西1.4千米处，周边为丘陵沟壑地貌。

台体用黄土夹杂料礓石夯筑而成，实心。保存较好。整体呈圆锥形，平面呈圆形，剖面呈三角形，底部直径10、顶部直径2、残高5米（彩图一六四）。台体有被盗迹象，表面长满蒿草。

该烽火台东南1.9千米处为松树塔1号烽火台，西北1.5千米处为川掌1号烽火台，东北2.7千米处为松树塔3号烽火台；东50米处有一条柏油路、4千米处有一煤矿，南1.5千米处有季节性河流一条。

9. 川掌1号烽火台（150622353201130009）

该烽火台位于纳日松镇川掌村东南3.9千米处，周边为丘陵沟壑地貌。

台体用黄土夯筑而成，实心（彩图一六五）。保存较好。整体呈馒头形，平面呈圆形，剖面略呈半圆形，底部直径9、顶部直径1、残高4.5米。台体自然风化严重，表面凹凸不平，长满蒿草，顶部有一个长1、宽0.6米的盗坑。

该烽火台西北2.9千米处为川掌2号烽火台，东南1.5千米处为松树塔2号烽火台。

10. 川掌2号烽火台（150622353201130010）

该烽火台位于纳日松镇川掌村东0.9千米处，周边为为丘陵沟壑地貌。

台体用黄土夹杂料礓石夯筑而成，实心。保存一般。整体呈馒头形，平面呈圆形，剖面略呈半圆形，底部直径11、顶部直径4、残高4米。台体表面凹凸不平，有被盗迹象。

该烽火台东南2.9千米处为川掌1号烽火台；南1.5千米处有一条季节性河流，西0.1千米处为暖水村通往羊市塔村的旧公路。

11. 松树墕 3 号烽火台（150622353201130011）

该烽火台位于纳日松镇松树墕村东北 1.6 千米处，周边为丘陵沟壑地貌。

台体用黄土夯筑而成，实心。保存一般。整体呈不规则形，平面呈圆形，剖面呈梯形（彩图一六六），底部直径 20、顶部直径 4、残高 8 米。台体表面凹凸不平，顶部西北部有一个直径 3、深 1.5 米的盗坑，可见夯层厚 0.1 米。台体附近采集有弦纹陶片和黑瓷片（彩图一六七）。

该烽火台西南 2.7 千米处为松树墕 2 号烽火台，东北 2.1 千米处为松树墕 4 号烽火台。

12. 松树墕 4 号烽火台（150622353201130012）

该烽火台位于纳日松镇松树墕村东北 3.7 千米处，周边为丘陵沟壑地貌。

台体用黄土夯筑而成，实心。保存一般。整体呈馒头形，平面呈圆形，剖面略呈半圆形，底部直径 11、顶部直径 3、残高 5 米（彩图一六八）。台体表面凹凸不平，东南角有盗坑和地质勘测架，盗坑长 0.22、宽 0.21、深 0.3 米。

该烽火台西南 2.1 千米处为松树墕 3 号烽火台，北 4 千米处为大路峁 2 号烽火台；西 0.1 千米处为暖水村通往羊市塔村的旧公路。

13. 大路峁 1 号烽火台（150622353201130013）

该烽火台位于纳日松镇大路峁村东南 2.2 千米处，周边为丘陵沟壑地貌。

台体用黄土夯筑而成，实心（彩图一六九）。保存一般。整体呈馒头形，平面略呈半圆形，剖面略呈半圆形，底部直径 20、顶部直径 4、残高 7 米。台体自然风化严重，表面凹凸不平，长满野草，有被盗现象。

该烽火台东南 1.4 千米处为大路峁 2 号烽火台，东北 2.5 千米处为大路峁 3 号烽火台；周边有多处露天煤矿。

14. 大路峁 2 号烽火台（150622353201130014）

该烽火台位于纳日松镇大路峁村东南 3.5 千米处，周边为丘陵沟壑地貌。

台体底部用黄土堆筑，顶部用石块垒砌而成（彩图一七〇、一七一），实心。保存一般。整体呈山丘形，平面呈圆形，剖面略呈半圆形，底部直径 35、顶部直径 15、残高 20 米。台体表面凹凸不平，长满野草。

该烽火台西北 1.4 千米处为大路峁 1 号烽火台，北 2.8 千米处为大路峁 3 号烽火台。

15. 大路峁 3 号烽火台（150622353201130015）

该烽火台位于纳日松镇大路峁村东 2.5 千米处，周边为丘陵沟壑地貌。

台体用黄土夯筑而成，实心。保存一般。整体呈圆锥形，平面呈圆形，剖面呈梯形，底部直径 15、顶部直径 5、残高 9 米（彩图一七二）。台体受自然风化和人为破坏严重，中部有盗坑，盗坑长 3、宽 1.5、深 2.5 米，盗坑内可见夯层 10 层，夯层厚 0.15 米。

该烽火台西南 2.5 千米处为大路峁 1 号烽火台，东北 1.6 千米处为大路峁 4 号烽火台。

16. 大路峁 4 号烽火台（150622353201130016）

该烽火台位于纳日松镇大路峁村东 4.1 千米处，附近为丘陵地貌。

台体用黄土夯筑而成，实心。保存一般。整体呈圆锥形，平面呈圆形，剖面呈三角形，底部直径 20、顶部直径 5、残高 7 米（彩图一七三）。台体遭受自然风化和人为破坏严重，西壁中部有盗坑，盗坑长 2、宽 1、深 2 米，盗坑内可见夯层 10 层，夯层厚 0.15 米。

该烽火台西南 1.6 千米处为大路峁 3 号烽火台；东临油松土旅游区公路，西 0.1 千米处为暖水村通往羊市塔村的旧公路，附近有多处露天煤矿。

17. 二长渠烽火台（150622353201130017）

该烽火台位于纳日松镇二长渠村西2.1千米处，附近为丘陵地貌。

台体用黄土夯筑而成，实心。保存一般。整体呈土丘形，平面呈圆形，剖面呈梯形，底部直径40、顶部直径6、残高8米（彩图一七四）。台体南侧有塌陷冲沟，顶部生长有两棵沙柳。台体遭受自然风化和人为破坏严重，顶部有盗坑，盗坑长2、宽1、深2米。

该烽火台东0.8千米处为二长渠古城；南5米处有现代墓、0.1千米处为一条乡村土路，东南2千米处有露天煤矿。

18. 双山梁烽火台（150622353201130018）

该烽火台又名"头道敖包"，位于纳日松镇双山梁村头道敖包社东1.2千米处，附近为丘陵地貌。

台体用黄土夯筑而成，实心。保存一般。整体呈土丘形，平面呈圆形，剖面呈三角形，底部直径15、顶部直径1.5、残高5米。台体遭受自然风化和人为破坏严重，表面长满野草。台体顶部有两个盗坑，一个盗坑呈长方形，长2、宽1、深4米；另一盗坑呈圆形，直径1、深2米，内有供上下的脚窝。台体附近地表有弦纹灰陶片。

该烽火台西北4.5千米处为石窑沟烽火台。

19. 石窑沟烽火台（150622353201130019）

该烽火台又名"二道敖包"，位于纳日松镇石窑沟村二道敖包社西北1.3千米处，附近为丘陵地貌。

台体用黄土夯筑而成，实心。保存一般。整体呈土丘形，平面呈圆形，剖面呈三角形（彩图一七五），底部直径26、顶部直径5、残高5.5米。台体遭受自然风化和人为破坏严重，表面长满野草，顶部有一电线杆和一盗坑，盗坑长1.2、宽0.5、深4米。台体南侧采集有陶片、瓷片和石磨棒。

该烽火台西4.2千米处为五字湾烽火台；东20米处为沙圪堵—羊市塔公路。

20. 五字湾烽火台（150622353201130020）

该烽火台又名"三道敖包"，位于纳日松镇五字湾村三道敖包合作社西0.8千米处，附近为丘陵地貌。

台体用黄土夯筑而成，实心。保存一般。整体呈覆钵形，平面呈圆形，剖面呈梯形，底部直径22、顶部直径2、残高4米。台体表面长满野草，顶部有盗坑，盗坑长2、宽0.5、深2米。

该烽火台西北3.1千米处为四道敖包烽火台。

21. 四道敖包烽火台（150622353201130021）

该烽火台位于纳日松镇四道敖包村东2.5千米处，附近为丘陵地貌。

台体用黄土夯筑而成，实心。保存一般。整体呈土丘形，平面呈圆形，剖面呈梯形，底部直径21、顶部直径4、残高5米。台体遭受自然风化和人为破坏严重，表面长满野草，顶部有盗坑，盗坑长1.8、宽0.5、深3米。

该烽火台西北4.4千米处为布尔洞沟烽火台。

22. 布尔洞沟烽火台（150622353201130022）

该烽火台又名"五道敖包"，位于纳日松镇布尔洞沟村五道敖包社北3.1千米处，附近为丘陵地貌。

台体用黄土夯筑而成，实心。保存一般。整体呈圆锥形，平面呈圆形，剖面呈三角形，底部直径22、顶部直径2、残高5米。台体表面长满野草，顶部栽有电线杆，有一盗坑，盗坑长1.8、宽0.5、深 2 米。台体附近地表散布有灰陶片。

该烽火台西南 5.5 千米处为李家渠烽火台。

23. 李家渠烽火台（150622353201130023）

该烽火台又名"六道敖包"，位于纳日松镇李家渠村东 1.2 千米处，附近为丘陵地貌。

台体用黄土夯筑而成，实心。保存一般。整体呈馒头形，平面呈圆形，剖面略呈半圆形（彩图一七六），底部直径 16、顶部直径 3、残高 5 米。

该烽火台东北 5.5 千米处为布尔洞沟烽火台。

三　永安砦、保宁砦和丰州城

如前所述，两道河险长城沿线的烽火台大致呈"两横一纵"的交叉方式，而两座砦址恰好位于上述烽火台形成的两个十字交叉的内侧，即永安砦位于下面十字交叉点的东北，保宁砦位于上面十字交叉点的东南。永安砦位于丰州城西略偏南方向，保宁砦位于丰州城北略偏西方向，距丰州城的距离均为 7 千米，保宁砦、永安砦相距 10 千米，二者对丰州城形成犄角防御之势。下面，对永安砦、保宁砦和丰州城分作详细描述。

1. 古城渠古城（永安砦）（150622353102130001）

永安砦位于纳日松镇古城渠村西南的山梁顶部，按照考古学的命名原则，称作古城渠古城。

古城平面呈不规则四边形（图二），四周城垣保存清晰，东墙长 50 米、南墙长 220 米（彩图一七七）、西墙长 99 米（彩图一七八）、北墙长 244 米（彩图一七九）。城墙夯筑而成，高约 5～10 米。东墙有马面一座（彩图一八○、一八一）。城内西部有四处建筑基址，呈圆球状堆积，文化堆积厚约 1 米，地表散布有砖、瓦和陶、瓷片等。

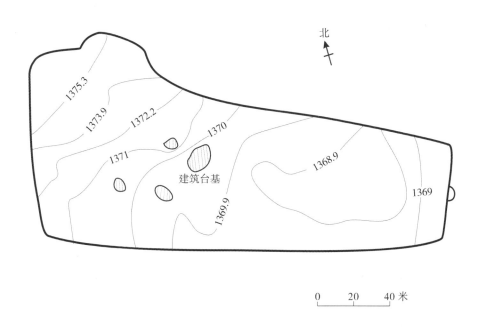

图二　古城渠古城（永安砦）平面图

古城北 4 千米处为松树塌 3 号烽火台，西 2.6 千米处为纳林庙 2 号烽火台，南 4.5 千米处为羊市塔4号烽火台。古城内外城均被开辟为农田（彩图一八二），对城墙和城内遗迹破坏较大，南墙、西墙和北墙外侧呈直立断面状。古城北部隔一条深沟就是古城渠村，村庄不大，只零星散布几户人家。一条公路从城址西部南北通过，北墙外侧有一条土路东西向通过。

2. 古城梁古城（保宁砦）（150622353102130002）

保宁砦位于纳日松镇古城梁村北的山梁上，按照考古学的命名原则，称作古城梁古城。

古城依地势而建，中间高，向四周逐渐降低。古城平面略呈"凸"字形，分南、北两城（图三）。北城东西长190、南北长200米。北墙设门，外加筑瓮城（彩图一八三、一八四）。南城东西长310、南北长93米（彩图一八五）。西墙设门，外加筑瓮城。墙体高2～10米。城内中部的山顶上加筑子城，与全砦共用西墙（彩图一八六），平面呈近正方形，东西长102、南北长108米，南、北墙中部各开一门（彩图一八七）。城南有护城壕，宽5～6米。古城地表散布有砖、瓦、陶片、瓷片、建筑构件等（彩图一八八）。

古城东北9.3千米处为双山梁烽火台，北5.2千米处为五字湾烽火台，西北5.9千米处为大路峁2号烽火台。

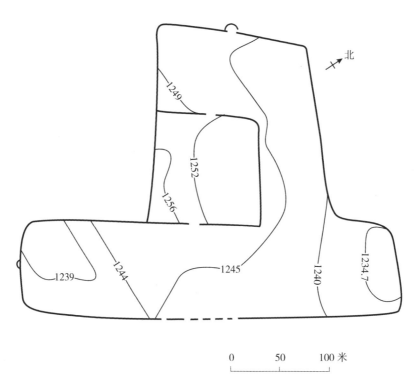

图三　古城梁古城（保宁砦）平面图

古城东侧有五字湾川南北向穿过，北边是小石虎沟，南、西侧沟壑纵横。城内及周边多为耕地，由于受到风雨侵蚀局部冲沟发育，导致部分城垣损毁。南城墙外有一户居民，西侧紧邻城墙有两户居民，城北有一条公路从山顶蜿蜒而过，通向羊市塔村。

3. 二长渠古城（丰州城）（150622353102130003）

丰州城位于纳日松镇二长渠村西的山梁上，按照考古学的命名原则，称作二长渠古城。

古城依山势而建，城垣东、北、南三面临沟，仅西墙（彩图一八九）连接山坡，其中，北、东北面为小冲沟，南面为古城沟，地势崎岖起伏，总体上中部较高，四周较低。古城平面呈狭长的横

"目"字形，由东、中、西三个小城组成。由于依山势自东向西高度递增，从而形成三层台阶，东、中、西三城分别处于三级台阶上，由此亦可依次称为下、中、上三城（图四）。城墙不甚规则，东西长约850、南北长90～170米（彩图一九〇）。其中以中城面积最大，东西长约420、南北最长处约170米，在南墙（彩图一九一）中部设门并加筑有瓮城（彩图一九二）；西城东西长约180、南北最长约170米，未见有明显的门址，应是与中城相通；东城东西长约220、南北最长约160米，在东墙中部设门并加筑有瓮城。城垣夯筑而成，保存清晰，只有几小段遭冲沟冲毁，夯层明显，夯层厚0.07～0.15米。现存城墙底宽约10、残高2～7米。城内遗迹不清，地表遗物散布较为丰富，采集有砖、瓦和黑釉、酱釉瓷片、建筑构件等（彩图一九三），曾出土墨书"大观四年"陶棺。

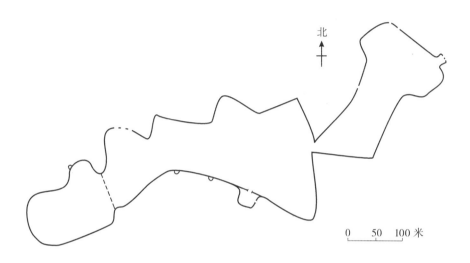

图四　二长渠古城（丰州城）平面图

城内及四周以耕地为主，二长渠村分布在城址的东、南、北、东北面，一些居民的窑洞挖在城墙上，一条土路从城内穿过。古城位于山梁顶部，由于受到风雨侵蚀，局部冲沟发育，导致部分城垣损毁，加之人们的生产生活活动，如平整土地、建筑房屋、修建道路等，对古城均造成一定程度的破坏。

西0.8千米为二长渠烽火台。

四　小　结

北宋丰州长城是内蒙古自治区境内目前发现的唯一一组北宋遗存，对于丰富内蒙古地区历史时期的考古学文化具有重要价值。北宋丰州长城不修筑墙体，而以河川为依托，修筑烽火台和砦址起到报警和防御的作用，丰富了中国历史上长城的形态。

在丰州长城沿线的周边山顶之上，远远望去，几乎每个山顶之上都有一颗大松树。据当地民间传说，这些松树均为北宋栽植，因松树的"松"与宋朝的"宋"谐音，栽松树是为了标识当时北宋王朝的疆域。

当然传说仅止于传说。宋元时期，在鄂尔多斯高原东南部，有一片以油松、侧柏、杜松为主要树种的森林地区，这个林区向东北延伸至晋西北，向西南延伸至陕西榆林地区。清代中叶，鄂尔多斯地区移民垦荒，森林遭大肆砍伐，至光绪年间，森林大部被破坏。20世纪80年代，准格尔旗的沙圪堵、布尔洞沟、五字湾、羊市塔、川掌、西营子、暖水、德胜西仍有残林。如今在当地还留存下一片林区，名为阿贵庙原始次生林，面积达 1600 余亩，显示典型的温带针叶阔叶混交和温带草原面貌。可见，准格尔旗南部丘陵沟壑地带的松树等古树名木，应该都是自然落种所生，而非人工种植。

被誉为"中华油松王"的大松树，即生长在丰州长城沿线。这颗大松树位于纳日松镇松树壕村的黄土高岗上，现今以大松树为依托，形成油松王旅游区。旅游区的旅游介绍中，有这样的情节：1979 年，中国林业科学院油松调查组测定，树高 26 米，胸径 1.34 米，材积 13.5 立方米；同时，专家们又用生长钻取其年轮测知，树龄为 904 年，属于中国油松之冠。由此可知，大松树最早大约生长于北宋神宗熙宁年间（1068~1077 年），也正是北宋丰州长城形成的时期。

第七章

鄂尔多斯—乌海明长城调查与研究

鄂尔多斯—乌海境内的明长城，主要分布于鄂尔多斯市鄂托克前旗南部、鄂托克旗东部以及乌海市海南区北流黄河东岸一带。在明代，鄂尔多斯—乌海明长城归宁夏镇管辖，分别是宁夏东路后卫、中路灵州和北路平虏营所辖长城的一部分。在本次长城资源调查中，鄂尔多斯—乌海境内明代宁夏镇所辖明长城，共划分了 68 段墙体，总长 99529 米，其中土墙长 85930 米、消失段长 13599 米。在总长 85930 米的土墙中，保存较好部分长 11641 米、一般部分长 34274.8 米、较差部分长 20557 米、差部分长 18225.3 米、消失部分长 1231.9 米。沿线调查敌台 234 座、烽火台 15 座。

此外，在鄂尔多斯市准格尔旗东南部还分布有一小段明长城，是明代延绥镇所辖长城的一部分，墙体全长 585 米，划分为 2 个段落，沿线分布敌台 1 座、烽火台 2 座。

一　鄂尔多斯—乌海明长城概况

下面，汇总鄂尔多斯—乌海境内的明长城调查资料，以旗县及长城线路为单位，对两市境内明长城的具体情况分别作简要介绍。

（一）鄂托克前旗明长城头道边和二道边

鄂托克前旗境内的明长城有头道边和二道边之分，两边并行。头道边在南，修筑较晚，保存较好，为现今内蒙古自治区与宁夏回族自治区的界线（彩图一九四）；二道边在北，修筑较早，保存较差。头道边的具体走向为，东自宁夏回族自治区盐池县高沙窝镇兴武营村进入鄂托克前旗上海庙镇特布德嘎查南部，西行经上海庙镇二套子村西、上水坑村南、刺湾村南、芒哈图村南、小滩子村西，然后向西进入宁夏回族自治区灵武市横城乡，方向为由东南向西北延伸。二道边基本与头道边并行（彩图一九五），亦自兴武营村进入鄂托克前旗，与头道边并行向西，相互间距 40~120 米，至清水营与头道边合并为一条线路（彩图一九六）。两道边沿线共调查烽火台 4 座。

此外，另有 3 座烽火台分布于鄂托克前旗布拉格苏木境内（地图八）。

1. 头道边

头道边保存相对较好，墙体宽厚、高大，墙体上敌台分布密集。

在调查中将鄂托克前旗境内的头道边划分为 24 段（各段墙体基本情况详见表四），均为土墙，总长 51831.3 米。其中，保存较好 11454 米、一般 29709.8 米、较差 7513 米、差 2282.2 米、消失 872.3 米。

土墙的土质比较纯净，局部夹杂有砂石，夯层厚 0.15~0.25 米。现存墙体最高 10、最低 0.5 米，多数 2~5 米；底部最宽 17.5、最窄 8 米，多数 9~13 米；顶部最宽 4、最窄 0.5 米，多数 0.6~3 米（彩图一九七）。保存较好地段的墙体顶部残存有女墙，女墙高约 0.3、宽 0.1~0.3 米。在特布德 36~37 号敌台之间的墙体顶部发现凹形坑，在顶部南侧（内侧）顺墙排列，间距 5~11 米，每个坑宽约 2、深 1.5~2 米，其功用尚不明确。部分地段墙体南北两侧隐约可见壕沟，由于雨水冲刷的破坏，现宽 20~50、深 2~5 米。

头道边墙体上有敌台 221 座，分布密集，间距在 200~300 米间（各敌台基本情况详见表五）。台体均骑墙而建，一般平面呈矩形、剖面呈梯形，由于坍塌损毁，现存外形有覆斗形、覆钵形、圆锥状、土丘状和不规则形等。台体全部为夯筑而成，实心，构筑材质为就地取材的黄沙土、黄土及灰土等，土质比较纯净。夯层厚 0.1~0.3 米，多数在 0.15~0.25 米。现存敌台一般高 6~10 米，个别可达 13 米。

特布德 9 号敌台南侧建有围院，倚敌台和头道边墙体而建，北墙借用头道边墙体，另建东、南、西三面墙体。围院平面呈正方形，北、东、南墙长 23、西墙长 22 米。南墙中部开门，门宽 7 米。墙垣破坏严重，高不足 2 米。

特布德 65 号敌台内部有通道（彩图一九八）。入口在南壁底部，略呈拱形，高 1.5、宽 0.8 米。出口在东壁中部，有两个，间距 1.4 米，一个被坍塌的夯土掩埋过半，未被掩埋的一个高 1.2、宽 0.8 米。入口和出口之间有过道相连，这样，便在敌台内部形成了一个连通长城墙体内外的通道。据史料记载，明边墙设有暗门，以便出哨。《嘉靖宁夏新志》记载，在毛不剌堡设暗门一[1]，说明在头道边沿线亦有暗门。该敌台中的通道或是暗门一类的遗存。

2. 二道边

二道边保存较差，墙体低薄，墙体上敌台稀疏。

在调查中将鄂托克前旗境内的二道边划分为 17 段（各段落墙体基本情况详见表六），其中，土墙 16 段，消失墙体 1 段。墙体总长 30700.6 米，其中，土墙长 30372.6 米、消失段长 328 米；在全长 30372.6 米的土墙中，保存较好部分长 187 米、一般部分长 4565 米、较差部分长 11578 米、差部分长 14034.6 米、消失部分长 8 米。

土墙以夯土墙为主，有少量堆土墙。夯土墙的构筑材料和构筑方式与头道边类似，亦是就地取材，夯层厚 0.15~0.25 米。堆土墙修筑较简单，直接堆土成墙，比较低矮。现存墙体最高 4、最低 0.3 米，多数在 0.5~3 米；底部最宽 8、最窄 2 米，多数在 4~7 米；顶宽在 0.3~2 米（彩图一九九）。

二道边墙体上有敌台 13 座，规模明显比头道边墙体上的要小（各敌台基本情况详见表七）。一般高 5~8、最高 10 米。部分敌台有台基、围院和其他附属建筑（彩图二〇〇）。

特布德长城二边 4 号敌台周围有两座围院，分别命名为 1 号、2 号围院。1 号围院位于敌台东 2 米处，痕迹明显，平面呈矩形。四周墙垣用灰土夯筑而成，东墙长 19.3、南墙长 17、西墙长 20.5、北墙长 18.7、残高约 0.5 米。东墙中部开门，门宽 7.5 米。西墙向内延伸出一条长 9.2 米的墙体，疑为隔墙。

2 号围院位于敌台南侧，紧靠敌台，痕迹非常明显，平面呈长方形。四周墙垣用灰土夯筑而成，

---

[1] （明）胡汝砺纂修、（明）管律重修、陈明猷校勘：《嘉靖宁夏新志》卷三，第 248 页，宁夏人民出版社，1982 年。

西墙长 8.5、南墙长 0.5、东墙长 7 米，北墙紧靠敌台，长 20.5 米。墙垣残高约 0.8 米。有 2 个门，一个位于西墙中部，宽 2.3 米；另一个位于南墙中部，宽 2.2 米。

3. 烽火台

头道边和二道边沿线调查烽火台 4 座（各烽火台基本情况详见表八），分别为特布德 1～3 号烽火台和十三里套烽火台。特布德 1～3 号烽火台分布在清水营以东，位于头道边墙体与二道边墙体之间的高地上；十三里套烽火台分布在清水营以西，位于头道边墙体北 0.3 千米处。

4 座烽火台均为实心，黄土夯筑而成，夯层厚约 0.2 米。如特布德 1 号烽火台四壁用黄土夯筑而成，内部填充沙、土等物。这些烽火台的原始形状均呈覆斗形，由于长期遭受破坏，现存形状多不规则，底部边长 10～15、顶部边长 4～10、残存高 5～8 米。

特布德 2 号、3 号烽火台有"回"字形围院。特布德 2 号烽火台围院的外围围墙东西长 70、南北长 79 米，内层围墙东西长 37、南北长 45 米，两道围墙间距 12～15。墙体宽 0.2～0.8、高不足 1 米。由于破坏严重，门址不清。特布德 3 号烽火台围院的外围围墙东西长 53、南北长 60 米，内层围墙东西长 31、南北长 40 米，两道围墙间距 5～7 米。墙体宽 0.3～0.8、高不足 1 米。由于破坏严重，门址不清。

在鄂托克前旗布拉格苏木境内还调查有 3 座明代烽火台（各烽火台基本情况详见表八），分别为拜图烽火台、陶利 1 号、2 号烽火台，应当是正统元年（1436 年）宁夏总兵官从花马池旧城（今鄂托克前旗北大池北侧）往西至哈剌兀速（都思兔河）修筑的烟墩的一部分。这 3 座烽火台均用红黏土与黄沙土堆筑，破坏比较严重，整体呈圆锥状，高约 10 米。

（二）鄂托克旗明代烽火台

鄂托克旗境内发现的烽火台均分布于查布苏木境内，共 4 座（各烽火台基本情况详见表九）。其形制与鄂托克前旗布拉格苏木境内调查的 3 座烽火台相同，并顺着这 3 座烽火台向北延伸，属于同一类遗存（地图七）。

（三）乌海市明长城

乌海市境内的明长城分布在海南区巴音陶亥镇北流黄河东岸，由东南向西北延伸。该段长城起自农场一队，经农场二队、一棵树村、农场三队、巴音陶亥村、巴音陶亥镇、东红村、绿化一队、农场六队、农场七队、四道泉二队、四道泉六队至大桥村止，大体呈东南—西北走向。乌海市境内的明长城在历史上被称为"陶乐长堤"，结构简单，只有墙体和沿线的烽火台，墙体上没有附属的敌台、马面等设施（地图六）。

1. 墙体

在调查中，将乌海市境内的明长城划分为 27 段（各段落墙体基本情况详见表一〇），其中，包括土墙 14 段、消失墙体 3 段。墙体总长 16997.1 米，其中，土墙长 3726.1 米、消失段长 13271 米；在全长 3726.1 米的土墙中，保存较差部分长 1466 米、差部分长 1908.5 米、消失部分长 351.6 米。

土墙主要是堆土墙，构筑材料为就地取材的红黏土、黄黏土和沙土，个别段墙体中夹有碎石子。现墙体较低矮，宽 3～8、高不足 2 米。

2. 烽火台

乌海市境内明长城沿线共发现烽火台 4 座（各烽火台基本情况详见表一一），由南向北分别是红墩、东红、大桥和二道坎烽火台。最南端的红墩烽火台在分布上能和其南侧鄂托克旗及鄂托克前旗境内的烽火台连成一线，应当是同一类遗存，也即正统元年（1436年）宁夏总兵官史昭从北大池至都思兔河所修烟墩之一。又因其位于都思兔河北岸，或为这路烟墩的最北端一座。乌海境内的其他3座烽火台应当是成化十五年（1479年）巡抚贾俊所修"沿河边墙"沿线的烽火台。

烽火台构筑方式比较多样。东红烽火台用红沙土夯筑而成。红墩烽火台底部用红黏土夯筑，顶部用土坯垒砌而成。大桥烽火台用土石混筑而成，内部残留有构筑烽火台时的搭架木椽，木椽间隔1.5米。二道坎烽火台的构筑方式最为特别，自腰部10米以下用石包土筑法，外壁用毛石块夹红黏土砌筑而成，中间填充碎石块和杂土，并且每隔1.5米平铺细原木，即桩木，起拉接作用；腰部以上用红黏土土坯垒砌而成，土坯尺寸一般为长34、宽18、厚9厘米。台体顶部四周尚残存有土坯垒砌的垛墙痕迹（彩图二○一）。

4座烽火台均呈覆斗形，比较高大，高9.3~21米，底部边长约20、顶部边长约10米。部分烽火台带有围院。

（四）准格尔旗明长城

准格尔旗东南部的长城起自龙口镇大占村黄河西岸，东与山西省河曲县境内的明长城隔河相望，向西经竹里台村，进入陕西省府谷县。在调查中将墙体划分为2段，全长585米；一段为土墙，长68米；一段为消失段，长517米。沿线调查敌台1座（彩图二○二）、烽火台2座（地图三）。

各段落墙体、各敌台及烽火台基本情况详见表一二~一四。

二　鄂尔多斯—乌海明长城修筑史

鄂尔多斯—乌海境内的明长城，根据其历史归属及分布地域，可分为两部分。一部分为明代延绥镇所辖长城，即分布于准格尔旗东南部的这一小段长城。这段长城修筑于明成化七年至十年（1471~1474年），由巡抚延绥都御史余子俊完成。明隆庆四年到六年（1570~1572年），神木兵备道副使张守中又对其进行了加固维修。它在准格尔旗境内分布的长度极短，因此，只在这里简单介绍，不作专门探讨。

另一部分为明代宁夏镇所辖长城，包括鄂托克前旗、鄂托克旗和乌海市境内的明长城墙体、烽火台等遗迹。它是鄂尔多斯—乌海境内明长城的主体，占绝大多数，也是本章讨论的重点。这段长城的分布地带，在大的地理区域上属于宁夏河东地区，为论述方便，以下对这一地域的称呼以宁夏河东地区代替。在明代，这里分属宁夏东路后卫、中路灵州和北路平虏营。由于这一地区地势平漫，无天险可守，明成化以后成为河套蒙古诸部在西北地区争夺的重点，也是明代中后期宁夏镇边防要至。

（一）边防形势

明朝初年，明廷在河套设置东胜诸卫，且屯且守，成为宁夏北边的重要屏障。永乐年间（1403~1424年），明成祖朱棣内撤东胜诸卫，河套地区防卫空虚，蒙古各部逐渐填充了进来，占据了长城边外河套大部，明朝失去了防御蒙古的一个重要缓冲地带，直接将宁夏河东暴露在边防第一线。这一带因地势平坦，成为蒙古势力争夺的主要地段。"自房据套以来，而河东三百里间更为敌冲。是故窥平固则犯花马池之东，入灵州等处则清水营一带是其径矣"[1]。因此，这里成为明朝边防重地，镇守官员都比较重视边防工事的构筑，先后经过徐廷章、杨一清、王琼、唐龙、刘天和等人的历次修筑，在河东建起了一道雄伟的人工屏障，其遗迹大多至今可见。

（二）长城修筑过程及今址考订

河东地区的边防建设始自明朝正统年间，起初规模比较小，主要是设置营堡和增筑烽火台。正统元年（1436 年），宁夏总兵官史昭因宁夏一带的城池、屯堡、营墩等防御设施均在河西，河东一带"旷远并无守备"，奏请在花马池筑立哨马营，并增设烟墩，一直连到哈剌兀速马营[2]。《明史·史昭传》中说，史昭修完这路烟墩后，"边备大固"。可见，史昭在河东的边防上做了两件事，一是在花马池修建了哨马营，即花马池旧城，在鄂托克前旗北大池北侧；二是从花马池哨马营至哈剌兀速修了一路烟墩（烽火台）。哈剌兀速是河流的名称，《嘉靖宁夏新志》记载："黑水河，在城东。蕃名哈剌兀速。西流注于黄河。"[3] 宁夏镇城以东，河东边外西流注入黄河的河流，当是都思兔河无疑。则史昭修的这路烟墩分布于东起北大池、西至都思兔河的河东边外。今天在鄂托克前旗西北、鄂托克旗西南、乌海市红墩发现的一列烽火台，应该便是这路烟墩遗存。乌海市的红墩烽火台位于都思兔河北岸，或是这路烟墩最北端的一座。正统九年（1444 年），巡抚都御史金濂在不知何代遗留下来的"半个城"废址上奏置兴武营[4]。

从成化年间开始，因蒙古各部渐次进入河套，宁夏河东地区开始长时间、大规模地修筑长城，具体过程如下。

1. 河东墙

成化十年（1474 年），首次修筑河东墙。这道边墙"自黄沙嘴起至花马池止，长三百八十七里"。"都御史余子俊奏筑，巡抚都御史徐廷章、总兵官范瑾力举之成者"[5]。弘治时，巡抚张贞叔、王珣在河东墙外添挖了 4.4 万眼"品"字形坑，以加强防御。弘治后期，时任宁夏巡抚的王珣和刘宪计划增筑河东墙，将旧边墙帮筑高厚，边堑挑浚深阔，但是没有获得三边总制秦纮的支持，改而依秦纮之意修筑固原内边，最后只在河东旧墙一线添置了四五座小堡[6]。

关于河东墙的规模，在总制都御史杨一清的奏疏中有所反映："沿边旧有墩台七十一座，旧筑边墙高一丈，连垛墙三尺，共一丈三尺，底阔一丈，收顶三尺五寸，内除垛墙根砖一尺五寸，止剩二尺，官军难以摆列御敌。墙外墩堑一道，深八尺，口阔一丈，底阔四尺，中间多有填塞平漫，只存形迹。"[7] 这是杨一清在正德元年（1506 年）沿墙勘察时的情形，此时河东墙已残坏破败，难以起到御敌的效果。

经过杨一清勘察，发现了河东墙的诸多弊病：壕堑窄浅、墙体低薄、墩台稀疏，沿线的营堡除兴武营、清水营、毛卜剌、红山儿靠近边墙、有利防守外，其余均远离边墙，声势难以接应。于是决定对河东墙进行帮筑，标准为"将旧墙内外帮筑，高厚各二丈，收顶一丈二尺；两面俱筑垛墙高五尺，

〔1〕（明）魏焕：《九边考》，《明代蒙古汉籍史料汇编》第一辑，第 257 页，内蒙古大学出版社，2006 年。

〔2〕《明英宗实录》卷二二，正统元年九月乙巳。

〔3〕（明）胡汝砺纂修、（明）管律重修、陈明猷校勘：《嘉靖宁夏新志》卷一，第 14 页，宁夏人民出版社，1982 年。

〔4〕（明）胡汝砺纂修、（明）管律重修、陈明猷校勘：《嘉靖宁夏新志》卷三，第 253 页，宁夏人民出版社，1982 年。

〔5〕（明）胡汝砺纂修、（明）管律重修、陈明猷校勘：《嘉靖宁夏新志》卷一，第 19 页，宁夏人民出版社，1982 年。

〔6〕（明）杨一清：《为经理要害边防保固疆场事》，《明经世文编》卷一一六。

〔7〕（明）杨一清：《为经理要害边防保固疆场事》，《明经世文编》卷一一六。

连墙共高二丈五尺。……墙外每里填筑敌台三座，每座相隔一百二十步；底阔周围四丈五尺，收顶周围二丈二尺，上盖暖铺一间。……墙外壕堑，挑浚深二丈，口阔二丈二尺，底阔一丈五尺"[1]。工程开工不久，民夫发生哗变，兼之宦官刘瑾弄权，陷害杨一清，杨以疾乞退，工程随之停止，仅修完包括横城堡在内以东40里的墙体。

河东墙的遗迹尚存，即今天在河东地区所见"二道边"。至于河东墙外的"品"字形坑，已完全湮没于地下。2004年，宁夏文物考古研究所和鄂托克前旗文化局曾对芒哈图明长城进行了调查和试掘，在河东墙北50米发现有"品"字形坑遗迹，与墙体并行，呈三排错落分布，前排与后排相互对直，中间一排与前后排相互错位后便形成了"品"字形坑。坑形呈长方形，大小基本一致，坑壁陡直，坑东西长0.9、南北长1.2~1.3、深1.1米，坑与坑间距0.9~1.3米[2]。

2. 沿河边墙

成化十五年（1479年），巡抚贾俊主持修筑了"沿河边墙"。这道边墙位于宁夏横城以北黄河东岸，南与河东墙相接，主要防止河套蒙古势力趁冬季河水结冰之际，渡河攻掠宁夏镇城等地[3]。正德初年，杨一清计划帮筑河东墙的时候，也将此道边墙纳入整修计划，并对其做过详细勘察："宁夏横城北黄河东岸旧有边墙一百八十五里，壕堑一道，高厚深阔悉如花马池一带城堑之数，自南而北，有长城十八墩，后守臣恐稀疏，每墩空内，添设一墩，共见在墩台三十六座。墙里套内地方，又设石嘴、暖泉二墩瞭守。其第十八墩与河西黑山营、镇远关相对，每年于黑山营屯聚人马，阻遏虏骑，以为宁夏北门锁钥。"[4]后由于杨一清乞退，"沿河边墙"终未得修复。这道边墙因沿线原有墩台十八座，又称"十八墩边墙"或"沿河十八墩"。

"沿河边墙"已不存，大部分被改修成了"陶乐长堤"。鄂托克旗、乌海市境内发现的烽火台，或是"沿河十八墩"的孑遗。

3. 深沟高垒

杨一清之后，宁夏驻守官员又多次提议修复河东墙，但是由于不得任事之臣，都没有付诸实施。嘉靖七年（1528年），明廷专门委任兵部右侍郎王廷相在河东一带修边，结果不了了之[5]。

嘉靖九年（1530年），陕西三边总制王琼为"防护盐池，以通盐利"，在宁夏花马池与延绥定边相接的地方挑挖壕堑60里，后发现挑挖的壕堑"真如天险，可资保障"，上书朝廷"宜于花马西北至横城堡通计一百六十里尽为挑挖，庶无空隙"[6]。王琼的修边计划于嘉靖十年（1531年）春三月实施，至秋九月完工，完成后的工程"堑，深、广皆二丈；堤垒，高一丈，广三丈。沙土易圮处，则为墙，高者二丈余有差，而堑制视以深浅焉。关门四：清水、兴武、安定、以营堡名。在花马池营东者，为喉嗓总要，则题曰'长城关'。……毛卜剌堡设暗门一。又视夷险，三里、五里，置周庐敌台若干所，皆设戍二十人，乘城哨守。击刺射蔽之器咸具。"[7]时人形象地将王琼挑挖的这道壕堑称为"深沟高垒"。嘉靖九年（1530年）在花马池与延绥定边相接地方挑挖的壕堑，因在花马池城北60步处设关门一座，其上建有关楼，称为东关门，所以也被称作"东关门墙"或"东关门"。

"深沟高垒"以挖沟为主，垒高仅1丈，只在沙土易圮的地方修筑2丈多高的墙体，加之后继

〔1〕（明）杨一清：《为经理要害边防保固疆场事》，《明经世文编》卷一一六。
〔2〕宁夏文物考古研究所等：《宁夏灵武市古长城调查与试掘》，《考古与文物》2006年第2期。
〔3〕《明宪宗实录》卷一九七，成化十五年十一月丁未。
〔4〕（明）杨一清：《为经理要害边防保固疆场事》，《明经世文编》卷一一六。
〔5〕《明世宗实录》卷八六，嘉靖七年三月壬申。
〔6〕《明世宗实录》卷一一八，嘉靖九年十月甲申。
〔7〕（明）胡汝砺纂修、（明）管律重修、陈明猷校勘：《嘉靖宁夏新志》卷三，第248页，宁夏人民出版社，1982年。

者在其基础上的帮修、改筑，以及风沙掩埋，它的原貌已不可见。据王仁芳研究，在花马池城（今宁夏盐池县城）北迤西至红沟梁的头道边北侧数十米，发现了一道长约 15.5 千米的"深沟高垒"的沟垒遗迹[1]。但是他所说的在花马池城以东至定边县境内头道边北侧、毛卜剌堡东西两端以及清水营以东头道边内侧发现的"深沟高垒"遗迹，值得商榷，或是嘉靖十六年（1537 年）总制尚书刘天和沿边墙内外挑挖的壕堑遗存。

4. 横城大边

王琼之后，唐龙继任三边总制。嘉靖十四年（1535 年）三月，宁夏镇巡官都御史张文魁上奏，蒙古部主吉囊、俺答等纠集人众在河西、花马池等处驻牧，意图侵扰宁夏，建议按照杨一清所议修筑兴武营及延绥干沟一带的边墙，得到了朝廷的认可，由总制唐龙及各督抚筹画实施[2]。到第二年正月，花马池缮修边墙完工[3]。唐龙这次修边主要是对前人修筑边墙的维护。

嘉靖十五年（1536 年），因兴武营一带 70 余里的边墙修筑不坚，总制刘天和上书朝廷策划加固[4]。第二年，沿边墙内外挑挖壕堑各一道，长 53 里 2 分，深 1 丈 5 尺，阔 1 丈 8 尺[5]。同年，刘天和又从横城至南山口（延绥定边营附近）奏筑堤垒一道，与这一带不断修筑的壕墙并行，构成重险[6]。

嘉靖二十三年至二十五年（1544～1546 年），张衍总制任内，从花马池至安定堡间，沿原旧墩铺空内奏筑增添敌台 263 座，帮筑 417 座[7]。

嘉靖四十年（1561）六月，以宁夏为震中发生大地震，"山西太原、大同等府，陕西榆林、宁夏、固原等处各地震有声，宁、固尤甚。城垣、墩台、房屋皆摇塌。地裂，涌出黑黄沙水，压死军人无算，坏广武、红寺等城。"[8] 大地震对河东长城造成了极大破坏，此后的隆庆一朝基本上都在进行着修复工作，据《明实录》记载，直至隆庆六年（1572 年）才将河东墙修复完毕[9]。

万历初年，为防止河水泛毁，宁夏巡抚罗凤翔将横城以北、以西至河堰长 75 丈的一段土墙改建为石墙[10]。万历三十五年（1607 年），宁夏巡抚黄嘉善对这段墙体继续甃石维修。第二年，黄嘉善于安定堡一带沙湃处仿效山西一带敌台的样式，修建跨墙砖石券甃敌台 4 座[11]。

横城大边的痕迹极为明显，即今天作为内蒙古自治区与宁夏回族自治区界线的明长城头道边。

5. 陶乐长堤

嘉靖十五年（1536 年），总制刘天和沿黄河在其东岸修堤一道，顺河直抵横城大边墙[12]，实际是修复了旧有的"沿河边墙"。这段边墙的遗迹主要残留于宁夏原陶乐县境内，所以后世称其为"陶乐长堤"。

这段长城有一部分过都思兔河，分布于乌海市海南区。调查发现，陶乐长堤沿黄河东岸向北延伸，

〔1〕 王仁芳：《明代修筑河东长城的新认识》，《宁夏社会科学》2011 年第 5 期。
〔2〕 《明世宗实录》卷一七三，嘉靖十四年三月甲申。
〔3〕 《明世宗实录》卷一八三，嘉靖十五年正月癸酉。
〔4〕 《明世宗实录》卷一九〇，嘉靖十五年八月辛丑。
〔5〕 （明）胡汝砺纂修、（明）管律重修、陈明猷校勘：《嘉靖宁夏新志》卷一，第 20 页，宁夏人民出版社，1982 年。
〔6〕 （明）魏焕：《巡边总论三·论边墙》，《明经世文编》卷二五〇。
〔7〕 （明）张衍：《上边防事宜疏》，《明经世文编》卷一九六。
〔8〕 《明世宗实录》卷四九八，嘉靖四十年六月壬申。
〔9〕 《明神宗实录》卷五，隆庆六年九月丙戌。
〔10〕 《万历朔方新志》（影印本）卷二，《宁夏历代方志萃编》（第三函），第 86 页，天津古籍出版社，1988 年。
〔11〕 《万历朔方新志》（影印本）卷六，《宁夏历代方志萃编》（第三函），第 88 页，天津古籍出版社，1988 年。
〔12〕 （明）魏焕：《九边考》，《明代蒙古汉籍史料汇编》第一辑，第 256 页，内蒙古大学出版社，2006 年。

至巴音陶亥镇大桥村结束。

三　对鄂尔多斯—乌海明长城的几点认识

关于鄂尔多斯—乌海境内的明长城，其属性、分步走向、构筑特点等基本情况已经弄清，但是仍有一些问题值得探讨。

（一）对鄂托克前旗头道边的再认识

对于鄂尔多斯市鄂托克前旗境内的头道边，现在普遍认为是嘉靖十年（1531 年）王琼所修的"深沟高垒"，这一点值得商榷。史籍明确记载，王琼修筑的"深沟高垒""堑，深、广皆二丈；堤垒，高一丈，广三丈。沙土易圮处，则为墙，高者二丈余有差，而堑制视以深浅焉"[1]，可见它以挖沟为主，垒高才 3 米（1 丈），只在沙土易圮的地方修筑 6 米（2 丈）多高的墙体，这与今天所见到的普遍高 2～5 米、最高可达 10 米的头道边相去甚远。

另外，王琼在其名作《北虏事迹》之后附了一幅当时的宁夏边防图，名为"设险守边图说"，里面介绍说"定边营南山口起西北至宁夏横城旧墙止，开堑共二百一十里，筑墙十八里"[2]，根据图中所示，筑墙在定边营一带，从定边营往西至清水营开堑，从清水营往西穿过河东旧墙直至黄河东岸挖沟。很明显，王琼构筑"深沟高垒"时，在定边营附近、定边营往西至清水营、清水营再往西至黄河这三段的标准是不一样的，其中以清水营往西至黄河这一段标准最低，只挖了一道沟。前面已介绍，杨一清在正德初年帮修了河东墙自横城往东 40 里，那么在 20 多年后王琼挑挖壕堑的时候，这段墙体还应当比较高大，所以王琼从清水营往西继续沿用杨一清帮筑后的河东墙，清水营往东，放弃河东墙，挑挖新边。后来在嘉靖十五年（1536 年）的时候，总制刘天和又对兴武营一带 70 多里的边墙进行了帮筑加固[3]，基本形成了兴武营至清水营一带今天头道边的样子。

由上分析可见，将头道边称为"深沟高垒"很不合理，真正的"深沟高垒"或被头道边延续利用，或已淹没于风沙之中，至今遗迹甚少。

至于头道边，用文献中提到的"横城大边"称呼似更妥当。"横城大边"这个名称在文献中大概最早出自成书于嘉靖二十年（1541 年）的《皇明九边考》，在该书卷八《宁夏镇·保障考》中提到，刘天和沿黄河东岸修筑的长堤"顺河直抵横城大边墙"。这里的大边是相对于河东以南直至固原境内的数条内边而言的，因其起于横城堡，故名"横城大边墙"。王琼挑挖"深沟高垒"后，河东地区在防守上基本放弃了"河东墙"，之后唐龙、刘天和等人的边墙建设主要沿着王琼的"深沟高垒"进行，最后形成"横城大边"，所以今天的头道边基本是"横城大边"的遗存。

（二）鄂托克前旗头道边与二道边西端交汇点的新发现

以前学术界一直认为鄂托克前旗境内的头道边与二道边相交于兴武营，艾冲更给出了理由，认为

---

〔1〕（明）胡汝砺纂修、（明）管律重修、陈明猷校勘：《嘉靖宁夏新志》卷三，第 248 页，宁夏人民出版社，1982 年。

〔2〕 单锦衍辑校：《王琼集》，第 87 页，山西人民出版社，1991 年。

〔3〕《明世宗实录》卷一九〇，嘉靖十五年八月辛丑。

"深沟高垒""其中红山堡至兴武营仍帮筑旧'河东墙',而由兴武营向东南另筑新墙,经安定、高平诸堡接东关门墙,再经盐场堡而达定边营"[1]。艾冲之后,学术界基本上延续着这种观点。

调查新发现,头道边与二道边其实相交于清水营。清水营在兴武营西面,二者相差30多千米。在清水营至兴武营之间,头道边与二道边并行分布,间距在200米之内,最近处只有25米,过兴武营往东,二者逐渐分离,越往东离得越远。

头道边与二道边西端交汇点的问题,其实是一个关于"深沟高垒"与河东墙关系的问题。因为头道边是在"深沟高垒"的基础上形成的,以前甚至将二者直接划了等号,二道边则是河东墙。王琼在挑挖"深沟高垒"时,西段借用了河东墙,那么,他从哪里开始借用河东墙,哪里就是头道边与二道边的西端交汇点。上文在引用王琼《北房事迹》时已经分析,王琼在挑挖"深沟高垒"时,从清水营往西借用了杨一清帮修加固后的河东墙,从清水营往东重新勘查线路,修筑新边。那么,头道边与二道边的西端交汇点就应该在清水营,这与实地调查相符。

(三) 对乌海市明长城的认识

首先来讨论一下乌海明长城的北端止点。乌海的明长城是"沿河边墙"和"陶乐长堤"的孑遗。关于"沿河边墙",明代人杨一清在一份奏疏中有比较详细的记载:"灵州横城以北,西抵黑山营,系宁夏通贼紧关要路。房贼见我边防严备,既不能入花马池,必将从此而入,踏冰过河,东西任其寇掠。…宁夏横城北黄河东岸旧有边墙一百八十五里,壕堑一道,高厚深阔悉如花马池一带城堑之数,自南而北,有长城十八墩,后守臣恐稀疏,每墩空内,添设一墩,共见在墩台三十六座。墙里套内地方,又设石嘴、暖泉二墩瞭守。其第十八墩与河西黑山营镇远关相对,每年于黑山营屯聚人马,阻遏房骑,以为宁夏北门锁钥。"[2] 这是正德元年 (1506年) 杨一清计划帮修"沿河边墙"时,通过实地勘察和访查询问取得的材料,可信度比较高。从中可以看出,"沿河边墙"的北端点,也即其第十八墩正对着河西的镇远关。镇远关是明代宁夏"旧北长城"上的一座重要关口,一度为宁夏北境之锁钥。其南五里有黑山营,屯兵储粮,是镇远关的后方保障。后镇远关和黑山营俱废弃,宁夏北境防线内撤至平房城北的"北关门"墙。关于镇远关的地望,结合相关研究成果,应在今宁夏石嘴山市惠农区偏北一带[3]。

至于"陶乐长堤",文献记载虽然比较简略,但是也可从刘天和修边的初衷看出端倪。刘天和修筑"陶乐长堤"的主要目的是要将宁夏北境的防线北推到镇远关一带,以恢复河西平房城至镇远关间的故土。在黄河东岸顺河修筑"陶乐长堤",是为了加强河西的防御。那么,"陶乐长堤"的北端点必然与河西的镇远关相对,也即与"沿河边墙"的北端点相侔或重叠。

经以上分析可以确定,"沿河边墙"及"陶乐长堤"的北端点基本相同,当在今宁夏惠农区对面的黄河东岸。这里也即是乌海明长城的北端点。

从实地调查材料来看。无论"沿河边墙"及"陶乐长堤",都是宁夏北长城的一部分,其南与宁夏东长城相连,向西过河与宁夏"旧北长城"相接,以在宁夏北境构成一道闭合的长城防线。那么,若确定了宁夏"旧北长城"的分布地域,也可大体断定"沿河边墙"及"陶乐长堤"的北端点。经许

〔1〕 艾冲:《明代陕西四镇长城》,第73页,陕西师范大学出版社,1990年。

〔2〕 杨一清:《为经理要害边防保固疆场事》,《明经世文编》卷一一六。

〔3〕 参见吴忠礼:《平房所、平罗县和石嘴山市》,《共产党人》2007年第13期;许成:《宁夏境内明代长城遗迹》,《宁夏考古史地研究论集》,宁夏人民出版社,1989年。

成等人调查："这段旧北长城的走向，计始于红果子沟口北侧，向东行，过包兰铁路，到石嘴山市四中，经下营子公社宝马东、尾闸公社下庄子到达黄河西岸，长15千米。目前这段长城的遗迹，在石嘴山市四中至红果子沟口一段保存尚好。"[1] 石嘴山市四中及下庄子均在惠农区靠南一点。那么，黄河东岸的"沿河边墙"及"陶乐长堤"也应在这一带折向黄河西岸。从实地调查的乌海市明长城走向来看，由南自宁夏平罗县过都都思兔河进入乌海市海南区境内，然后顺北流黄河东岸向北延伸，至巴音陶亥镇渡口村折向黄河河堤后消失。这里有一座烽火台，叫大桥烽火台。渡口村正对着河西的惠农区城区。那么，这里便是"沿河边墙"、"陶乐长堤"及今天乌海明长城的最北端，大桥烽火台就是十八墩中的第十八墩。

其次，讨论一下石嘴、暖泉二墩。杨一清说，在墙里套内地方，又设石嘴、暖泉二墩瞭守。从中，可以获得两个信息点：其一，石嘴、暖泉二墩与十八墩及后来的三十六墩不同，它们孤悬在外，是负责瞭守的烽火台；其二，它们在墙里套内。"墙里"应指在沿河边墙以里，"套内"则指在河套内。沿河边墙紧挨着北流黄河东岸修筑，其里（西）便是黄河，没有修筑烽火台的必要。那么这两座烽火台会不会跨过黄河，建在了河西呢？杨一清在奏疏中还说，"沿河边墙"修好不久便因蒙古人的争夺而放弃了。蒙古人在争夺时，先夺得石嘴、暖泉二墩，后占领的沿河边墙及沿线的十八墩[2] 前面已讲，蒙古人是从东来的，应该是先争夺"沿河边墙"外的据点，进而再争夺沿河边墙和十八墩。而且曾做过明代陕西三边总制的王琼在记述一次进入宁夏的蒙古人败退的时候说："六月初二日，贼由镇远关渡河，石嘴墩入套"[3]。是说，蒙古人在败退的时候，从镇远关渡过黄河，自石嘴墩进入河套。镇远关在河西，那么石嘴墩一定在河东，而且过了石嘴墩便进入河套蒙古人地界了。艾冲认为，文献中的"墙里套内"应该改为"墙外套内"[4]。这个观点比较可信，因为只有这样，石嘴、暖泉二墩才有存在的必要，也才会成为"沿河边墙"的前哨。

从实地调查情况来看，自大桥村往北约20千米有一座明代烽火台，命名为二道坎烽火台，孤悬于"沿河边墙"及"十八墩"之外，形体高大，构筑精细，周围带有三重围墙，具备前沿哨所的条件，应该就是石嘴、暖泉二墩之一。王琼在《北虏事迹》中还说："镇远关、黑山营，对河之东为山嘴墩，南至横城，旧有墙堑长一百八十五里，墩台三十六座，皆年长废弃不能守"。王琼记载的是嘉靖时期的事，此时"沿河边墙"已经废弃。但是王琼提到了一座山嘴墩，说它在镇远关、黑山营对面。前已介绍，镇远关正对着"十八墩"的第十八墩。现在又出来了一座山嘴墩。只能做两种猜测：一，十八墩的第十八墩就叫山嘴墩；二，山嘴墩是石嘴、暖泉二墩中石嘴墩的误写。如果是第二种，说明石嘴墩离第十八墩不远，那么孤悬在北的二道坎烽火台便是暖泉墩。

从二道坎烽火台往南至大桥烽火台之间，还有两座烽火台，分别为拉僧庙烽火台、渡口烽火台。这两座都是秦汉时期的烽火台，拉僧庙烽火台在大桥烽火台北16千米，渡口烽火台离大桥烽火台极近，在其北1.6千米。石嘴、暖泉二墩可能对其中的某一座有沿用。如果延续上段的第二种猜测，石嘴墩离第十八墩不远的话，就能确定渡口烽火台便是石嘴墩。但是从实际情况来看，拉僧庙烽火台形体高大，周围有围墙的痕迹，形制上远大于此地其他秦汉烽火台，明代沿用的可能性更大。

根据以上的梳理，可以对乌海明长城及宁夏北边防线的兴废做简单推论。明前期，宁夏的防线靠北，后来慢慢内收，最后干脆放弃了河西的黑山营和镇远关，退而防守平虏城及"北关门"墙。在河

〔1〕　许成、马建军：《宁夏古长城》，第128页，江苏凤凰科学技术出版社，2014年。
〔2〕　（明）杨一清：《为经理要害边防保固疆场事》，《明经世文编》卷一一一六。
〔3〕　（明）杨一清：《为经理要害边防保固疆场事》，《明经世文编》卷一一六。
〔4〕　艾冲：《明代陕西四镇长城》，第69页，陕西师范大学出版社，1990年。

东，起先修筑了"沿河边墙"及"十八墩"（三十六墩）以与河西的旧北长城衔接，后来河东墩军经常被蒙古人虏掠，先是石嘴、暖泉二墩被迫放弃，最后"沿河边墙"及"十八墩"（三十六墩）都被废弃，只在河西筑立 15 座墩台守护瞭望，防冬不防夏[1]。正德初年，杨一清计划修复"沿河边墙"，愿望未能实现。嘉靖九年（1530 年），王琼新修"北关门"墙，镇远关、黑山营、"旧北长城"、"沿河边墙"被彻底放弃。最后到了嘉靖十五年（1536 年），刘天和短暂恢复了河西的故土，在河东修筑了"陶乐长堤"，以防卫河西。不久，明朝再次将宁夏北境防线南撤至平虏城，"陶乐长堤"也失去了初始的意义，再加上它本来就修筑简单及常年的河水冲刷和风沙掩埋，大半处于荒废状态。

（四）宁夏河东地区在明代西北边防中的地位及其防御特点

从明代中后期开始，河套蒙古兴起，宁夏边防吃紧，再加上鄂尔多斯—乌海明长城分布地带（宁夏河东地区）的特殊地理位置，使得这一带成为明朝西北边防紧要之地。它是固原、庆阳、平凉一带的北边门户，这里一旦有变，西可占据临洮、巩昌，控扼河西走廊，东足以震动关中平原。对此，经营西北多年的杨一清认识深刻："切见陕西各边，延绥城堡据险，宁夏、甘肃河山阻隔，贼虽侵犯，只在本境，为患犹浅。惟宁夏花马池至灵州一带，地里宽漫，城堡稀疏，兵力单弱，一或失守，虏众拆墙而入，其所利不在宁夏而在腹里，必将犯我环庆，寇我固原，深入我平凤、临巩等府州县，其间土汉杂处，倘兵连祸结，内变或因之而作，根本动摇，诚非细故，此所谓膏肓之疾、腹心之祸也"[2]。

杨一清认为，宁夏花马池到灵州一带是陕西各边（延绥、宁夏、甘肃）中最为紧要的一处，这里由于地里宽漫、城堡稀疏、兵力单弱，是蒙古南下的重点。这里一旦有失，祸乱不光在宁夏，而且会波及固原、平凤、临巩等府州县，危险关中地区。更为可怕的是，这里汉族和少数民族杂居，倘若兵祸再加上人祸，就可能会出现内乱。杨一清的担心在成化二年（1466 年）出现了。是年，在蒙古势力大举进入固原之时，当地的"土达"李俊仰献羊酒，有北从意[3]。第二年就爆发了土官满四的变乱，占据石城，为乱数月。

由于河东地区独特的地理形势以及严峻的边防压力，使得这一带的防御有着自身的特点，主要表现在以下几方面。

第一，河东地势宽漫，没有险峻的地理形势借以防守，其边防只能完全依靠人为工事，所以从成化到嘉靖末年在这里反反复复挖壕、修墙，以加强防御。这是河东边防最显著的一个特点。

第二，由于人为工事的单薄性和脆弱性，决定了河东在边防上难以独挡，它需与固原配合，互为表里、声息相关，主要表现在以下两方面。

首先在制度保障上，陕西三边总督（总制）坐镇固原，统领陕西四镇，为河东边防的坚强后盾。而且，从嘉靖十八年（1539 年）开始，于每年秋收开始之前，三边总督必亲临花马池居中调度这一带防务，等到探得无大规模边患、秋尽冬初边腹收成俱毕后，才能回到固原。

其次在边防工事建设上，河东的边墙与固原的内边墙遥相呼应，共同构成纵深防御。据《九边考》统计，在河东至固原之间有重险四道："新红等堡直北稍东，总制刘天和新筑横墙二道以围梁家泉。直北稍西，旧有深险大沟一道，受迤东碌山之水，流于黄河，长一百二十五里，总制刘天和堑崖

〔1〕　（明）杨一清：《为经理要害边防保固疆场事》，《明经世文编》卷一一六。

〔2〕　（明）杨一清：《为经理要害边防保固疆场事》，《明经世文编》卷一一六。

〔3〕　单锦珩辑校：《王琼集》，第 64 页，山西人民出版社，1991 年。

筑堤一百八里五分，筑墙堡一十六里八分。自大边至此，重险有四道"[1]。这样的纵深防御可布置多道障碍，即使敌人突破也会在前进后退中处处被动挨打。

纵深防御是明代边防的一条主导思想，早在明初，朱元璋就画出了蓝图："故于甘肃、大同、宣府、大宁、辽东俱设都指挥使司，并于宁夏设立数卫以屯重兵，又建封肃、庆、代、谷、宁、辽等王，以为第一藩篱；其宁夏有贺兰山、黄河之险，复自偏头、雁门、紫荆、历居庸、潮河川、喜峰口，直至山海关一带，延袤数千余里，山势高险，林木茂密，人马不通，实为第二藩篱"[2]。

在宁夏河东至固原一带，杨一清提出了前后四层的纵深战略防御设想："今将沿边至腹里分为四路，以定边营、花马池、兴武营、灵州一带为藩篱，以石沟、盐池、韦州、萌城、山城一带为门户，以固原、黑水口、镇戎所、西安州、海剌都一带为庭除，以安定、会宁、静宁、隆德、平凉一带为堂室。"而且要求"步兵击之于墙上，骑兵击之于墙内"[3]。这样的话，战守结合，使河东以南直到平凉成了既有固定防御阵地、又有机动牵制打击部队的纵深防御带，将内犯之敌消灭在层层反击之中。

第三，"凡草茂之地，筑之于内，使房绝牧；沙碛之地，筑之于外，使房不庐"[4]，即保护水草丰美之地，占据有利防守地区。河东一带干旱缺水，水草是重要的战略物资，修边之时，沿着毛乌素沙地东南缘构筑，将有水有草的地方圈入边内，沙碛不毛之地弃之蒙古，尤其重视对铁柱泉、梁家泉等长流水源的控制。如魏焕在《巡边总论》中记载："达房依水草为居，花马池东南一带，惟铁柱泉有水，又东南至梁家泉有水，又东南至甜水、红柳、榆树等泉，史巴都、韩家、长流等处有水。总制刘天和题于铁柱泉筑城，梁家泉筑堡，甜水泉、史巴都等处筑墙。一时水源俱各俱守，贼无饮马之处，诚百世之利也。"[5] 又如王琼所说："又房众临墙止宿，必就有水泉处安营饮马，今花马池墙外有锅底湖、柳门井，兴武营外有虾蟆湖等泉，定边营墙外有东柳门等井，余地多无井泉，又多大沙凹凸，或产蓬蒿，深没马腹。贼数百骑或可委屈寻路而行，若马至数万匹，必颠仆劳乏，不得齐驱并辔而行。"[6] 这就是"凡草茂之地，筑之于内"，"沙碛之地，筑之于外"的结果，但是正因为花马池墙外有锅底湖、柳门井，兴武营外有虾蟆湖，定边营墙外有东柳门井等水源，使得这一带成为蒙古进入内地的必经之路。

四　鄂尔多斯—乌海明长城的历史归属——明代宁夏镇研究

鄂尔多斯—乌海境内的明长城，在明代基本归属宁夏镇管辖，要全面认识这一带的明长城，需对明代宁夏镇作一较为全面的研究。

（一）明代北边防御体系中的宁夏镇

1. 明代北边防御体系的形成

明代，北部边防是重点，北疆的安危关系着明朝的存亡，因此明朝历代皇帝都对北边防御极为

---

〔1〕（明）魏焕：《九边考》，《明代蒙古汉籍史料汇编》第一辑，第256页，内蒙古大学出版社，2006年。

〔2〕（明）马文升：《为禁伐边山林木以资保障事疏》，《明经世文编》卷六三。

〔3〕（明）杨一清：《为经理要害边防保固疆场事》，《明经世文编》卷一一六。

〔4〕（明）胡汝砺纂修、（明）管律重修、陈明猷校勘：《嘉靖宁夏新志》卷一，第19页，宁夏人民出版社，1982年。

〔5〕（明）魏焕：《巡边总论一·宁夏镇》，《明经世文编》卷二四八。

〔6〕单锦珩辑校：《王琼集》，第72页，山西人民出版社，1991年。

重视。

洪武年间，沿边都司卫所的设立是朱元璋北部边防的基本建设。这一建设持续了有明一代，在明代的北疆建立起了辽东、万全、陕西三个都司和山西、陕西两个行都司，都司、行都司之下设有卫所，卫所屯兵，形成了都司—卫—所的三级统军体制。为了有效抵御蒙古人南下，洪武四年（1371 年）起，朱元璋每年都派遣大将或在北平、或在山西、或在陕西，练兵守边，是为大将守边制度。镇守边疆的大将负责"操练军马、缮治城池"[1]，有"便宜行事"的权力，可节制地方，但不常设，多则一年，少则数月，旋设旋罢，没有形成稳定的任职时间、特定的权限和明确的防务区，属临时差遣。洪武后期，随着朱元璋诸子的逐渐成长、陆续之国，大将守边制度让位于"塞王守边"。这些塞王多握有重兵，有时还能节制诸将，对加强北部边防起到了一定的作用。

靖难之后，朱棣以燕王登极，对势力强大的塞王心怀芥蒂，摒弃"塞王守边"政策，改为"皇帝守边"，迁都北平，亲征漠北，以积极进攻代替消极防御。同时，朱棣也不忘边防建设，对边地的指挥系统和兵力部署做了调整，逐渐使沿边驻守大将有了固定的防区和特定的权限，总兵镇守制度出现。仁宣以后，明朝在北边建立起了一套比较严密的防御体系。这套体系以九边为重要军防点，配合沿边都司卫所及长城而形成。杨绍猷形容为："以北京为中心，以九镇为重要军防点，以卫所等为网络，以长城为屏障和阵地，形成北部的严密防线。"[2]

九边是对明代北边军镇的统称，通常指的是辽东、蓟州、宣府、大同（山西）、太原、延绥（榆林）、宁夏、固原（陕西）、甘肃九个边镇。九边中，宁夏镇位于西北端，属陕西都司管辖，与延绥镇、固原镇、甘肃镇合称陕西四镇。

2. 宁夏镇的设置

关于宁夏镇的设置时间，众说纷纭，不一而足，归纳起来，大概有以下六种观点：一，宁夏镇形成于洪武四年（1371 年），定设于建文四年（1402 年）[3]；二，宁夏镇属初设边镇，设置时间应为建文四年（1402 年）[4]；三，宁夏称镇，始于永乐六年（1408 年）[5]；四，宁夏建文四年（1402 年）建镇，宣德元年（1426 年）正式确立[6]；五，宁夏镇始建于建文四年（1402 年），完成于正统元年（1436 年）[7]；六，宁夏卫的设立是宁夏设镇之始，建文四年（1402 年）设镇守总兵官，宁夏正式称镇[8]。

这种分歧源于对边镇称镇标准的不同理解。据赵现海统计，"学术界已经提出五种不同的军镇建置标志，一为镇守总兵官的设置和边墙、墩台的修筑，一为大将、名臣经略或卫所的建置，一为以镇守总兵官为军镇初设的标志，巡抚为军镇定设的标志，一为指挥中心和军事防区的形成，一为镇守总兵官的设置"[9]。前文关于宁夏镇设置时间的几种观点，多是依据这五种标准提出来的。但是，一个完整军镇的形成，既要有常设的军镇长官，又要有固定的文武官员系统和军事防区。首任常置军镇长官的设立，可视为军镇初设的标志；文武官员系统、军事防区的形成，则说明一个军镇已完全成型。其

〔1〕《明太祖实录》卷六〇，洪武四年春正月戊子。
〔2〕杨绍猷：《明朝的边疆政策及其得失》，《中国古代边疆政策研究》，中国社会科学出版社，1990 年。
〔3〕艾冲：《明代陕西四镇长城》，第 6 页，陕西师范大学出版社，1990 年。
〔4〕韦占彬：《明代"九边"设置时间辨析》，《石家庄师范专科学校学报》2002 年第 3 期。
〔5〕尹钧科：《宁夏成为明代重镇之一的军事地理因素试析》，《大同高等专科学校学报》1994 年第 2 期。
〔6〕赵现海：《明代九边军镇体制研究》，第 85～86 页，东北师范大学博士学位论文，2005 年。
〔7〕范中义：《明代九边形成的时间》，《大同高等专科学校学报》1995 年第 4 期。
〔8〕于默颖：《明蒙关系研究——以明蒙双边政策及明朝对蒙古的防御为中心》，第 100 页，内蒙古大学博士学位论文，2004 年。
〔9〕赵现海：《明代九边军镇体制研究》，第 27 页，东北师范大学博士学位论文，2005 年。

他如大将、名臣经略，还尚未脱离明初"大将守边"的性质；至于边墙、墩台的修筑，有明一代修修补补从未间断，作为军镇形成的标志未免牵强。根据上面的标准，宁夏镇的建镇时间需重新认识。

（1）宁夏镇军事防区的形成

宁夏亦朔方河西之地，即古之夏州。元设宁夏路。洪武三年（1370年），明军攻取宁夏，改为宁夏府，洪武五年（1372年），府废，徙其民于陕西。原因是当时鞑靼的势力非常强大，明军暂时无力据守。数年后，随着明军力量的加强，边民才得以陆续迁回。

洪武四年（1371年）正月，朱元璋命冯胜往陕西修缮城池，并指示中书省："今日天寒尤甚于冬，……朕念守边将士甚辛苦，尔中书省其以府库所储布帛制棉袄，运赴蓟、宁夏等处给军士"[1]。根据这段记载，艾冲认为"宁夏在军事防御上处于跟北平镇相侔的地位"，并且提出"宁夏镇形成于洪武四年"。[2]

洪武六年（1373年）四月，太仆丞梁野先帖木儿以宁夏及四川土地肥沃，又有通航之利，建议委派重要将领镇守，召集流亡百姓，务农屯田，定十一之税。太祖从其请[3]。

自洪武九年（1376年）始，宁夏设置卫所。《嘉靖宁夏新志》记载："九年，命长兴侯耿炳文弟炳忠为指挥，立宁夏卫，隶陕西都司，徙五方之人实之。后增宁夏前卫、宁夏左屯、右屯、中屯为五卫；寻并中屯于左、右二卫，为四卫。洪武二十四年辛未，封宗室亲藩，自庆阳徙韦州以居，至三十五年辛巳，徙宁夏，置中护卫为扈从。正德五年庚辛，改中护卫为中屯，仍为五卫城，实德明所迁之故址也"[4]。

《明史》的记载与此有差异："宁夏卫，洪武三年为府，五年，府废。二十六年七月置卫，二十八年四月罢。永乐元年正月复置。……宁夏前卫，在宁夏城内，洪武十七年置。宁夏左屯、右屯卫亦俱在宁夏城内，洪武二十年二月置。后废，三十五年十二月复置。"[5]

两书对宁夏卫设置时间的记载各不相同，一为洪武九年（1376年），一为洪武二十六年（1393年）。征之《大明一统志》、《全边纪略》、《边政考》、《皇明九边考》等文献，俱记载宁夏卫设置于洪武九年。应取洪武九年说。洪武九年宁夏设卫之后，又分别于洪武十七年（1384年）设宁夏前卫，洪武二十五年（1392年）设宁夏左屯、右屯和中屯卫，寻并中屯卫于左屯、右屯二卫。庆王朱栴坐镇韦州之后，曾一度罢掉了宁夏卫和宁夏左屯、右屯卫，永乐初年复置。另外，在庆王封藩之时，曾置中护卫，以扈从庆王。正德五年（1510年），宗藩寘鐇作变，"诏以庆王委身从叛，革中护卫为中屯卫，改降'宁夏中屯卫指挥使司之印'，隶陕西都司"[6]，宁夏镇又辖有中屯卫。

以上宁夏卫及宁夏前屯、左屯、右屯、中屯卫，俱在宁夏镇城内，为宁夏镇城直辖五卫。除此之外，宁夏镇还领有千户所四、卫二，分别是：

灵州守御千户所。洪武二十六年（1393年）十月置，治在河口。宣德三年（1428年）二月徙于城东。弘治十三年（1500年）九月复置州于所城。

兴武守御千户所。正德元年（1500年）以兴武营置。

韦州守御千户所。弘治十年（1497年）以故韦州置。

〔1〕（明）谭希思：《明大政纂要》卷三，光绪思贤书局刊本，元明史料丛编第三辑。

〔2〕艾冲：《明代陕西四镇长城》，第5~6页，陕西师范大学出版社，1990年。

〔3〕《明太祖实录》卷八一，洪武六年四月壬申。

〔4〕（明）胡汝砺纂修、（明）管律重修、陈明猷校勘：《嘉靖宁夏新志》卷一，第8~9页，宁夏人民出版社，1982年。

〔5〕《明史》卷四二《地理三·陕西》。

〔6〕（明）胡汝砺纂修、（明）管律重修、陈明猷校勘：《嘉靖宁夏新志》卷一，第78页，宁夏人民出版社，1982年。

平房千户所。嘉靖三十年（1551 年）以平房城置。

宁夏中卫。元应理州，属宁夏府路。洪武三年（1370 年），州废。永乐元年（1403 年）正月置卫。

宁夏后卫。本花马池守御千户所，成化十五年（1479）置。正德元年（1500 年）改卫。[1]

可见，至正德元年（1500 年）宁夏镇的格局和军事防区已基本固定，之后虽略有变更，均未超出这个范畴。

（2）宁夏总兵官和宁夏巡抚的设置及文武官员系统的形成

宁夏总兵官的设置时间，有建文四年（1402 年）、永乐六年（1408 年）和宣德元年（1426 年）三种说法，其中以建文四年说比较盛行。建文四年（1402 年）八月，"命右军都督府左都督何福佩征房将军印充总兵官，往镇陕西、宁夏等处，节制陕西都司、行都司，山西都司、行都司，河南都司官军"[2]，之后何福便以"宁夏总兵官"的头衔见著史籍。此为建文四年说的依据。据此，韦占彬认为"宁夏镇属于初设边镇，设镇时间为建文四年（1402 年）"[3]；范中义认为"这可视为宁夏镇设立之始"[4]；艾冲认为宁夏镇"定设于建文四年"[5]；于默颖认为"建文四年，设镇守总兵官……宁夏正式称镇"[6]。

永乐六年说是尹均科提出来的。他根据《明史》"凡总兵、副总兵，率以公、侯、伯、都督充之。其总兵挂印称将军者，云南曰征南将军……宁夏曰征西将军"的记载，认为明代第一位以伯爵并挂征西将军印镇守宁夏的是陈懋。陈懋"（永乐）六年三月配征西将军印，镇宁夏"。由此进一步得出"宁夏称镇，当始于永乐六年。"[7]

宣德元年说是赵现海提出来的。宣德元年（1426 年），宁阳侯陈懋佩征西将军印，充总兵官，第三次镇守宁夏。其后，宁夏总兵官佩征西将军印成为定制，终明一代，未有改变。所以，他认为"直到宣德元年（1426 年），宁夏总兵镇守制度始才确立"。由此进一步得出，宣德元年（1426 年）"宁夏始确立为镇"。[8]

建文四年（1402 年）至宣德元年（1426 年），镇守宁夏者，有何福、陈懋、王俶、柳升、张麟、陈怀诸人。为说明问题，现列表表示如下：

表三　建文四年（1402 年）至宣德元年（1426 年）宁夏镇守简表

姓名	始任职时间	衔职	所佩将印	权限	备注
何福	建文四年（1402 年）八月	右军都督府左都督	佩征房前将军印	往镇陕西、宁夏等地，节制陕西都司、行都司，山西都司、行都司，河南都司官军	《明太祖实录》卷一一载"充总兵官"，但并未说明为何地总兵官，后以"宁夏总兵官"见著《实录》

〔1〕《明史》卷四二《地理三·陕西》。
〔2〕《明太宗实录》卷一一，洪武三十五年七月乙巳。
〔3〕韦占彬：《明代"九边"设置时间辨析》，《石家庄师范专科学校学报》2002 年第 3 期。
〔4〕范中义：《明代九边形成的时间》，《大同高等专科学校学报》1995 年第 4 期。
〔5〕艾冲：《明代陕西四镇长城》，第 6 页，陕西师范大学出版社，1990 年。
〔6〕于默颖：《明蒙关系研究——以明蒙双边政策及明朝对蒙古的防御为中心》，第 100 页，内蒙古大学博士学位论文，2004 年。
〔7〕尹钧科：《宁夏成为明代重镇之一的军事地理因素试析》，《大同高等专科学校学报》1994 年第 2 期。
〔8〕赵现海：《明代九边军镇体制研究》，第 86 页，东北师范大学博士学位论文，2005 年。

续表

姓名	始任职时间	衔职	所佩将印	权限	备注
陈懋	永乐六年（1408 年）三月	宁阳伯	《明太祖实录》中没有佩将印的记载，《明史》和《皇明文衡》中记载"配有征西将军印"	镇守宁夏	后称"宁夏镇守"
王俶	永乐八年（1409 年）七月	都指挥使	不见佩将印的记载	镇守宁夏	后称"宁夏备御"
柳升	永乐九年（1410 年）正月	安阳伯	配平羌将军印	领陕西、山西所调备御军马镇守宁夏	后称"宁夏总兵官"
张麟	永乐十年（1411 年）十二月	都指挥使	不见佩将印的记载	镇守宁夏	后称"宁夏镇守"
陈懋	永乐十三年（1415 年）十二月	宁阳伯	不见佩将印的记载	备战宁夏	《国榷》卷一六和《明史纪事本末》卷二一载：永乐十三年十二月，令陈懋于宁夏备战。《明史》卷一四五记载："明年（永乐十三年），（陈懋）复镇宁夏"。《明太祖实录》中没有明确记载，但永乐十三年之后，陈懋便又一次以"宁夏镇守"的身份出现
梁铭、陈怀	永乐二十二年（1424 年）九月	梁为后军都督府都督，陈为都指挥使	洪熙元年（1425）二月，梁与陈佩征西将军印	镇守宁夏	梁、陈二人以宁夏参将佩征西将军印镇守宁夏
陈怀	宣德元年（1426 年）七月	右军都督同知	佩征西将军印	镇守宁夏	
陈懋	宣德元年（1426 年）十月	太保宁阳侯	佩征西将军印	镇守宁夏	充总兵官。其后，宁夏总兵官佩征西将军印成为定制，终明一代，未有改变

注：表中材料未注明出处者，俱出自《明实录》。

上表中，宣德元年（1426 年）之前称宁夏总兵者，只何福与柳升二人。何福以右军都督府左都督镇守宁夏等地，节制陕西、山西都司、行都司和河南都司的官军，职位较高、权限较大，有洪武前中期"大将守边"的性质；柳升为备御瓦剌而来，领有陕西、河南、山西所调备御军马，虽云"宁夏总兵官"，但所总之兵不只宁夏，还非实际意义上的宁夏总兵官。其他王俶诸人，或称"宁夏备御"，或称"宁夏镇守"，俱不称宁夏总兵官。首次以"宁夏总兵官"佩征西将军印的是宣德元年第三次坐镇宁夏的陈懋，自此宁夏总兵官佩征西将军印成为定制，与《明史》"凡总兵、副总兵，率以公、侯、伯、都督充之。其总兵挂印称将军者，云南曰征南将军……宁夏曰征西将军"[1] 的记载相合，宁夏总兵官镇守制度正式确立。

宁夏巡抚的设置，根据文献记载，有宣德年间和正统元年（1436 年）两种说法。宣德六年（1431 年）二月，陕西参政陈琰上言：宁夏、甘肃肥沃之地，皆为镇守官及各卫豪强霸占，屯田兵卒只能耕种一些贫瘠之地，以至屯粮亏欠，军士饥困。宣宗便命工部右侍郎罗如敬和陈瑛前往宁夏、甘肃调查[2]。这便是"宣德年间"说的依据，认为罗如敬便是宁夏的第一位巡抚。正统元年说的依据出自

〔1〕《明史》卷七六《职官五·总兵官》。
〔2〕《明宣宗实录》卷七六，宣德六年二月丁酉。

《明史》，"巡抚宁夏地方赞理军务一员。正统元年，以右佥都御史郭智镇抚宁夏，参赞军务"[1]。

其实，罗如敬只为督田而来，类似于专事专办的钦差，郭智以"参赞军务"的身份镇抚宁夏，才更像是宁夏的第一位巡抚。对此，《嘉靖宁夏新志》如是说："比工部侍郎罗公如敬来督屯田，始广储蓄之利而边食足。郭公既至，申严法令，戢暴禁奸，兵民倚以为重。于是有参赞、巡抚之官。自时厥后，专以都御史为巡抚，著为令，至今莫之有改矣"[2]。但此时的郭智只有巡抚之实，而无巡抚之名。直至天顺二年（1458 年）陈翌以"宁夏巡抚"的身份出巡宁夏[3]，宁夏巡抚才名至实归。

关于宁夏巡抚的设置过程，明人雷礼在《国朝列卿年表》中作了如下论述："宣德六年，命侍郎罗如敬理陕西、甘肃、宁夏屯政。十年，命都御史陈镒镇守陕西延绥、宁夏等处，亦未有专职。自正德元年（当为正统元年）大学士杨文贞以宁夏要地，特荐御史郭智为都御史镇抚宁夏地方，整饬边备。于是宁夏以文臣镇抚，参赞军务，遂为定制。天顺元年，裁革抚臣。二年，复设，宁夏巡抚去'参赞军务'之名，相沿至今不改"[4]。雷礼的论述漏了一点，隆庆六年（1572 年），宁夏巡抚又加"赞理军务"，称"巡抚宁夏地方赞理军务"[5]。

宁夏巡抚设置之后，分解了一部分总兵官的职权，诸如军饷、马匹、器甲、城池修缮等后勤方面的事都归巡抚，同时巡抚还负责禁约管军头目，具有参奏权和便宜处置权。巡抚与总兵之间是一种相辅相成，相互制约的关系，但巡抚的地位要高于总兵，这从他们的任命敕书中就能反映出来。总兵的敕书中说："凡军中一应事务，悉与镇守、巡抚等官议而行。不许偏私执拗，乖方误事"[6]，而巡抚的敕书则说："该与镇守、总兵等官会同者，须从长计议而行"[7]，两相比较，二者孰高孰低，一目了然。总兵之下有副总兵、参将、守备、操守、把总等，巡抚之外，文官系统还有兵备。至此，宁夏镇的文武官员体系已初具规模，逐渐形成了一套文武皆备、以文制武的职官系统。

（3）结论

综上所述，宁夏镇是逐步形成的，这一过程从明初一直持续到明中叶。明朝建国伊始，宁夏便是边防重地，洪武九年（1376 年）之前，此地兵燹连天、战火纷飞，没有完整而固定的行政建制。洪武九年（1376 年）始设卫所，为日后宁夏镇的形成奠定了基础。永乐至宣德间，宁夏镇守总兵官的出现及最终确立，标志着宁夏镇开始形成。正统初年，宁夏设置巡抚。宁夏镇以巡抚和总兵官为首的文、武两套职官系统已初具规模。在卫所设置方面，至正德年间，宁夏镇已基本形成七卫（宁夏卫、宁夏前屯卫、宁夏左屯卫、宁夏右屯卫、宁夏中屯卫、宁夏中卫、宁夏后卫）、四千户所（灵州守御千户所、兴武营守御千户所、韦州守御千户所、平虏千户所）的格局，其辖地也正式分为东、西、南、北、中五路，分别为东路后卫、西路中卫、南路邵岗堡、北路平虏城和中路灵州。此后，宁夏镇虽然还在不断的调整和变动，但是调整的范围再也没有超出这个框架。因此，宁夏镇的最终确立时间应当是正德年间。

〔1〕《明史》卷七三《职官二·都察院附总督巡抚》。

〔2〕（明）胡汝砺纂修、（明）管律重修、陈明猷校勘：《嘉靖宁夏新志》卷一，第 44 页，宁夏人民出版社，1982 年。

〔3〕《明英宗实录》卷二九一，天顺二年五月壬寅。

〔4〕《国朝列卿年表》卷一〇四《巡抚宁夏等处地方赞理军务年表》。

〔5〕《明史》卷七三《职官二·都察院附总督巡抚》。

〔6〕（明）胡汝砺纂修、（明）管律重修、陈明猷校勘：《嘉靖宁夏新志》卷一，第 33 页，宁夏人民出版社，1982 年。

〔7〕（明）胡汝砺纂修、（明）管律重修、陈明猷校勘：《嘉靖宁夏新志》卷一，第 34 页，宁夏人民出版社，1982 年。

（二）宁夏镇的驻防官

明代在九边有一套比较完善的驻防官体系。明人姚涞在《送张之行之金宪陕西序》中说："今西北诸镇，地当虏冲，朝廷备之甚严。而承命以临之者，有大将、有中官、有总宪大臣，列戎数百里，屯兵数万众，事既有统矣，犹惧其剧而驰也，则又设外台之佐二人，以分莅其地而赞其功，凡百戎务，乃资乃谋总者裁而行之，所以饬武备而重边防也。"[1] 以大将、中官和总宪大臣为首，明九边的驻防官大体可分为武职、监军和文职三部分。宁夏镇自不例外。此外，宁夏的藩王——庆王，坐镇一方，在明前期宁夏的边防建设中起到了一定的作用，也应列入驻防官序列。

1. 藩王

首封于宁夏的藩王叫朱㮵，是朱元璋的庶十六子，皇贵人余氏所生，因为原封藩地在庆阳地区，所以封号叫"庆王"。后因宁夏地区设防整治就绪，明朝国防线北移，且宁夏形胜、自然环境和物产都优于庆阳，遂命朱㮵移国于宁夏。

朱㮵出生于洪武十一年（1378年）正月，二十四年（1391年）四月册封为庆王，二十六年（1394年）年正月之国。因当时宁夏粮饷未敷，故"命庆王暂驻庆阳北古韦州城，以就延安、绥德租赋"[2]。9年后，建文三年（1401）冬季，阖府举迁宁夏镇城。宁夏卑湿，庆王不愿居住，屡次要求内徙，都没有得到应允，只允许他"岁一至韦州度夏"[3]。

朱元璋分封诸王的目的是"分茅胙土，以藩屏国家"[4]，亦即诸王具备领有土地的权力和护卫国家的义务。而沿边诸王（亦称塞王）责任更大，直接面对的是屡谋兴复的蒙古，肩负守土固疆之责。《皇明祖训》中记载"凡王国有守镇兵，有护卫兵。其守镇兵有常选指挥掌之，其护卫兵从王调遣。如本国是险要之地，遇有警急，其守镇兵、护卫兵，并从王调遣。"北疆为明朝防御任务最重之地区，自是"险要之地"。而蒙古时时争夺，北边多在"警急"之时。因此，塞王的军事权力往往要超过其他地区的诸王，拥有节制当地都司卫所军队（守镇兵）的权力，甚至成为地方上最高军事权力的拥有者。事实亦证明，塞王常常统领北边军队，或据边防守、抵御蒙古，或主动出击、深入大漠。塞王中，以秦、晋、燕三王年齿较长，之国较早，熟谙军务，对洪武朝北疆的边防建设贡献最大。

庆王虽不如他的三位兄长英武神勇，但早在之国之前，朱元璋便"命汉、卫、谷、庆、宁、岷六王往临清训练军事"，并"各置护卫"，庆王置宁夏中护卫[5]。之国之后，洪武二十八年（1395年），"敕曹国公李景隆整饬陕西属卫士马。惟陕西行都司、甘州五卫及肃州山甘、永昌、西宁、凉州诸卫从肃王理之，庆阳、宁夏、延安、绥德诸卫从庆王理之。"[6] 同他的兄长一样，庆王也坐镇一方，掌握着西北边的军事大权。朝廷在委派大将督理陕西诸卫军务时，要通知庆王"敕长兴侯耿炳文督陕西诸卫，操练军马以俟调用，仍启肃、庆二王知之。"[7] 可以说，洪武中后期，庆王在西北的边防上有着举足轻重的地位。但是，庆王耽于问学，长于诗词[8]，军事上的成就远不如文学和书法。

〔1〕（明）姚涞：《送张之行之金宪陕西序》，《明经世文编》卷二四一。

〔2〕《明太祖实录》卷二四四，洪武二十六年正月癸亥。

〔3〕《明史》卷一一七《列传第五·诸王二》。

〔4〕《明太祖实录》卷五一，洪武三年夏四月己未朔。

〔5〕《明太祖实录》卷二〇八，洪武二十四年五月戊戌。

〔6〕《明太祖实录》卷二三九，洪武二十八年六月丁亥。

〔7〕《明太祖实录》卷二五五，洪武三十年年十月辛卯。

〔8〕（明）胡汝砺纂修、（明）管律重修、陈明猷校勘：《嘉靖宁夏新志》卷二，第131页，宁夏人民出版社，1982年。

洪武后，藩王的权力大为削减，"塞王守边"制度让位于"皇帝守边"，曾经叱咤边疆的塞王们逐渐退出了历史舞台。一世庆王朱㮵薨于正统三年（1438年），他的继承者多是坐食爵禄的寄生虫，于西北边防建设再无大的贡献。

相反，从洪武二十四年（1391年）朱㮵首封庆王，至崇祯十六年（1643年）末代庆王朱倬灌成了李自成农民军的俘虏，享封的250多年中，庆王一脉生齿繁衍、盘根错节，在宁夏地区形成了一个庞大的宗室统治集团。这个集团每年消耗大量爵米，以致本地所产粮食不足支付，还需从中原和江南诸省大量调入，给宁夏军民带来了沉重的经济负担。

2. 武职官员系统

明代边镇的武职官员以总兵官为首，包括副总兵、参将、游击、守备、操守、把总等，《明会典》中记载"凡天下要害地方，皆设官统兵镇守。其总镇一方者曰镇守，独守一路者曰分守，独守一城一堡者曰守备，有与主将同守一城者曰协守。又有提督、提调、巡视、备御、领班、备倭等名，各因事异职焉。其总镇或挂将印，或不挂印，皆曰总兵，次曰副总兵，又次曰参将，又次曰游击将军，旧于公、侯、伯、都督、指挥等官内推充任"[1]。

（1）总兵官、副总兵官

宁夏镇设总兵官一人，称宁夏总兵官，驻镇城，佩征西将军印，从公、侯、伯、都督中产生[2]。总兵官的职权在设置之初非常重，凡一镇军政事务的方方面面都归其负责。设置巡抚之后，权力有所分解，部分职权划归巡抚。根据嘉靖中期任杰就任宁夏总兵时的任命敕制书，可以得出，宁夏总兵有以下职权：一，抚安兵民，操练军马；二，修理城池，保障边防；三，防御侵寇，相机战守；四，节制副、参等官及协守、分守所统官军。同时又规定：凡一应事宜，须与镇守太监、巡抚都御史计议停当而行，不许偏执坏事[3]。

嘉靖十九年（1540年），宁夏总兵官又获得了斩杀之权，"嘉靖十九年夏六月，廷臣会议行令：凡官军，军前不用命及临阵妖言惑众者，斩。——斩杀之权自此始。"[4]

总兵之下有副总兵，永乐初年设，与总兵同驻镇城，称协守副总兵。副总兵是总兵的协赞之官，协助总兵整理军务、镇守地方，皇帝在给他们的敕书中规定了以下权限：一，无事之日，与总兵同驻镇城，修理城池，操练军马，抚恤士卒，整饬兵备；二，遇有侵犯，与主将分投，相机剿捕，务在料敌制胜；三，若河套有警，前去花马池等处调度军马备御；四，每年夏初冬末，两次亲临花马池，监督修补边墙、崖砦、川面、水口等。花马池属宁夏东路，在今宁夏河东地区，其地平漫，无险可守，是河套蒙古部南下争夺的重点地区，所以也是宁夏副总兵用心最多的地方[5]。

（2）参将、守备、操守、把总

总兵、副总兵是宁夏镇的总镇之官，总镇官之下又有分守之官，分段防守宁夏的边境，由东到西分别是东路右参将、中路左参将、北路平虏城参将、南路守备和西路左参将。

东路右参将，一员，正统八年（1443年）置，驻花马池营城（今宁夏盐池县城），分守宁夏东路花马池营、兴武营等地方，防线东起花马池营城东界，西至毛卜剌堡西境（今宁夏灵武县东北宝塔乡）。

〔1〕《明会典》卷一二六《镇戍一·将领上》。

〔2〕《明史》卷七六《职官五·总兵官》。

〔3〕（明）胡汝砺纂修、（明）管律重修、陈明猷校勘：《嘉靖宁夏新志》卷一，第33页，宁夏人民出版社，1982年。

〔4〕（明）胡汝砺纂修、（明）管律重修、陈明猷校勘：《嘉靖宁夏新志》卷一，第34页，宁夏人民出版社，1982年。

〔5〕（明）胡汝砺纂修、（明）管律重修、陈明猷校勘：《嘉靖宁夏新志》卷一，第34页，宁夏人民出版社，1982年。

中路左参将，一员，嘉靖八年（1529 年）置，驻灵州所城（今宁夏灵武县城），分守宁夏中路灵州、清水营等地方。防线东南自清水营城（今宁夏灵武县磁窑堡乡清水营村）与东路接界起，西北至横城堡（今宁夏灵武县临河乡境内）黄河东岸。

北路初设守备，嘉靖三十年（1551 年）设分守参将，驻平虏营城（今宁夏平罗县城），分守宁夏北路平虏营、黑山营等地方，防线自横城堡北境起，西达镇北堡南界（今宁夏贺兰县西），跨黄河向北绕了一个弧形。

南路以守备分守，正德五年（1510 年）设，驻邵岗堡（今宁夏青铜峡市邵岗堡村），分守宁夏南路邵岗堡、平羌堡等地方，防线自平羌堡北境（今宁夏银川市千吉堡村）起，向南至大坝堡（今宁夏青铜峡市大坝村）。

西路左参将，一员，正统八年（1443 年）置，驻中卫城（今宁夏中卫县城），分守宁夏西路中卫、广武营等地方，防线东起广武营北界（今宁夏青铜峡市广武乡），西止于中卫西南喜鹊沟。

参将和守备（此仅指分守一路的南路守备，此外还有独守一城一堡的守备），主要负责信地的防守，其职责一般包括：一，分守地方；二，操练军马、固守城池、安抚军民；三，遇有蒙古入侵，即调领官军，相机剿杀。参将和守备须听镇守、总兵、巡抚等官节制。

成化五年（1469 年），又分别于东路的兴武营和西路的广武营各设一协同官，称"东路协同"和"西路协同"，目的是减轻分守参将的防守负担，其职责基本与参将相同，但"凡事须与分守计议停当而行"[1]。嘉靖十七年（1538 年），改为分守。万历九年（1581 年），改设游击将军[2]。

参将和分守守备之下是负责一城一堡防御的守备。城、堡是次于路一级的防御单位，每一路辖有数量不一的城、堡。每一城或一堡设守备一人，负责城、堡所在地段的防守事宜。城、堡之下又有堡寨（也称崖寨），是宁夏镇的基层防御单位，每一堡寨设把总或操守一人，负责该堡寨附近若干里长城及墩台的瞭守。

（3）游击将军

明代边镇的武官系统中还有一类叫游击将军，位于总兵、副总兵之下，专门负责应援。其职责一般是统领游兵营，分布按伏某地，遇有敌寇入侵，即往来策应、截杀。游击仍要听镇守、总兵、巡抚的节制。

宁夏镇初设游击将军二员，正统间置，驻镇城，万历八年（1580 年）革一员。宁夏游击将军统领游兵三千，"专在清水营分布按伏。如遇花马池、灵州一带地方达贼侵犯，即便统领前项官军，往来策应，协力截杀"[3]。万历九年（1581 年），改兴武营和广武营"分守"为游击将军。

上述总兵、副总兵、游击将军、参将、守备、操守、把总等构成了宁夏镇的武职官员系统。这套系统中，总兵官总镇一镇兵马，居中调度；副总兵协赞总兵，相机战守，重点防御宁夏后卫花马池一带；参将、守备、把总和操守逐级细划，分守信地；游击则设伏一地，往来驰援。其体制不可谓不完备。此外，与其他边镇不同，宁夏镇在镇城内还设有"管理镇城都司"和"管理水利屯田都司"，并各委一名武官职掌，足见宁夏镇城和镇内水利屯田的重要性。"管理镇城都司一员，旧设，旧有领班都司两员，万历九年革；管理水利屯田都司一员，旧设，万历八年革，十一年复。"[4]

---

〔1〕（明）胡汝砺纂修、（明）管律重修、陈明猷校勘：《嘉靖宁夏新志》卷一，第 37 页，宁夏人民出版社，1982 年。

〔2〕《明会典》卷一二六《镇戍一·将领上·宁夏》。

〔3〕（明）胡汝砺纂修、（明）管律重修、陈明猷校勘：《嘉靖宁夏新志》卷一，第 36 页，宁夏人民出版社，1982 年。

〔4〕《明会典》卷一二六《镇戍一·将领上·宁夏》。

3. 监军系统

明代的边镇设有监军系统，包括镇守内臣和巡按御史，为朝廷之耳目。

（1）镇守内臣

明代镇守内臣的设置始自永乐时期，《明会典》中记载："其镇守内臣，自永乐初出镇辽东、开原及山西等处。自后各边依次添设。自镇守之下，又有分守、守备、监枪诸内臣。"[1] 宁夏镇守内臣设置于永乐初年，驻镇城，原名"镇守宁夏内关关防"，天顺间，太监王清奏改"镇守宁夏太监关防"[2]。朱棣派遣镇守内官的目的，明人在宁夏镇城太监宅题名碑中作了解释："故我朝列圣，相承留意于此。自设立武卫之后，次第添置。抚之以台臣，驭之以将领，佐之以裨监，赞之以督理。尤虑安攘之术未尽，首命中臣寅同镇守，盖欲参知戎务，心腹朝廷，防闲内外之深意也。"[3] 重修公署碑又说："是故我太祖高皇帝注意边服，既简勋贤之臣以总戎务，而又分封亲藩监之，盖欲以同姓而制异姓。我太祖皇帝虑亲藩弊于尾大，始解兵柄。更出中禁近侍之臣，托以腹心之寄，镇守其地，盖又欲以异性而制同姓，其为计也益远益密，善美尽矣。"[4]

"托以腹心之寄"、"防闲于内外"、"以异姓而制同姓"，这是朱棣派遣镇守内臣的主要目的。然而，永乐时，与朱棣同姓的塞王已被削夺了权力，镇守内臣实际上"防闲"的是总兵官。镇守内臣的职责，反应在他们的任命敕书中，与总兵官大体相同。天顺间，太监王清镇守宁夏时任命敕书中规定："皇帝敕谕：御马监太监王清，今特命尔与总兵官都督同知张泰镇守宁夏地方，修理边墙城池，操练军马。遇有贼寇，相机战守。凡事须与总兵、巡抚等官共同计议停当而行，不许偏私执拗己见，有误事机。尔为朝廷内臣，受兹委托，尤宜奉公守法，表率将士。早夜用心，修饬军政，稗士卒和辑，军威振举，居民安妥，外夷畏服，边境无虞，庶副委任。不许纵容下人科扰克害，及役占军士，有妨操守。如违，罪有所归，尔其勉之，慎之。故敕。"[5]

宦官为皇帝内臣，被皇帝引为心腹，极受重视与信任。从永乐年间各镇始设镇守太监，至宣德十年（1435 年），各种名目的太监几遍边镇。"十年，始置镇守、监枪宦官，宣大各二员，雁门关一员，驻太原，各路仍置分守、守备，几遍边境"[6]，其地位也越来越突出，至成化、弘治年间，已位列总兵之前，明人陆容称："景泰间，各边镇守巡抚官会本奏事，及兵部覆奏，皆以总兵官为首，今皆首内臣。"[7] 这表明内臣至少已在名义上成为边镇军事指挥首脑。此种情况之下，各镇的最高军事指挥官总兵的权力已下降，往往受内臣掣肘，不能统一指挥调动军队。镇守官的重叠设置，造成军事指挥权不能统一，最高统帅总兵与内臣之间常常彼此相轧，"互生嫌隙，不相和协"[8]，指挥上政出多头，事权不一，有功则争相邀取，遇事则相互推避，将士无从遵守，难以行事，大大降低了军队战斗力。明朝派遣宦官监军，在"托以腹心之寄"的同时，也成了其军事积弱的原因之一，"而西北沿边凡有兵马处，皆添设监、分守、守备内臣，此边方之极弊也。"[9]

镇守内臣自设立之初，便遭到了舆论的诟病。"先是，议者屡以官多民扰为害。以其为权贵府藏

〔1〕《明会典》卷一二六《镇戍一·将领上》

〔2〕（明）胡汝砺纂修、（明）管律重修、陈明猷校勘：《嘉靖宁夏新志》卷一，第 32 页，宁夏人民出版社，1982 年。

〔3〕（明）胡汝砺纂修、（明）管律重修、陈明猷校勘：《嘉靖宁夏新志》卷一，第 41 页，宁夏人民出版社，1982 年。

〔4〕（明）胡汝砺纂修、（明）管律重修、陈明猷校勘：《嘉靖宁夏新志》卷一，第 41 页，宁夏人民出版社，1982 年。

〔5〕（明）胡汝砺纂修、（明）管律重修、陈明猷校勘：《嘉靖宁夏新志》卷一，第 32 页，宁夏人民出版社，1982 年。

〔6〕《殊域周知录》卷一七《鞑靼》。

〔7〕（明）陆容：《菽园杂记》卷五，第 58 页，中华书局，1985 年。

〔8〕《弇山堂别集》卷九二。

〔9〕《明武宗实录》卷一，弘治十八年五月乙酉朔。

也，遂不见从"。嘉靖皇帝即位后，陆续裁革诸镇内臣，"至今上，不因人言，乃出独断裁之"[1]。嘉靖十八年（1539年），宁夏镇裁革镇守内臣。明末，随着宦官势力的膨胀，朝廷又恢复了各边的镇守太监。

（2）巡按御史

巡按御史又名巡方御史，也称按臣，是明代的监察官员，代天子巡狩，为天子耳目之寄。巡按御史在边镇主要有两项职责：

其一，同内地各省的御史一样，审理狱案，察劾官员。边镇上的官员，如有违法犯罪，监察御史便亲行查堪，阅实上报。宣德元年（1426年），"监察御史石璞等劾奏：宁夏参将保定伯梁铭挟诈营私，放守边军士还乡买卖及出境捕野马，又屡遣掾史敛士卒金帛入己，而城池不修，斥候不谨，请下法司，明正其罪。"[2] 弘治十七年（1505年），"巡按陕西监察御史金洪阅实延绥、宁夏二镇边备，因劾奏巡抚都御史陈寿、刘宪、总兵官张安、吴江、都指挥郑胤以下一百三十七人废弛不职之罪。"[3]

其二，边防失事，查堪守御官员的功罪。"至于失事之后，查勘功罪，必行巡按"[4]，即遇有边防失事时巡按要勘验地方守御官员的功罪。正德二年（1507年），"虏入花马池也，杀伤甚多，下巡按御史邢缵查勘，因劾奏都指挥佥事张恺等懈于设备，指挥使任玺等缓于截杀，兵备副使高崇熙失于戒谕，知州洪恩等又不能保聚人畜，俱当逮治，并劾署都督佥事曹雄、镇守太监刘云、巡抚都御史杨一清不能无罪。诏：逮恺等问，宥雄而夺其俸三月，云、一清以迁官去任，已之。"[5]

除此之外，巡按御史亦可上书言事，为边防出谋划策。正统三年（1438），监察御史章聪向英宗上书言边防六事，悉被英宗采纳。[6] 边镇募兵时巡按也要参与，弘治十四年（1489年）"兵部覆奏请行巡按都御史于庆阳、延安二府并绥德、延安、榆林、宁夏中卫等地方召募壮勇，宁夏、榆林各三千名"[7]。

4. 文职官员系统

明代边镇的文官系统包括总督、巡抚和兵备。巡抚和兵备是一镇的内部官员，各镇皆设；总督凌驾于数镇之上，"镇、巡以下悉听节制"[8]，为其所节制之边镇的文、武官之首，而其本身又是文职官员，因此列入文官序列。

（1）总督

明代的总督，起先只在工程、钱谷等事项中设置，目的是为了集中有效地解决国家的漕运、河道和钱粮、盐政，后来才总督军务，为文帅第一重任。[9] 为了有效抵御蒙古，明朝在北边设置了三个总督，分别是蓟辽保定总督、宣大山西总督和陕西三边总督。

宁夏镇归陕西三边总督节制。关于陕西三边总督的设置过程，王世贞在《弇山堂别集》中记载："高皇帝初，中山武宁王王达等下陕西，遂悉平甘肃、宁夏诸镇，秦、庆、肃三公镇之，而侯伯都督耿秉文等理兵政，间命宋、颖诸国公一按阅操练而已。永乐始命宁阳侯陈懋、西宁侯宋晟镇宁夏，宁远侯

〔1〕（明）胡汝砺纂修、（明）管律重修、陈明猷校勘：《嘉靖宁夏新志》卷一，第32页，宁夏人民出版社，1982年。

〔2〕《明宣宗实录》卷一九，宣德元年七月癸巳。

〔3〕《明孝宗实录》卷二一九，弘治十七年十二月癸未。

〔4〕《明经世文编》卷三八四吴时来《目击时艰乞破格责实效以安边御虏保大业疏》。

〔5〕《明武宗实录》卷二二，正德二年闰正月。

〔6〕《明英宗实录》卷三九，正统三年二月己卯。

〔7〕《明孝宗实录》卷一三六，弘治十一年四月丙戌。

〔8〕《明会典》卷二〇九《都察院·督抚建置》。

〔9〕《万历野获编》卷二二《督抚·总督军务》。

何福等镇甘肃，而文臣不过分理文移治粮饷而已。正统初，西虏弗靖，始命兵部尚书王骥提督诸军，据总兵官任礼、蒋贵上，讨平之，而陕西令右都御史王文、陈镒分岁镇守，然实未尝合三镇而归一总督也。成化初，满四据石城叛，诏左副都御史项忠总全陕三边兵讨之，已诏右都御史王越、右副都御史马文升总兵如之。然有事而置，事已则革，不为恒也。弘治十年，始起王越以太子太保、左都御史总制，御火筛，十一年平，十五年秦纮以户部尚书起寄如越，自是定矣。嘉靖十九年避制字，改总督"〔1〕

起初，陕西三边总督驻节韦州，事毕即撤。弘治十五年（1502 年），户部尚书秦纮总制三边，开府于固原州城（今宁夏固原县城）。此后，除少数年份外，三边总制一直开府，成为常设机构，固原也因而称镇，"孝庙以来，虏占据河套，添设总督大臣，驻扎固原，联络三镇官兵，增兵置将，固原遂称巨镇"〔2〕。自此，除了延绥、宁夏、甘肃三镇外，陕西三边总督又节制有固原镇。万历年间，明廷析出固原镇防区的西部，增建临洮镇，也归陕西三边总督节制。

总督的设置是为了协调各方，统一指挥。明代的边镇存在着两个问题：一，一镇之内，有总兵，有巡抚，有镇守内臣，事权不一，令出多头；二，各镇之间，划地而守，自成体系，一旦有警，相互推诿，互不策应。正如明人王鏊所说："在边将之任，内臣则有太监，武臣则有总兵，文臣则有都御史。都御史欲调兵，总兵不可而止者，有矣；总兵欲出兵，太监不可而止者，有矣；大同有急，欲调宣府之兵而不能，延绥有急，欲调大同之兵而不可。权分于将多，威夺于位埒，欲望成功，难矣！故廷议之际，佥以立总制为急。"〔3〕 为了解决上述问题，明廷便设置了总督，因此总督的权力非常大。以陕西三边总督而言，"四镇兵马钱粮一应军务，从宜处置，镇巡以下悉听节制，军前不用命者，都指挥以下听以军法从事。"〔4〕 其职权包括了兵马、粮草，军事上的决策、执行、监督、用人乃至司法等各方面。

先是，陕西三边总督驻扎固原城，有警则出。嘉靖十八年（1539 年），多了一项任务，"于五六月间，亲临花马池，调集延、宁奇游等兵，赴平虏城等处并力防御，其陕西巡抚亦于五六月间往固原调度兵食，候探无大势虏情，及秋尽冬初边腹收成俱毕，方准照常居中调度，巡抚官仍还本镇。"〔5〕 此所谓"秋防"，是陕西三边总督的一项重要职责。

（2）巡抚

明代巡抚的设置，起自洪武后期。"巡抚之名，起自懿文太子巡抚陕西。永乐十九年，遣尚书蹇义等二十六人巡行天下，安抚军民。以后不拘尚书、侍郎、都御史、少卿官，事毕复命，即或停遣。"〔6〕 明廷最初设置巡抚的目的主要是分巡天下，安抚军民，属于临时派遣。宣德后，逐渐由临时派遣改为专设，职权范围也逐步稳定。《明通鉴》中记载："初，巡抚之设，本无定员，有事则命之。宣德中，以关中、江南等处地大而要，命官更代，巡抚不复罢去。正统之末，南方盗起，北寇犯边，于是内省偏隅编置巡抚。"〔7〕《菽园杂记》中亦记载："巡抚官永乐间已有之，然仅设于要处耳。洪熙、宣德初年，添设渐多……以今计之，亦太盛矣。苏松等处，凤阳等处，宣府等处，顺天等府，保定等府，延绥等处，甘肃等处，河南、山东、山西、辽东、大同、宁夏、陕西、湖广、江西、两广、云南、四川、

---

〔1〕《弇山堂别集》卷六四。

〔2〕（明）张瀚：《议裁续添兵将以节边馆疏》，《明经世文编》卷三〇〇。

〔3〕（明）王鏊：《上边议八事》，《明经世文编》卷一二〇。

〔4〕《明会典》卷二〇九《都察院·督抚建置》。

〔5〕《明会典》卷二〇九《都察院·督抚建置》。

〔6〕《明史》卷七三《职官二·都察院附总督巡抚》。

〔7〕《明通鉴》卷二六。

贵州、福建，凡二十人。"〔1〕这时的巡抚，由于有些仍是以尚书、侍郎、寺卿等职出抚，而其职责，又具有监察地方官员的性质，很容易与都察院派出的巡按御史发生矛盾，影响巡抚行驶职权。故景泰年间，明廷规定，所有巡抚均兼都御史衔，以便行事。〔2〕景泰三年（1452 年），耿九畴以刑部右侍郎出巡陕西，"四年，布政使许资言：'侍郎出镇，与巡按御史不相统，事多拘滞，请改受宪职便'。乃转右副都御史。大臣镇守巡抚皆授都御史，自九畴始。"〔3〕于是，巡抚由临时派遣过渡为专设，且带了宪衔，成了地方上的封疆大吏。

与内地巡抚不同，明代边镇巡抚皆加赞理军务衔，"今天下称赞理军务者，惟巡抚一官，俱在边方，盖以挂印总兵，既称总镇，故稍逊其称以亚之。……洪熙元年，以武弁不娴文墨，选方面、部属等官，在各总兵处总理文墨，商榷机密，仅参赞军务，其事寄非抚臣比。此外又有参谋军务、协赞军务之名，若洪熙间命山东左参政沈固往大同总兵郑亨处书办，则又出参谋、协赞之外，此后不再见。"〔4〕宁夏巡抚称"巡抚宁夏地方赞理军务"，一员，驻宁夏镇城，其设置时间和过程前文已论述。

宁夏巡抚的职责，根据皇帝给他们的任命敕书，有以下几项：一，训练军马，整饬边务，抚恤军士，防御"虏寇"。二，务令衣甲齐备，器械锐利；城堡墩台，修治坚完；屯田粮草，督理完足。三，禁约管军头目，不许贪图财物，科克下人，及役占军余，私营家产。违者，轻则量情发落，重则奏闻区处。四，凡一应边务事情，军民词讼，及利有当兴、弊有当革者，从宜处置。五，严明赏罚，振举兵威。遇有警急，须与各官同心协力，相机行事。六，该与镇守、总兵等官会同者，须从长计议而行。副、参、守备等官，悉听节制。〔5〕概而言之，宁夏镇的军饷、马匹、器甲、城池修缮等后勤方面的事都归巡抚，同时巡抚还负责禁约管军头目，具有参奏权和便宜处置权。巡抚与总兵之间是一种相辅相成、相互制约的关系，但巡抚的地位要高于总兵，这从他们的任命敕书中就能反映出来。总兵的敕书中说："凡军中一应事务，悉与镇守、巡抚等官计议而行。不许偏私执拗，乖方误事。"〔6〕而巡抚的敕书则说："该与镇守、总兵等官会同者，须从长计议而行。"〔7〕两相比较，孰高孰低，一目了然。

（3）兵备

督抚之外，明代的边镇还设有兵备道，以提刑按察使司的副史、佥事等监司官，或布政司参议等官整饬兵备，因其管辖范围称为道，故称兵备道。又因其职责在于"整饬兵务"，也称"兵备"。《明史·职官志》云："兵道之设，仿自洪熙，以武臣疏于文墨，遣参政沈固、刘绍等往各总兵处整理文书，商榷机密，未尝身领军务也"〔8〕。《明会典》中记载道："其按察司官整饬兵备者或副使，或佥事，或以他官兼副使、佥事，沿海者称海防道，兼分巡者称分巡道，兼管粮者称兵粮道。"〔9〕

宁夏镇设有兵备二员。据《明会典》记载："宁夏管粮道一员，驻扎镇城，管理粮储，带管本镇东路宁夏后卫等一十二城堡及小盐池盐法，兼理屯田。兵粮道行太仆寺卿兼佥事一员，不妨原务，兼理花马池后卫、灵州、兴武营、韦州一卫三所，东、中二路城堡、仓场、驿递、兵政、粮储、屯田、

〔1〕（明）陆容：《菽园杂记》卷九，第 107 页，中华书局，1985 年。

〔2〕《明史》卷七三《职官二·都察院附总督巡抚》。

〔3〕《明通鉴》卷二〇。

〔4〕《万历野获编》卷二二。

〔5〕（明）胡汝砺纂修、（明）管律重修、陈明猷校勘：《嘉靖宁夏新志》卷一，第 34 页，宁夏人民出版社，1982 年。

〔6〕（明）胡汝砺纂修、（明）管律重修、陈明猷校勘：《嘉靖宁夏新志》卷一，第 33 页，宁夏人民出版社，1982 年。

〔7〕（明）胡汝砺纂修、（明）管律重修、陈明猷校勘：《嘉靖宁夏新志》卷一，第 34 页，宁夏人民出版社，1982 年。

〔8〕《明史》卷七五《职官四·各道》。

〔9〕《明会典》卷一二八《镇戍三·督抚兵备》。

水利、盐法、并经理清水营互市"[1]。

综上所述，宁夏镇的驻防官实际上以总兵官、内臣、巡抚和总督等构成，庆王只在明初宁夏的边防建设中起到过一定的作用，之后便成了坐食爵禄的寄生虫。嘉靖十八年（1539 年）裁撤内臣之后，巡抚和总兵官成为宁夏镇的重要官员，以其为首，构成了一套文、武皆备的职官系统。在这套系统内，各官职权虽有交叉重叠之处，但总体而言各有侧重、各负其责，有比较明确的分工。而陕西三边总督又坐镇固原，居中调度，使延、宁、固、甘四镇连为一气。其体制不可谓不完备。"各边文武将吏，各有职掌，如总督、巡抚，只是督率调度，若临战阵，定用武官，自总兵以下，有副总兵，有参将、游击、守备，各分信地。"[2]

但是，在封建专制主义高度发展的明王朝，武臣是皇帝最不放心的，生怕某一天"黄袍加身"的历史会重演。边镇屯有重兵，更是防范之重中之重。所以明王朝在九边的防务体制中奉行了一套分权制衡、以文制武的思想，在这套思想的指导下，武臣的权力被瓜分，"大抵统军不专一人，练军不专一人，行军不专一人"[3]。以文制武，虽然解决了武臣拥兵自重的问题，却产生了新的弊端，"以将用兵，而以文臣招练；以将临阵，而以文官指发；以武略备边，而日增文官于幕；以边任经一抚，而日问战于朝，此极弊也"[4]。文臣往往缺乏应有的军事专业知识和实战经验，纸上谈兵者多，卓有成效者少。以文统武成为明军战斗力削弱的重要原因。嘉靖年间，内阁首辅徐阶对明世宗的一番话，很能反映出当时边事的败坏，以及败坏背后的根源："今各镇将官职务动有掣肘，如把总等官，兵部题奉钦依许各将自行推用，而今则仍听于巡抚兵备，既已择将，凡选练便宜付之，而今则以书生之谈，画成圈套，强之必行。兵马策应，急如星火，而开支钱粮不时，常至饥饿，且总兵于地方为行事之官，而府州县官至与抗礼。参游为领敕之官，而巡抚至加鞭笞，其他跪拜称呼咸卑屈太甚，今之将材诚莫逃于圣鉴，无多出类，然使不大辱挫，以作其气，当不至萎缩若此，尚可责以用力也。夫人心公则万殊，自文武不肯协力之私意一生，渐至于总督巡抚兵备，亦内相矛盾，边事如此，何能整理？"[5]

成化后，河套蒙古兴起，宁夏边事吃紧，明廷采取种种措施严加防备，但总是收效甚微，更不用说从根本上消除边患。究其原因，与它所奉行的这套思想不无关系。

（三）宁夏镇的驻守军

作为明代西北边境上的一个巨镇，宁夏镇驻守着大量的军兵。

1. 驻守军的数额

关于明代宁夏镇驻军的数额，《明会典·镇戍三·各镇分例二》中记载道："兵马。原额马步官军七万一千六百九十三员名，见额二万七千九百三十四员名"。

这里须弄明白一个问题，即《明会典》中所谓"原额"指的是什么时候的数额。对此，前辈学者吴晗、梁方仲、王毓铨诸先生认为是永乐或弘治朝的数据[6]。梁淼泰先生则提出了新的观点，认为"万历《明会典》的原额军数，与《春明梦余录》所记隆庆间辽东、宣府、大同、延绥、宁夏五镇军

---

〔1〕《明会典》卷一二八《镇戍三·督抚兵备》。
〔2〕《明神宗实录》卷二二五，万历十八年七月乙丑。
〔3〕（明）郑晓：《今言》卷一，第28页，中华书局，1984年。
〔4〕《明史》卷二五〇《孙承宗传》。
〔5〕《明世宗实录》卷五五〇，嘉靖四十四年九月乙酉。
〔6〕吴晗先生在《读史札记·明代的军兵》中认为是"永乐以后"的数字；梁方仲先生在《中国历代户口、田地、田赋统计》乙表57《明代各镇军马额数》中注明是"永乐年间原文"；王毓铨先生在《明代的军屯》中则提出不如看作"弘治原额较妥"。

数相同，此应是隆庆间'覆定经制'所定之额，并非永乐或弘治朝之额。"[1] 于默颖博士通过与《九边图说》、《万历会计录》、《春明梦余录》的比较及考证，认为《明会典》等三书（包括《九边图说》、《万历会计录》和《春明梦余录》）原额并非隆庆间定额，更倾向于是明初原额。[2]

各家说法的分歧集中于两点，即《明会典》的"原额"指的是明初原额还是隆庆间定额。为了弄清这个问题，先来看一则史料。万历十八年（1590 年），陕西督抚梅友松等人向皇帝上了一道奏疏，内中写道："节奉明旨，各镇简阅兵马。宁夏一镇，以隆庆五年计，彼时本镇额军二万七千七百二十八名，今止二万一千六百六十九名；马骡一万四千八百八匹，今止八千八百七十一匹。"[3] 梅友松等人的奏疏中隆庆五年（1571 年）宁夏镇的军数为 27728 名。从文意可知，这只是宁夏镇的"军"数，不包含宁夏镇的"官"数，所以单位用了"名"而非"员名"。用这个数字与《明会典》中 71693 员名的"原额"相比较，后者是前者的两倍还多，隆庆间宁夏镇的"官"数远远达不到这个数目。所以，《明会典》中的"原额"应是明初的数据。

再来讨论《明会典》中的"见额"。《明会典》中记载宁夏镇军数的"见额"为 27934 员名，与万历初年编定的《万历会计录》中的现额数相同。《万历会计录》是万历九年由户部尚书张学颜主持修纂的，而《明会典》的最终修订时间在万历中期，则《明会典》的数据极有可能来源于《万历会计录》。因此，《明会典》中记载宁夏镇 27934 员名的"见额"，应当是万历初年的数据。

嘉靖十年（1530 年），潘潢在其《查核边镇主兵钱粮实数疏》中统计说："宁夏主兵钱粮。查得先于嘉靖十年，该巡抚宁夏都御史翟鹏，奏开本镇官吏、旗军、出哨、夜不收、守墩备御官军，通共四万一千六百一十四员名。"[4] 可见，此时（不妨看作嘉靖前期）宁夏镇的备御官军为 41614 员名。

嘉靖二十年（1541 年），《皇明九边考》书成。据该书记载，宁夏镇"本镇三路各城营堡，原额马步守城及冬操夏种舍余土兵并备御官军，共七万二百六十三员名，实在马步守城及冬操夏种舍余土兵并备御官军三万五千一百四十四员名。"[5] 70263 员名的原额官军，与《明会典》所记"原额"相仿，应是明初的数据；35144 员名的"实在"之数，则是嘉靖二十年（1541）或稍早于该年（不妨看作嘉靖中期）宁夏镇的官军之数。

隆庆初年，朝廷指示吏部品评天下州县，兵部品定所属军镇，各镇军门镇抚将所管地方开具冲缓，画图贴说，上报兵部。兵部尚书霍冀委职方郎中孙应元据此材料，并"稽之往碟，参诸堂稿"，整理编定，于隆庆三年（1569 年）辑录成了《九边图说》。该书中记载，宁夏镇"原额马步官军七万一千六百九十三员名，除节年逃故外，实在官军三万七千八百三十七员名"[6]。其"原额"与《明会典》所记"原额"相同，自然是明初的数据；37837 员名的实在官军，则是隆庆初年宁夏镇的数据。

万历二十三年（1595 年），巡抚宁夏周光镐向朝廷上书："兵部覆议清兵额一款，原（校勘记中写道：广本、抱本作宁，是也）镇原额官军七万一千六百有奇，今刘、哱变后，仅存三万一千五百零员名。"[7] 此"原额"与《明会典》所记"原额"基本相同，当是明初的数额。"刘、哱变"，指的是万历二十年（1592 年）宁夏镇副总兵哱拜和军锋刘东旸组织的叛变。那么，到了万历中期刘、哱变后宁夏镇的官军为 31500 员名多一点。

〔1〕　梁淼泰：《明代"九边"的军数》，《中国史研究》1997 年第 1 期。
〔2〕　于默颖：《明蒙关系研究——以明蒙双边政策及明朝对蒙古的防御为中心》，第 152 页，内蒙古大学博士学位论文 2004 年。
〔3〕　《明神宗实录》卷二二九，万历十八年十一月甲辰。
〔4〕　潘潢：《查核边镇主兵钱粮实数疏》，《明经世文编》卷一九九。
〔5〕　《皇明九边考》卷八《宁夏镇·军马考》。
〔6〕　《九边图说》之《宁夏镇图说》。
〔7〕　《明神宗实录》卷二八四，万历二十四年四月丁未。

由以上分析,可得出如下结论:宁夏镇的驻守官军数额,在明初为71693员名,嘉靖前期为41614员名,嘉靖中期为35144员名,隆庆初年为37837员名,万历初年为27934员名,到了万历中期稍有增加,为31500员名多一点,其增加的原因大概与镇压刘、哱叛变有关。

但是这个数额不能反映真实情况,这是在册之兵。在册之兵与实有之数有很大的悬殊。万历十八年(1590年),经略陕西四镇及山西、宣、大边务的尚书郑雒题称:"西镇(宁夏镇)积弱,原设兵马三万七千有奇,今堪战止六千。乞咨督抚责成兵备将领挑选精壮户丁更补及另招土著,先足一万之数以济急用。"[1] 前文已介绍,万历十八年(1590年)十一月甲辰,梅友松等人刚刚上书朝廷称宁夏镇现有额军21669名,不过一月,郑雒便称"今堪战止六千",实有堪战之兵不及上报的三分之一。

出现这种情况,除了地方官员在造册时弄虚作假,使得上报数据有籍无名、有名无实之外,与各级官员对军兵的占役也有很大关系,正如明人赵世卿所说:"一营之中,自将领以至中军、千把总各占役不等,下及书记队长皆占火军数人,士马逃亡,那移时日,止报一二以塞虚文,甚有无人而冒粮寄名而存籍者。"[2]

2. 驻守军的建制

明初,定卫所兵制,"天下既定,度要害地,系一郡者设所,连郡者设卫。大率五千六百人为卫,千一百二十人为千户所,百十有二人为百户所。所设总旗二,小旗十,大小联比成军。"[3] 同全国其他地方的军队一样,宁夏的驻军也按此制编入卫所,由小旗、总旗、百户、千户及卫指挥使统帅。遇有战事,朝廷委将统兵;事平,将归朝,兵归卫所。"征伐则命将充总兵官,调卫所军领之;既旋则上所佩印,官军各回卫所。"[4] 此为卫所兵制。但是宁夏地处边疆,烽警不时,临时性的调兵遣将难以达到安邦靖边的作用。于是在永乐初年设置了镇守总兵官,并逐渐使其固定,变成常规制度,其后又增加了副总兵、参将、游击将军等镇守武官,镇戍制形成,并逐渐占据了主导地位。据肖立军考证,明代北边等地"在明代中后期,镇戍制成为居主导地位的兵制"[5]。

在镇戍制之下,宁夏镇驻军的建制以营兵制为核心。所谓营兵制,即在镇内选取卫所兵士组成正兵营、奇兵营、援兵营和游兵营,分别由总、副、参、游等将官统领,"总兵官总镇军为正兵,副总兵分领三千为奇兵,游击分领三千往来防御为游兵,参将分守各路东西策应为援兵。"[6] 一般而言,一营大约三千人,而在事实上往往不足额。例如,嘉靖时期,曾铣"访得陕西各镇人马,军多老幼不堪,且各营俱不满三千之数,或八九百一营者有之,或一千五六百一营者有之。"[7] 各营的任务与其统领将官的职责相一致。如总兵官总镇一方,负责全镇的防务,镇内不管何地有警,都要亲临前线指挥作战,正兵也要随主将一同前往,冲锋陷阵,抗御来犯之敌;奇兵的主要任务是遇警驰援,随赴所调策应杀贼;援兵的主要任务是在参将的统领下"分屯要害,防守地方"[8],并在分守本路的同时"东西策应"[9];游兵的任务是在游击将军的带领下有警应援本镇和邻镇,所谓"居中乘便四面驰击也"[10]。

〔1〕《明神宗实录》卷二二九,万历十八年十一月己未。

〔2〕(明)赵世卿:《覆兵科申伤边防事宜疏》,《明经世文编》卷四一一。

〔3〕《明史》卷九〇《兵二·卫所》。

〔4〕《明史》卷八九《兵一》。

〔5〕肖立军:《明代边兵与外卫兵制初探》,《天津师大学报》1998年第2期。

〔6〕《明史》卷九一《兵三·边防》。

〔7〕(明)曾铣:《总题该官条议疏》,《明经世文编》卷二三八。

〔8〕(明)翁万达:《军务疏》,《明经世文编》卷二二三。

〔9〕《明史》卷九一《兵志三·边防》。

〔10〕(明)许论:《九边图论·蓟州论》,《明经世文编》卷二三九。

除了各自所侧重的任务之外，营兵还有共同的职责：一，戍守本镇。这是营兵的主要职责。在遇有蒙古争夺或重大战事，正、奇、游、援各营兵马要相互配合，联合作战，以防卫本镇。二，遇警应援。这一任务虽然主要由游兵担负，但正、奇、援兵也不同程度地负有此项职责，其中奇兵是仅次于游兵的机动策应救援部队，所谓"奇游兵马专为应援而设"[1]。嘉靖时规定了各边奇、游兵马应援的制度："诏分各边兵应援信地，以山西老营堡游兵援偏头及宣、大；辽东游兵、真保定选余汉达官军，延绥旧游兵二枝，固原游兵二枝，河间汉达官军一枝援蓟州；延绥奇兵一枝、宁夏奇兵一枝援宣、大；遇有缓急，蓟州、宣大各东西相救，不得推诿。"[2]　三，防秋摆边。从嘉靖中期开始，每年秋天各营兵马都要赴边，按墩堡、边墙各分一段防守，秋尽还镇。总之，正、奇、游、援各营兵马既要划地而守，各司其责，又要彼此策应，协同作战。

营制出现后，卫所军中的精锐都编在了营中。但卫所依然存在，称为"老家军"，其任务与过去有所不同，主要是组织屯田，训练部队，并为营军补充兵源，"关营之军有缺，先当于卫所捉捕"[3]，而原有的征戍战斗任务则转由营军来负担。

在营兵制之下，还有一类军兵需要介绍，即标兵。标兵形成于嘉靖中后期，包括总督、巡抚直接统领的军兵和总兵官的正兵，为主帅亲统之兵，是明中后期镇戍军队中的精锐和主力。据肖立军考证，宁夏镇巡抚的标兵设于隆庆三年（1569 年），总兵官的标兵设于万历十五年（1587 年）以前，陕西三边总督的标兵则设于嘉靖二十五年（1546 年）。[4]　标兵主要来源于营兵和招募，即选取营兵的精锐或招募敢勇直隶于总督、巡抚和总兵，其职责有四：一，护卫主帅；二，伺机杀敌；三，表率诸军；四，弹压属下。设立标兵的初衷是要集中优势兵力，以更好地抵御蒙古。而实际上却使九边的兵力更为分散，实际战斗能力更加减弱："又一镇之中，总督标下一枝若干名，总兵、副总兵、参、游各分一枝若干名，又巡抚、兵备各分一枝若干名……且各官既各分兵，而该镇之兵，其强壮者必先尽总督，次巡抚，次兵备，次参游，是督抚哨下兵必精壮者，不过拥以自守，而参游冲锋杀贼之兵，又皆三选之余，斯非以我下骑当敌上骑乎。"[5]

营兵、标兵之外，宁夏镇的驻军中还有守城兵、瞭侦兵和特种兵。守城兵是指驻防各城堡的兵士，由守备、操守和守堡把总等统领；瞭侦兵是指负责守墩哨探的兵士，包括墩军和夜不收（侦察兵）；特种兵则包括通事和家丁。

3. 驻守军的来源

前文已介绍，明代宁夏镇以营兵制为其重要兵制。营兵的来源，主要有两类：一，卫所世军；二，募兵。明前期营兵俱来自卫所精锐，中后期随着世军的逃亡和卫所军制的破坏，募兵填充了进来，并逐渐占据主导位置。

明初卫所世军的来源，据《明史》记载，大概有四类："其取兵有从征，有归附，有谪发。从征者诸将所部兵，既定其地，因以留戍。归附则胜国及僭伪诸降卒。谪发以罪迁隶为兵者。其军皆世袭。"[6]

"从征"和"归附"两类军士是明朝建国前后的旧军。"谪发"则是以罪人充军。除以上三类外，

〔1〕《明武宗实录》卷一〇〇，正德八年五月辛巳。
〔2〕《明世宗实录》卷三六七，嘉靖二十九年十一月戊申。
〔3〕（明）杨博：《奉旨会议勾补军丁责成抚臣管理疏》，《明经世文编》卷二七六。
〔4〕肖立军：《明代的标兵》，《军事历史研究》1994 年第 2 期。
〔5〕（明）吴时来：《目击时艰乞破常格责实效以安边御房保大业疏》，《明经世文编》卷三八四。
〔6〕《明史》卷九〇《兵二·卫所》。

第四类是垛集军，是卫所军的最大来源。"明初垛集令行，民出一丁为军，卫所无缺伍，且有羡丁……成祖即位，遣给事等官分阅天下军，重定垛集军更代法。初，三丁已上，垛正军一，别有贴户，正军死，贴户丁补。至是，令正军、贴户更代，贴户单丁者免，当军家罹其一丁徭。"[1]

平民一旦被签发充军，便世代都入军籍，不得变易。但是，明代的卫所军制甫一建立便遇到了一个问题——军士逃亡。据《明史》记载，明朝建国才三年，洪武三年（1370 年），逃亡军士已多达47900 多[2]。至正统三年（1438 年），逃军之数已增长到了 120 多万，占全国军伍总数的二分之一弱[3]。

为了遏制军士的逃亡和补充兵员，明廷厉行清勾之法。所谓清勾，即指清军和勾军。卫所缺军，勾补正身或余丁补伍，名为勾军；朝廷派遣给事中、御史分行按册清理军伍，名为清军。清勾是卫所制下补充兵员的主要方式。然而，清勾之法"名目琐细，簿籍繁多，更易为奸。终明之世，颇为民患，而军卫亦日益耗"[4]，积弊多而实效少。吴晗先生引明人王道之论，认为清军之弊有三：

王道论清军之弊有三，第一是清勾不明；第二是解补太拘；第三是军民并役。他说："清勾之始，执事不得其人，上官不屑而委之有司，有司不屑而付之胥吏，贿赂公行，奸弊百出。正军以富而幸免，贫民无罪而干连，有一军缺而致数人之命，一户绝而荡数家之产者矣，此清勾不明之弊一也。国初之制，垛集者不无远近之异，谪戍者多罹边卫之科，承平日久，四海一家，或因迁发，填实空旷，或因商宦，流域他方，占籍既九，桑梓是怀。今也勾考一明，必欲还之原伍，远或万里，近亦数千，身膺桎梏，心恋庭闱，长号即路，永诀终天，人非木石，谁能堪此，此解补太拘之弊二也。迩年以来，地方多事，民间赋役，十倍曩时，鬻卖至于妻子，算计尽乎鸡豚，苦不聊生，日甚一日，而又忽加之以军伍之役，重之以馈送之繁，行赍居送，无地方可以息肩，死别生离，何时为之聚首？民差军需，交发互至，财殚力竭，非死即亡，此军民并役之弊三也。"[5]

卫所的军士在逃亡，清勾又不能有效地填补空缺，为了缓和军事危机，明廷被迫对军事体制进行改革，以募兵的形式来充实军队。

明代的募兵始于宣德中期。"宣德九年十月，榜谕边境，有愿奋勇效力剿贼立功者，许赴官自陈。按曰：有明一代，召募之令始此。"[6] 正统二年（1437 年），陕西地区已开始募兵，"始募所在军余、民壮愿自效者，陕西得四千二百人。人给布二匹，月粮四斗"[7]。此后，由于瓦剌也先的强盛及河套蒙古的兴起，明廷更加大了在西北各边的召募数量。成化间，毛里孩、亦思马因、小王子等部数为边患。时"陕西、辽东、大同边城官舍军民之家，或十数丁或五七丁，平居学习武技，以射猎为生"。宪宗初即位，即接纳建议，"遣官于此三边，量加招募，给与盔甲弓箭等器，复其徭役，律供给之。秋冬操练备边，春夏放归生理。遇有功次，优加升赏"[8]。弘治十一年（1498 年），宁夏、榆林募军各3000 名，"给之甲马器杖，有愿充正军者，编入卫所，役之终身"[9]。十四年（1499 年），大理寺丞刘

〔1〕《明史》卷九二《兵四·清理军伍》。
〔2〕《明史》卷九二《兵四·清理军伍》。
〔3〕于默颖：《明蒙关系研究——以明蒙双边政策及明朝对蒙古的防御为中心》，第155页，内蒙古大学博士学位论文，2004年。
〔4〕《明史》卷一三八《唐铎传》。
〔5〕吴晗：《明代的军兵》，《吴晗史学论著选集》（第二卷），人民出版社，1986年。
〔6〕《续文献通考》卷一二二《兵考·兵二》。
〔7〕《明史》卷九一《兵三·民壮土兵乡兵》。
〔8〕《明宪宗实录》卷五，天顺八年五月。
〔9〕《明孝宗实录》卷一三六，弘治十一年四月丙戌。

宪、太仆寺少卿王质奉命往延绥、宁夏、陕西、甘凉四镇召募土兵，所募兵不限汉、土、番夷[1]。第二年（1500年），二人便给延绥募得10376人，宁夏募得11000人[2]。弘治、正德之后，召募的数量进一步扩大，《明史·兵三》中以宣府为例，说："弘治、正德以后，官军实有者仅六万六千九百有奇，而召募与土兵居其半。他镇率视此。"

明代北边各镇募兵的对象多以边地附近的土人为主。宁夏镇一般在本镇之内或附近的庆阳、延安、榆林等地召募。例如，弘治十一年（1498年）"宁夏等四卫原额旗军二万四千名，今逸其半，战守乏人，乞募敢勇以实行伍。兵部覆奏请行巡按御史于庆阳、延安二府并绥德、延安、榆林、宁夏中卫等地召募壮勇，宁夏、榆林各三千名。"[3] 而且召募的对象"不限汉、土、番夷"[4]。对于召募土人，明人解释说："盖土兵生长边方，骁勇骑射，往往绝人；山川险易，其所素谙；风寒冰雪，其所素耐。于虏则有父兄子弟之仇，于内则有家室庐墓之恋。驱之使战，人自护其家，家自报其仇"[5]。

募兵和卫所世军有明显的区别。卫所世军有军籍，是世袭的、家族的、固定的，而募兵原则上只是本身自愿应募，和家族及子孙无关，不入军籍，投充和退伍都无法律的强制，属于雇佣军性质。募兵的专业化和职业化程度比较高，有较强的战斗力，在明中后期逐渐成为明军的主力，嘉靖之后"北孽边则募，南孽倭则募，中孽寇贼则募"[6]。于是，召募成为明军补充兵员的重要方式。但是，终明之世，募兵并未完全取代卫所世军，清勾还一直在进行，"勾补军丁在国家为必不可废之法"[7]。

4. 驻守军钱粮、马匹的供给

钱粮和马匹是军队最基本的后勤保障，不可或缺，本节重点谈谈宁夏镇驻军这两方面的供给问题。

（1）钱粮

关于明代边镇的钱粮，《明史·食货六》中记载道："凡各镇兵饷，有屯粮，有民运，有盐引，有京运，有主兵年例，有客兵年例。屯粮者，明初，各镇皆有屯田，一军之田，足赡一军之用，卫所官吏俸粮皆取给焉。民运者，屯粮不足，加以民粮。麦、米、豆、草、布、钞、花绒运给戌卒，故谓之民运，后多议折银。盐引者，召商入粟开中，商屯出粮，与军屯相表里。其后纳银运司，名存实亡。京运，始自正统中。后屯粮、盐粮多废，而京运日益矣。"从这段话可以看出，明代边镇的钱粮有四条来源，即屯粮、民运、开中（盐引）和京运。

屯粮一般来源于军屯。明代军屯之制定于洪武初年，"其制，移民就宽乡，或召募或罪徙者为民屯，皆领之有司，而军屯则领之卫所。边地，三分守城，七分屯种。内地，二分守城，八分屯种。每军受田五十亩为一分，给耕牛、农具，教树植，复租赋，遣官劝输，诛侵暴之吏。初亩税一斗"[8]。明初屯田的规模非常大，"於时，东自辽左，北抵宣、大，西至甘肃，南尽滇、蜀，极於交阯，中原则大河南北，在在兴屯矣"[9]。军屯成为边镇守军粮饷的一个重要来源。

宁夏屯田始于洪武三年（1370年）。是年，宁正（韦正）兼领宁夏卫事，"修筑汉、唐旧渠，引

〔1〕《明孝宗实录》卷一八〇，弘治十四年十月戊申。

〔2〕《明孝宗实录》卷一八七，弘治十五年五月丁亥。

〔3〕《明孝宗实录》卷一三六，弘治十一年四月丙戌。

〔4〕《明孝宗实录》卷一八〇，弘治十四年十月戊申。

〔5〕《明孝宗实录》卷一七〇，弘治十四年正月丙子。

〔6〕《天下郡国利病书》卷八七。

〔7〕《天下郡国利病书》卷八七。

〔8〕《明史》卷七七《食货一》。

〔9〕《明史》卷七七《食货一》。

河水溉田，开屯数万顷，兵食饶足"[1]。其后，宁夏的屯田全面展开，至永乐初年，宁夏四卫马、步、骑军 20413 人中，有 14184 人专门进行屯田，"耕田八千三百二十七顷有奇"[2]。宣德之后，在其他地区的屯田都受到严重破坏的情况下，宁夏的屯田继续发展，相继开垦了花马池以西、固原以北的荒地。正德三年（1508 年），巡按陕西监察御史张彧在清理宁夏等卫屯政时，发现该地新增屯田 4400 余亩[3]。到了嘉靖时宁夏镇的屯田已增加到 15000 余顷，此后还在增加，万历十四年（1586 年），已达到 18825 顷[4]。但是，屯田地亩数的增加并不能说明宁夏的屯田在向着好的方向发展，相反，自宣德起已走上了下坡路。宣德时，宁夏已有部分屯田水利被豪强军官霸占，影响了屯田生产，以致朝廷派遣罗如敬前往经理屯田之务。成化后，边事吃紧，屯军往往被抽调守边，留下的多是些老弱病残。而且，屯军生活艰苦，负担沉重，逃亡的现象比比皆是。到了万历时，屯田中的肥沃土地多被文武官员侵占，屯田更加破坏。

明初，宁夏的屯田尚能满足边军的需要。洪武二十二年（1389 年），经过屯田的西北庄浪、河州、洮州、岷州、西宁、凉州、宁夏、临洮八卫月粮充足，"每卫月粮给万余石"，"军民所用皆米"，以至米价日减，每石至五百文[5]。到了宣德年间，屯粮供给已明显不足。宣德五年（1431 年）九月，宁阳侯陈懋为增加宁夏边储，上奏朝廷"乞令山西、河南、陕西罪囚输米赎罪"[6]。同年闰十二月，又"暂许各处寓居官员、军余有粮之家各纳米豆，不拘资次，于浙淮等处支盐"[7]。此后更加不济，边粮的供给多赖于民运、开中和京运。

民运即转运内郡之粮输边。"民运者，屯田不足，加以民粮、麦、米、豆、草、布纱、花绒供给戍卒，故谓之民运"[8]。明前期实行淮河以南各省供京师，淮河以北各省供九边的制度，规定北直隶、山西、山东、河南、陕西五省向九边输纳税粮。输运民粮采取就近原则。辽东镇由北直隶山东供给；宣府镇由河南、山东、山西、北直隶诸府供给；大同镇则取之山西、河南二府。宁夏则连同兰州、凉州、河州、岷州、洮州、庄浪、西宁、临洮、甘肃、山丹、永昌等西北军卫，由陕西西安的平凉、巩昌等府纳粮供给。民运在九边的粮饷供给中占有重要地位，从明初开始一直没有断绝过，明中后期更成了九边饷中最主要的部分，"盖九边额供之数，以各省民运为主，屯粮次之，此十例也。而盐粮乃补其所不足，亦千百十一耳"[9]。

开中即国家利用盐专卖的垄断手段吸引商人纳粟边防，"召商输粮而与之盐，谓之开中"[10]。明代的开中法始于洪武三年（1370 年），由山西行省建言，先在大同施行，其后逐渐推广开来，"各行省边境，多召商中盐以为军储。盐法边计，相辅而行"[11]。明代盐法规定，各运司的盐都有固定的行盐地方，不许越境贩卖，对于输边开中的引盐也有具体规定。赴九边开中的引盐主要是两淮、两浙、长芦、山东和河东盐运司的盐课，输往宁夏的主要是两淮和两浙盐引[12]。宁夏大小盐池、花马池，甘肃漳

---

〔1〕《明史》卷一三四《宁正传》。

〔2〕《明太宗实录》卷一七，永乐元年二月乙亥。

〔3〕《明武宗实录》卷三七，正德三年四月辛巳。

〔4〕 陈育宁主编：《宁夏通史》（古代卷），第 267 页，宁夏人民出版社，1993 年。

〔5〕《明太祖实录》卷一九五，洪武二十二年正月丁亥。

〔6〕《明宣宗实录》卷七〇，宣德五年九月乙巳。

〔7〕《明宣宗实录》卷七四，宣德五年闰十二月丁未。

〔8〕《明史》卷八二《食货六·俸饷》。

〔9〕《明史》卷八〇《食货四·盐法》。

〔10〕《明史》卷八〇《食货四·盐法》。

〔11〕《明史》卷八〇《食货四·盐法》。

〔12〕（清）王鸿绪：《明史稿·志六二·食货四》，第 277 ~ 278 页，台北文海出版社 1963 年据敬慎堂刊本。

县、西和等地也产盐，"盐行陕西之鞏昌、临洮二府及河州。岁解宁夏、延绥、固原饷银三万六千余两"[1]。正统三年（1438 年）起，宁夏、甘肃所产之盐实行中盐纳马制度，至嘉靖中期改纳马为纳米。对此，下节详述。

召商开中增加了边镇的粮饷，在一定程度上可缓解民运负担。明太祖说："朕初以边戍馈饷劳民，命商人纳粟，经淮盐偿之，盖欲足军食而省民力也。"[2] 同时，商人开中纳粮也可救急，"国家于淮、浙、长芦、山东等处设有额盐，专以接济边饷。如遇地方有警，边储告乏，就于各边招商上纳，图其飞挽刍粟，赖以紧急应用，其利甚多，其效甚速。百有余年，著为成典。"[3] 成化时户部尚书叶淇变革了开中制，改纳粮中盐为纳银中盐，"弘治五年，商人困守支，户部尚书叶淇请召商纳银运司，类解太仓，分给各边。每引输银三四钱有差，视国初中米直加倍，而商无守支之苦，一时太仓银累至百余万。然赴边开中之法废，商屯撤业，菠粟翔贵，边储日虚矣"[4]。叶淇的改革背离了开中制的初衷，实际上是对开中制的破坏，以至到了嘉靖时"各边开中至无人应诏"，开中法已不可收拾[5]。

京运包括年例和奏讨两项。年例银是国家每年定额发给各边镇的纳银（包括客兵、主兵年例银）；奏讨则是边镇因修边、买马、募兵或有警急军情、粮饷不敷时向中央请求拨付的银两。京运主要由户部发送，但买马银则多由太仆寺发放，修边银以户部为主，兵部也负责一部分（户七兵三）。部银紧缺时，也偶由内库支放部分银两。宁夏的年例银始于弘治初年。弘治元年正月以陕西、甘肃、榆林、宁夏各边缺饷，开中淮浙盐 38 万引，"并发户部原收折粮草价银及太仓库银十万两，再预支弘治二年分岁例银十三万两以济之。"[6] 在年例银的发放过程中经常存在寅吃卯粮的现象。如，弘治十六年（1503 年）和弘治十七年（1504 年），连续两年"命发太仓银……万两于宁夏"，"准明年岁例之数"[7]。除了户部每年从太仓发放的年例银之外，宁夏镇还不时向朝廷奏讨银两，用于买马或修边。如，弘治十五年（1502 年），"命太仆寺发马价银三万两以给宁夏官军买马之用。从镇、巡等官请也。"[8] 类似的记载《明实录》中比比皆是。当太仓或太仆寺发放的银两仍不敷宁夏开销时，朝廷还会通过其他途径向宁夏输银。如，弘治十七年（1505 年），"命户部发折粮银六万两及脏罚银四万两于宁夏，以备边储。"[9] 到了明代中后期，军屯破坏、民运疲敝、开中废弛，京运几乎成了边饷的唯一来源，"屯田十亏其七八，盐法十折其四五，民运十逋其二三，悉以年例补之。在各边则士马不加于昔，所费几倍于前，在太仓则输纳不益于前，而所出几倍于旧。如是则边境安得不告急，而京师安得不告匮！"[10]

（2）马匹

冷兵器时代，马匹在战争中的作用很突出，所谓"功战之际，马功居多"[11]。明代君臣深深认识

---

〔1〕《明史》卷八〇《食货四·盐法》。

〔2〕《明太祖实录》卷一一七，洪武十一年二月丙辰。

〔3〕（明）梁材：《会议王禄军粮及内府收纳疏》，《明经世文编》卷一〇三。

〔4〕《明史》卷八〇《食货四·盐法》。

〔5〕《明世宗实录》卷一二五，嘉靖十年五月癸巳。

〔6〕《明孝宗实录》卷九，弘治元年正月乙丑。

〔7〕《明孝宗实录》卷二〇六，弘治十六年十二月辛酉；卷二〇七，弘治十七年正月乙丑。

〔8〕《明孝宗实录》卷一八八，弘治十五年六月壬戌。

〔9〕《明孝宗实录》卷二一八，弘治十七年十二月庚午。

〔10〕《明穆宗实录》卷一五，隆庆元年十二月戊戌。

〔11〕《明太祖实录》卷二五，吴元年九月甲戌朔。

到了这一点，非常重视马政建设，"国家莫大于戎，军政莫急于马"[1]，"国之大事在戎，戎之大用在马"[2]。明代的马政在永乐时定型，其机构有四：一，御马监，职掌皇室御马；二，南北两京太仆寺，南直隶、两淮及江南马政属于南太仆寺，北直隶、鲁豫马政属于北太仆寺；三，行太仆寺，有五处，即北平、辽东、山西、陕西、甘肃行太仆寺，职掌所在边镇卫所营堡马政；四，苑马寺，有四处，即北京、辽东、陕西、甘肃苑马寺，职掌所属监苑马政。按牧养形式，明代马政又可分为官牧和民牧两种类型：行太仆寺和苑马寺所属官马，由国家划拨专门草场，抽调卫所军人组成"队军"，或发充有罪人犯组成"恩军"等，集中牧养，称为官牧；南北两京太仆寺所属官马，畜之于民，由南北直隶、鲁豫、两淮及江南民户领养，称为民牧。明制："官牧给边镇，民牧给京军"[3]。

官牧构成了明代边镇马匹的一个重要来源。宁夏镇一般由陕西行太仆寺和陕西苑马寺供给马匹，有时其他仆、苑，甚至御马监也会供给一部分。例如，宣德五年（1430年），"行在兵部尚书张本奏：总兵官宁阳侯陈懋言宁夏备御官军缺马骑操，今议于北京行太仆寺先给二千匹，候来春于御马监再给。从之。"[4] 但是官牧并不能完全满足明代边镇的马匹需求，特别是正统以后河套蒙古兴起，边事吃紧，官军骑操马大量战死走伤，沿边仆、苑牧马急剧萎缩，官牧更显捉襟见肘。于是明廷又在官牧之外广开马源，主要有买办、马市互易和中盐纳马。

买办是指朝廷拨给银两，由边镇自行购买马匹。《明实录》中多有"给宁夏买马银"的记载，此不再一一列举。马市互易起于明代中后期，是在指定地点以银钞或实物与少数民族，主要是蒙古和女真，交换马匹。宁夏镇开有3处马市，"隆庆五年提准，于清水营、中卫。万历十年提准，于平虏所添市。三市每年进马一百匹，与延绥镇同时互市。"[5] 买办和马市互易北边各镇均有，比较普遍。这里重点介绍一下在宁夏镇或明代西北地区比较独特的中盐纳马。

中盐纳马主要在宁夏灵州大小盐池、花马池，甘肃漳县、西和等盐产地实行，起于正统三年（1438年）。是年三月，宁夏总兵史昭（钊）奏曰："宁夏边军缺马骑操者众，今访知延、庆、平凉等处官员军民之家养马成群，宜出榜招之，令将马匹赴官中盐，验马以定引数。"奏上，下行在户部、兵部会议，规定："上马一匹与盐百引，中马一匹与盐八十引，听于陕西地方鬻之。其马匹送总兵官都督史昭、参赞军务右佥都御史金濂处公同验收。"[6] 其具体做法是，商人以马交付灵州盐课司，然后取得该司发放的运销盐的凭证"引"，再凭盐引取得盐，听其行销。景泰、天顺年间改纳马为纳银，商人不必再向灵州盐课司纳马，只在各府监理通判处交付银两，便可直接向盐课司取得盐引。各府代为收贮的中盐银，作为专项开支，以备就近官军急需时买马支用。由中盐纳马改为纳银，便利了商人，使当地的官盐开中有了很大发展，以固原为例，"盐商云瀚，盐厂山积，固原荒凉之地，变为繁华。"[7] 但各府代为收贮的中盐银，日渐被挪作他用，"宗禄、屯粮、修边、赈济展转支销，以致银尽而马不至。"[8] 所以，景泰、天顺间的改革，违背了中盐纳马的初衷，实际上是对该制度的破坏，堵塞了西北边镇马匹的一条来源。至嘉靖中期，西北各边"边响亏缺"，特别是甘肃镇米价腾贵，为缓

〔1〕（明）毛东塘：《修举马政疏》，《明经世文编》卷一五九。

〔2〕（明）夏言：《议处下场马匹疏》，《明经世文编》卷二○二。

〔3〕《明史》卷九二《兵四·马政》。

〔4〕《明宣宗实录》卷七○，宣德五年九月己未。

〔5〕《明会典》卷一三○《镇戍五·各镇分例二·宁夏》。

〔6〕《明英宗实录》卷三八，正统三年正月癸卯。

〔7〕（明）杨一清：《为议增盐池中马则例疏》，《明经世文编》卷一一四。

〔8〕《明史》卷八○《食货四·盐法》。

解这方面的矛盾，户部奏准停止中马，"召商纳米中盐"[1]，中盐纳马制度完全终止。

除以上诸途径之外，明代宁夏镇的马匹还有一个来源，即明朝与西北番族的茶马贸易。明代，在今天西藏、青海、甘肃、新疆等西北地区，居住着藏、回、羌、蒙诸少数民族群体和部落，明廷将其称为"番人"或"西番"，并与他们进行着茶马贸易。双方交易的具体事宜由设立在秦州（今天水）、河州（今临夏）、洮州（今临潭）、雅州（今雅安）、岩州（今松潘西北）等地的茶马司管理和负责。贸易所得马匹，"牡、骗马发送边兵用于作战，或送各卫所用于骑操；牝马、马驹送苑马寺孳牧，未调拨的马匹也交由苑马寺牧养。"[2] 送往苑马寺的马匹，多数送在了西北地区的仆、苑，成为其官马的重要来源之一。送往边兵和卫所的马匹，有一部分便直接进入了宁夏镇。

（四）宁夏镇的防御工事

在宁夏镇的防御工事中，河东部分我们已有详细了解，这里主要对其他地段做一简单介绍。

明代在北边修筑的防御工事主要由边墙（长城）、城堡、墩台等构成，"盖城堡以便保聚，墩台以明烽火，边垣以限华夷。三者皆势所必为者也"[3]，所以我们讨论的明长城也包括这三个方面。

1. 边墙

明代的边墙即今天所见之明长城墙体。长城在历史上的"名声"一直不好，尤其是秦长城，往往和暴政联系在一起。明人为避此"恶名"，将自己修筑的长城称为"边墙"。宁夏镇所管辖边墙，东起花马池（今宁夏盐池县县城），西至中卫（今宁夏中卫县县城），全长约 1660 里。根据地理形势和分布走向，学术界多将宁夏镇的边墙分为东、北、西三部分，这三部分的边墙因地理环境的不同而各具特色。

东边墙在宁夏河东地区，东起花马池，西至黄河东岸的横城堡（今宁夏灵武县临河乡境内），在上文已有详细介绍。

北边墙即分布于今宁夏北境的边墙，有三段，即宣德年间修筑的"镇远关边墙"，嘉靖时的"边防北关门墙"和"陶乐长堤"。"镇远关边墙"起于红果子口，东行而达黄河西岸，是镇远关的附属墙体，既有石砌墙又有夯土墙。"边防北关门墙"起于贺兰山枣儿沟，东行经平罗城，达黄河西岸的沙湖，为夯土墙。"陶乐长堤"连接北边墙和东边墙，自旧北长城终点越河，沿黄河东岸、省嵬山西麓南行，至横城堡与东边墙相接，即乌海段明长城。

西边墙分布于今宁夏西北境，贺兰山南麓。因地形复杂，边墙的构筑方式比较多样，有土墙、石墙、山险墙和山险四类。土墙主要是夯土墙，就地取材，用当地的砂土夯筑而成，此外还有少量堆土墙。石墙的外层用石块错缝垒砌而成，错缝处用白灰勾缝，内部填充小石块和泥土。山险墙是一种复式防御工事，由自然山体和人工构筑的墙体组合而成。其构筑方式一般是借用自然山体，经铲削形成屏障，然后再依山势，在低缓处补筑石墙或土墙。山险则完全利用自然山势，以高耸、陡峭的山崖为屏障。

此外，在西边墙中还有多处关隘，主要分布在贺兰山内，建于交通要冲，设置有关门，建有关墙，扼守着出入长城的咽喉要道，是防守贺兰山诸山口的重要屏障，亦是出入宁夏的门户。据考证，贺兰

〔1〕《明史》卷八〇《食货四·盐法》。

〔2〕翁杜健主编：《中国民族关系史纲要》，第 627 页，中国社会科学出版社，2001 年。

〔3〕（明）方逢时：《审时宜酌群议称要实疏》，《明经世文编》卷三二一。

山内共有口隘36处[1]。

2. 城堡

城堡是边防线上的屯军之所，也是各分守官的驻地。宁夏镇由东到西分为东、中、北、南、西五路，各设官分守。这些驻守官驻扎的城堡成为各地的防御中心，其下又辖有不同级别的营堡。

东路，宁夏后卫，即花马池营城。花马池原为千户所城，正德二年（1507年），总制杨一清奏改花马池千户所为宁夏后卫，花马池营城遂上升为卫城。宁夏东路参将驻于此。领所城一，兴武营守御千户所；堡城三，安定堡、杨柳堡和铁柱泉堡。

中路，灵州守御千户所城，在今天的宁夏灵武县城，宁夏中路参将驻于此，领有清水营、红山堡、横城堡、枣园堡、吴忠堡、惠安堡、汉伯渠堡、金积堡、中营堡、秦坝关、夏家堡、河东关堡、红崖站堡、半个城、马家园、胡家堡等20多座营堡，但只有清水营、红山堡、横城堡及灵州所城离长城较近，其他的俱散布于灵州以南，军事性不强。

北路，平虏守御千户所城，在今宁夏平罗县城内，宁夏北路参将驻于此，领黑山营、威镇堡、临山堡、镇朔堡、洪广堡、镇北堡诸营堡。

南路，邵岗堡，在今宁夏青铜峡市邵岗堡村，宁夏南路守备驻扎于此，领玉泉营。

西路，中卫城，即今天的宁夏中卫县城关，宁夏西路参将驻于此。领堡城13座，柔元堡、镇靖堡、永康堡、宣和堡、宁安堡、威武堡、石空寺堡、枣园堡、常乐堡、镇房堡、宁安新堡、控夷堡、古水井堡。

若按规模和等级划分，这些城堡中以卫城规模最大、等级最高，千户所城次之，堡城最小。宁夏中卫和后卫是宁夏镇沿边的两座卫城，一西一东，控扼着边防要冲。千户所城，宁夏镇共有3座，其中灵州守御千户所城和平虏守御千户所城是分别分守中路和北路的中心，另外一座兴武营守御千户所城则是宁夏后卫的属城，这充分反映了宁夏后卫一带在宁夏边防中的重要地位。堡城的级别最低，辖于这些卫城和所城之下。但是宁夏镇南路的防御中心邵岗堡，其级别也只是一座堡城，反映出这一带在宁夏边防中的地位要轻的多。

另外，宁夏还有韦州群牧所城，在今天的宁夏同心县韦州镇，在该城内设有宁夏群牧千户所，专为庆王府管理牧场，与军防无涉。

3. 墩台

墩台可分为两类：一类是骑墙墩台，称之为敌台；另一类是建在城墙内外高峰、旷野之上的单独墩台，即烽火台[2]。

敌台骑墙而建，既凸出于边墙墙体之外，又高出墙体之上，是边墙上的重要建筑。敌台既可加固边墙，又能加强防御。戚继光在《练兵纪实》中记载道："其制：高三四丈不等，周围阔十二丈，有十七八丈不等者。凡冲处，数十步或一百步一台，缓处或百四五十步，或二百余步不等者为一台。两台相应，左右相救，骑墙而立。造台法：下筑基与边墙平，外出一丈四、五尺有余，内出五尺有余，中层空豁，四面箭窗，上建楼橹，还以垛口，内卫战卒，下发火炮，外击敌人，敌矢不能及，敌骑不敢近。"[3] 这是戚继光在蓟镇建造的空心敌台的情况，宁夏镇敌台在防御中的功用，亦能从中看出一二。敌台上均建有暖铺，以供士兵栖止[4]。

---

〔1〕　鲁人勇、吴忠礼、徐庄：《宁夏历史地理考》，第269页，宁夏人民出版社，1993年。

〔2〕　罗哲文：《山海关长城的布局与建筑勘察记》，《中国长城遗迹调查报告集》，文物出版社，1981年。

〔3〕　《练兵纪实》杂集第六卷《车步骑营阵解·敌台解》。

〔4〕　（明）王琼：《设险守边大省劳费奏议》，《明经世文编》卷一○九。

烽火台亦称烟墩、烽台、烽燧、烽堠、狼烟台等，多建于视野开阔的地方，是警戒和传递军情的工程设施，"筑墩于边外，所以明其烽燧，瞭其向往，以防胡于未入之先。"[1] 在通信落后的冷兵器时代，用烽火台传递信息，非常便利。明廷十分重视对烟墩的构筑。永乐十一年（1413年），明成祖下令："边境不可一日无备，于农隙而不图，碎遇寇至何以济事？其令诸处修筑烟墩。高五丈，必坚如铁石，庶几寇至，可以无患。"[2] 并且，明成祖对其构筑也作了具体设计，"高五丈有奇，四周城高一丈，外开壕堑吊桥。门道上置水柜，暖月盛水，寒月积水。墩置官军三十一人守瞭，以绳梯上下"[3]。

宁夏镇的烽火台，据调查，"遗迹触目皆是，遍布山川。修筑墩台的材料是用黄土夯筑或石块砌成，大多'于高山四望险绝处置，无山亦于平地高处置'。也有修筑在交通要道之侧，或建在长城墙上。中卫胜金关附近，站在长城之上向外侧的贺兰山峦望去，山峰上每隔二、三里就筑有烽火台一座，犬牙交错，形成了一个长城外线的防御通讯网……明代时从横城大边到固原城，用烟墩组成一条长达400余里的通讯线路。在横城花马池大边墙发现敌情，并发出警报，这些沿线烟墩即可迅速地传递到二线防御工程固原内边，再由下马关而南，一直传达当时总制三边军务的指挥中心固原城"[4]。

烽火台的信息传递，以举火、举旗、放炮的方式进行。《边塞考》中收录了一首蓟镇的《传烽歌》，从中可窥见明代传烽号令的大概："传烽号令妙无穷，编与墩军各一通，千城以上是大举，百里余外即传烽。一炮一旗山海路，一炮二旗石门烽，一炮三旗燕河警，一炮四旗建昌功；二炮一旗太平寨，二炮二旗是喜烽，二炮三旗松棚路，二炮四旗马兰中；三炮一旗墙子岭，三炮二旗曹家烽，三炮三旗古北口，三炮四旗石塘终；若遇夜间旗不见，火池照数代红旗，绒近墙加黑号带，夜晦换盏大灯笼；城若清墙进口里，仍依百里号相同，九百以下是零城，止传本协自成功；单用炮声分四路，不须旗火混匆匆，山海大墙皆一炮，石门喜曹二炮从，燕河松古三炮定，四炮建马石塘终；零绒东西一时犯，两头炮列一墩重，该墩听炮分头说，东接西来西接东。但凡接炮听上首，炮后梆响急如风，炮数梆声听的确，日旗夜火辫玲珑，各军俱要留心记，若有差池法不容。"[5]

烟墩上驻有军士，备有军器和燃放烟火之物，以防守自卫和随时传递信息。今西北师范大学保存有一块明代的"深沟儿墩"碑，上面记载道[6]：

墩军五名□
丁□妻王氏丁海妻刘氏李良妻陶氏刘通妻董氏马名妻石氏
火器
钩头炮一筒线枪一杆火药火线全
器械
军每人弓一张、刀一把、箭三十支黄旗一面梆玲一付软梯一架柴堆伍座烟皂（灶）伍座擂石二十堆
家俱
锅五口、缸五只、碗十只、筋十双

〔1〕（明）刘焘：《哨报》，《明经世文编》卷三〇四。
〔2〕《明太宗实录》卷一四一，永乐十一年七月甲辰。
〔3〕《明太宗实录》卷一三四，永乐十一年冬十月丁未朔。
〔4〕许成：《明长城建筑结构与沿线设施》，《宁夏考古史地研究论集》，宁夏人民出版社，1989年。
〔5〕《边塞考》卷六。
〔6〕嘉峪关市文物管理所：《嘉峪关及其附近的长城》，《中国长城遗迹调查报告集》，文物出版社，1981年。

鸡犬狼粪全

万历十年二月□日立

　　这块碑发现于甘肃兰州一带，同属西北地区，依此可以推测出宁夏镇诸烽火台的守军也和它差不多：有士兵5名，携带有武器、简单的家具及传递信息用的鸡犬狼粪等。至于为什么在"深沟八墩"碑中出现了士兵的妻子，有学者分析是随军的"金妻"。因为丈夫的户籍为军籍，要世代当兵。一旦丈夫从军，妻子须随丈夫到戍守地点。但是妻子随军驻守墩台的现象在明代并不普遍[1]。

（五）宁夏镇在明代西北边防中的作用

　　宁夏镇在明代西北边防中所起到的作用主要有以下三方面：

　　第一，基本完成了防御蒙古的任务，起到了防御的效果。明朝设置边镇的主要目的是为了抵御蒙古势力的南下，保证边境的稳定和安宁。终明一世，从军事方面考虑，宁夏镇基本达到了这一防御效果，虽然不能完全拒敌于边外，但也基本上遏制住了蒙古南下的势头。成化间，余子俊、徐廷章修筑延绥、宁夏边墙以后的20年间，蒙古在延绥、宁夏的争夺明显减少。杨一清在《为经理要害边防保固疆场事》中也说："成化初年，北虏在套，彼时未有边墙，恣肆出入。后该巡抚宁夏都御使徐廷章等奏修边墙二百余里，开浚沟堑一道。延绥地方边墙壕堑，又该延绥都御使余子俊修浚完固。北虏知不能犯，遂不复入套者二十余年。"[2]

　　在河套蒙古最为强大，极力向外扩张的小王子（达延汗）、俺答之时，宁夏能守住阵脚，没有发生大的变故，没有出现杨一清所担心的"膏肓之疾、腹心之祸"，殊为不易。在对小股敌人的打击上，宁夏也比较成功。例如，嘉靖七年（1528年），河套蒙古13000多骑从花马池拆墙进入，在固原一带抢掠多日，返回时路过青沙岘，派兵在一处墩台下索要米粮盔甲，内中有一人说："我是宁夏人，正德十三年抢去。今次出来的头儿是小王子的两个儿子，率领人马一万三千有余，到你腹里地方抢掠。沿路俱无水草，连日困饥，又有处处人马跟袭，不曾深入抢得干粮，恐怕马弱不能回套。我们两日回到套里，歇马一月，再来抢掠。"这支队伍在返回途中又遇到多次阻击，伤亡不少[3]。

　　第二，间接开发了宁夏地区。明代在边境地区实行屯田制度，军屯更是边军粮饷的一个重要来源。宁夏屯田始于洪武三年（1370年），永乐时屯田"八千三百二十七顷有奇"[4]，嘉靖时已增加到了15000余顷，万历十四年（1586年）已达到18825顷[5]。经过明代200多年的屯垦开发，宁夏已成为名副其实的塞上江南，时人描述道："田开沃野千渠润，屯列平原百井稠"，"远近人家四路连，风光谁信是穷边"[6]。农业的发展，带动了人口的增加，越来越多的人口不断充实着边镇城堡，加速了城镇的兴起。《嘉靖宁夏新志》记载，宁夏五卫有堡寨近90处，另外还有近200处烽墩。这些堡塞和烽墩，在当时均是屯田军士居住的场所，后来逐渐演变成了一处一处的自然村落，有的甚至发展成为城镇。如右屯卫的杨信堡，弘治年间巡抚督御史张贞叔所筑。最初"为屯种军余十余家所居，春往冬

〔1〕　李怀顺：《明万历〈深沟几墩碑〉考释》，《华夏考古》2005年第2期。

〔2〕　（明）杨一清：《为经理要害边防保固疆场事》，《明经世文编》卷一一六。

〔3〕　单锦珩辑校：《王琼集》，第68～69页，山西人民出版社，1991年。

〔4〕　《明太宗实录》卷一七，永乐元年二月乙亥。

〔5〕　陈育宁主编：《宁夏通史》（古代卷），第267页，宁夏人民出版社，1993年。

〔6〕　（明）胡汝砺纂修、（明）管律重修、陈明猷校勘：《嘉靖宁夏新志》卷七《文苑志》，宁夏人民出版社，1982年。

返"，仅是一处屯堡，非常居之地。但是到了正德初年，都御史冯清在张贞叔的基础上拓展之后，杨信堡的住户由"十余家"增加到了"百余家"，而且"人无往返之劳，获安耕牧之业"，已经是一个有常住人口的小镇子了[1]。城镇的兴起，无疑会进一步促进这一地区的地方移民、人口增加、经济交流等，使这一地区得到更大的开发。

　　第三，加强民族融合。明朝设置边镇、修筑长城的主要目的是为了抵御蒙古的入侵及割断其与其他少数民族的联合（西北四镇负责阻隔蒙古和西北少数民族的联合）。但是明朝并没有达到这一目的，边境各民族通过军需斗争、生产斗争、人口掠夺、兵士逃亡、通贡互市等方式，进一步加强了相互之间的了解和交流。而且战争在客观上也是一种交往，如史念海先生所说："经过争执至于战争这样一些交往，双方都会有更多的了解，化干戈为玉帛，最后都联合在一起。我国是一个多民族国家，多民族国家的形成，自然是很多途径，经过争执到了解，更进而相互和睦共处，应该也是其中重要的途径。"[2] 宁夏镇在某种意义上充当了这种交往的中介，促进了宁夏地区汉人和河套地区蒙古人的交流。宁夏镇在作为一个军事防御区的同时，还有着屯垦、移民等配套措施。当越来越多的移民来到宁夏镇经营开发时，经济、文化的交流逐渐取代了孤立的军事斗争，汉族与蒙古族及西北少数民族之间的交往也日渐频繁起来，其中最主要的途径是"马市"和"茶马贸易"。通过交往，农耕和游牧两大民族在政治、经济等方面的联系日益加强，促进了双方的融合。"根据人类自身生存与生活和发展的需要，农、牧两大区域自始就不断地进行着大规模经济文化交流活动。并通过相互之间的交流，促进了各地区的经济文化和社会发展，丰富了各大区域内人们的社会生活，同时，也促进了各区域人类自身的发展与繁荣。"[3]

---

〔1〕（明）胡汝砺纂修、（明）管律重修、陈明猷校勘：《嘉靖宁夏新志》卷一，第75页，宁夏人民出版社，1982年。

〔2〕史念海：《论西北地区诸长城的分布及历史军事地理》（下篇），《中国历史地理论丛》1994年第3期。

〔3〕李凤山：《长城带经济文化交流述略》，《中央民族大学学报》1997年第4期。

附　鄂尔多斯—乌海明长城资源统计表

表四　鄂托克前旗明长城头道边墙体列表

序号	名称	编码	位置	材质及构筑方式	长度（米）	保存状况	尺寸（米）	备注
1	特布德长城1段	150623382101170001	起于上海庙镇特布德嘎查东南12.9千米，止于特布德嘎查东南12.8千米	黄土夯筑，夯层约0.2米	1373.8	一般792.8、较差553、差28米	底宽12～17.5、顶宽0.3～3.5、高1～6米	有敌台6座，即特布德1～6号敌台，间距251～291米
2	特布德长城2段	150623382101170002	起于特布德嘎查东南12.8千米，止于特布德嘎查东南10.1千米	黄土夯筑，夯层厚0.2米	1640	较好516、一般1106、差18米	底宽10～12、顶宽0.5～3.5、高2.5～5.5米	有敌台6座，即特布德7～12号敌台，间距24～307米
3	特布德长城3段	150623382101170003	起于特布德嘎查东南10.1千米，止于特布德嘎查东南8.7千米	黄土夯筑，夯层厚0.15～0.23米	1416	较好245、一般529、较差184、差458米	底宽10～12、顶宽0.7～3.5、高2.5～5.5米	有敌台6座，即特布德13～18号敌台，间距184～294米
4	特布德长城4段	150623382101170004	起于特布德嘎查东南8.7千米，止于特布德嘎查东南6.8千米	黄土夯筑，夯层厚0.2～0.3米	1949.6	较好632、一般851、较差446、差20.6米	底宽9.3～12、顶宽0.7～3、高1～5米	有敌台9座，即特布德19～27号敌台，间距184～294米
5	特布德长城5段	150623382101170005	起于特布德嘎查东南6.8千米，止于特布德嘎查东南5.4千米	黄土夯筑，夯层厚0.15～0.2米	1503	一般175、较差681、差647米	底宽9～12、顶宽0.5～3、高2～5米	有敌台7座，即特布德28～34号敌台，间距175～233米
6	特布德长城6段	150623382101170006	起于特布德嘎查东南5.4千米，止于特布德嘎查东南3.4千米	黄土夯筑，夯层厚0.15～0.2米	2163.5	较好410、一般846、较差887、差20.5米	底宽10～13、顶宽0.5～3.6、高2～5米	有敌台8座，即特布德35～42号敌台，间距175～233米

序号	名称	编码	位置	材质及构筑方式	长度（米）	保存状况	尺寸（米）	备注
7	特布德长城7段	1506233821011170007	起于特布德嘎查东南3.4千米，止于特布德嘎查南1.4千米	黄土夯筑，夯层厚0.15~0.2米	3256	较好540、一般906、较差833、差977米	底宽10~13、顶宽0.5~3.6、高2~5米	有敌台14座，即特布德43~56号敌台，间距158~329米
8	特布德长城8段	1506233821011170008	起于特布德嘎查南1.4千米，止于特布德嘎查西南3.4千米	黄土夯筑，夯层厚0.2~0.25米	3230.6	较好504、一般2248、较差441、差37.6米	底宽8~11、顶宽0.5~4、高1~6米	有敌台10座，即特布德57~66号敌台，间距158~329米
9	特布德长城9段	1506233821011170009	起于特布德嘎查西南3.4千米，止于特布德嘎查西南6千米	黄土夯筑，夯层厚0.2~0.25米	2731.3	较好691、一般1456、较差548、差18米、消失18.3米	底宽9~11、顶宽0.5~3、高2~8米	有敌台9座，即特布德67~75号敌台，间距202~295米
10	特布德长城10段	1506233821011170010	起于特布德嘎查西南6千米，止于特布德嘎查西南7.7千米	黄土夯筑，夯层厚0.2~0.3米	1832.6	较好875、一般954、差3.6米	底宽9~11、顶宽0.5~3、高2~8米	有敌台8座，即特布德76~83号敌台，间距166~27米
11	特布德长城11段	1506233821011170011	起于特布德嘎查西南7.7千米，止于特布德嘎查西南9.9千米	灰、黄土夯筑，夯层厚0.2~0.3米	2232	一般1356、较差876米	底宽9~11、顶宽0.5~2、高1~5米	有敌台8座，即特布德84~92号敌台，间距184~302米
12	特布德长城12段	1506233821011170012	起于特布德嘎查西南9.9千米，止于特布德嘎查西南12.5千米	灰、黄土夯筑，夯层厚0.2~0.3米	2723.9	较好611、一般1203、较差903米	底宽9~11、顶宽0.5~2、高0.5~6米	有敌台8座，即特布德93~104号敌台，间距188~214米
13	苏家井长城1段	1506233821011170029（6401813821011170001）	起于上海庙镇苏家井村南9.4千米，止于苏家井村西南7.6千米	黄沙土夯筑，夯层厚0.12~0.18米	4180	较好275、一般2257、较差747、差47、消失854米	底宽8~14、顶宽0.8~3、高3~7米；女墙宽0.5、高0.4米；垛墙宽0.6~1、高0.4~0.9米	对应宁夏清水营村长城1段。有敌台14座，即苏家井1~14号敌台。止点与苏家井长城二边止点相交。至此，头道边与二道边合并
14	苏家井长城2段	1506233821011170030（6401813821011170002）	起于苏家井村西南7.6千米，止于苏家井村西南7.7千米	黄沙土夯筑，夯层厚0.11~0.28米	1419	一般1005、较差414米	底宽8~10、顶宽1.2、高3~7米，	对应宁夏清水营村长城2段。有敌台7座，即苏家井15~21号敌台

续表

序号	名称	编码	位置	材质及构筑方式	长度（米）	保存状况	尺寸（米）	备注
15	苏家井长城3段	1506233821011700031（640181382101170003）	起于苏家井村西南7.7千米，止于苏家井村西南8.5千米	黄沙、红黏土夯筑，夯层0.2米左右	1606	一般	底宽9.4、顶宽0.4～3.3、高6米	对应宁夏清水营村长城3段。有敌台6座，即苏家井22～27号敌台
16	芒哈图长城1段	1506233821011700032（640181382101170004）	起于上海庙镇芒哈图村东南13.3千米，止于芒哈图村东南11.5千米	黄沙、红黏土夯筑，夯层厚0.11～0.2米	1897	较好253、一般1644米	底宽10、顶宽1～3.5、高3～7米	对应宁夏马跑泉村长城1段。有敌台8座，即芒哈图1～8号敌台
17	芒哈图长城2段	1506233821011700033（640181382101170005）	起于芒哈图村东南11.5千米，止于芒哈图村东南10千米	黄沙、红黏土夯筑，夯层厚1～0.2米	1659	较好	底宽10～11、顶宽2～5.1、高7米，女墙宽0.5～0.9、高0.3～1.1米；垛墙宽0.7～1.1、高0.8～1.1米	对应宁夏马跑泉村长城2段。有敌台7座，即芒哈图9～15号敌台
18	芒哈图长城3段	1506233821011700034（640181382101170006）	起于芒哈图村东南10千米，止于芒哈图村东南9千米	黄沙、红黏土夯筑，夯层厚0.12～0.2米	1108	一般	顶宽1.1～4.7、高5～7米	对应宁夏马跑泉村长城2段。有敌台5座，即芒哈图16～20号敌台
19	芒哈图长城4段	1506233821011700035（640181382101170007）	起于芒哈图村东南9千米，止于芒哈图村东南6.9千米	黄沙、红黏土夯筑，夯层厚0.13～0.35米	2480	较好1302、一般1178米	顶宽0.2～4.8、高4.5～7米，女墙底宽0.6、顶宽0.25、高0.6米，垛墙底宽1、顶宽0.3、高1.4米	对应宁夏张家窑村长城1段。有敌台13座，即芒哈图21～33号敌台
20	芒哈图长城5段	1506233821011700036（640181382101170008）	起于芒哈图村东南6.9千米，止于芒哈图村东南4.5千米	黄沙、红黏土夯筑，夯层厚0.13～0.17米	2701	较好611、一般2090米	顶宽0.5～4.5、高4～6.5米，女墙宽0.5、高0.4米，垛墙宽0.8～0.9、高0.5米	对应宁夏张家窑村长城2段。有敌台14座，即芒哈图34～47号敌台
21	芒哈图长城6段	1506233821011700037（640181382101170009）	起于芒哈图村东南4.5千米，止于芒哈图村南3.5千米	黄沙、红黏土夯筑，夯层厚0.12～0.17米	2786	较好1015、一般1771米	底宽10、顶宽0.9～4.4、高3～6米，女墙宽0.4～0.9、高0.1～0.4米，垛墙宽0.7～0.9、高0.2～0.9米	对应宁夏张家窑村长城3段。有敌台14座，即芒哈图48～60号敌台

序号	名称	编码	位置	材质及构筑方式	长度（米）	保存状况	尺寸（米）	备注
22	芒哈图长城7段	1506233821011701170038（640181382101170010）	起于芒哈图村南3.5千米，止于芒哈图村西南3千米	黄沙土夯筑，夯层厚0.15~0.19米	1817	较好608、一般1209米	顶宽2~4.4、高4~7.5米，女墙宽0.7、高0.3~0.5米，垛墙宽0.9、高0.6米	对应宁夏上桥村长城1段。有敌台10座，即芒哈图61~70号敌台
23	芒哈图长城8段	1506233821011701170039（640181382101170011）	起于芒哈图村南3千米，止于芒哈图村西4.3千米	黄沙、红黏土夯筑，夯层厚0.12~0.18米	2833	较好401、一般2432米	顶宽0.9~3.5、高4~7米，女墙宽0.4~0.6、高0.2~0.3米，垛墙宽0.9~1.1、高0.4~0.5米	对应宁夏上桥村长城2段。有敌台14座，即芒哈图71~84号敌台
24	芒哈图长城9段	1506233821011701170040（640181382101170012）	起于芒哈图村西4.3千米，止于芒哈图村西5.6千米	黄沙、红黏土夯筑，夯层厚0.12~0.18米	1293	较好306、一般987米	顶宽1.1~4.3、高4米，女墙宽0.4~0.7、高0.2~0.3米，垛墙宽0.7~1.1、高0.4~0.7米	对应宁夏水洞沟遗址区长城1段。有敌台6座，即芒哈图85~90号敌台

表五　鄂托克前旗明长城头道边敌台列表

序号	名称	编码	位置	形状	保存状况	材质及构筑方式	尺寸（米）			所属墙体段落	备注
							底部	顶部	高		
1	特布德1号敌台	150623352101170001	上海庙镇特布德嘎查与宁夏盐池县交界界碑处	不规则	较差	黄沙土夯筑，夯层厚约0.2米	16×18	2.9×3.1	8.7	特布德长城1段	实心
2	特布德2号敌台	150623352101170002	特布德嘎查东南12.7千米	不规则	较差	黄沙土夯筑，夯层厚约0.2米	20×27	3.7×5.2	8	特布德长城1段	实心
3	特布德3号敌台	150623352101170003	特布德嘎查东南12.4千米	不规则	较差	黄沙土夯筑，夯层厚约0.2米	13.2×14	4.7×5.3	9.1	特布德长城1段	实心
4	特布德4号敌台	150623352101170004	特布德嘎查东南12.1千米	覆钵形	一般	黄沙土夯筑，夯层厚约0.2米	18.5×21.3	5.7×8.6	10.5	特布德长城1段	实心
5	特布德5号敌台	150623352101170005	特布德嘎查东南11.9千米	覆钵形	一般	黄沙土夯筑，夯层厚约0.2米	18.5×17	7.3×10	7.5	特布德长城1段	实心

续表

序号	名称	编码	位置	形状	保存状况	材质及构筑方式	尺寸（米）			所属墙体段落	备注
							底部	顶部	高		
6	特布德6号敌台	1506233521011170006	特布德嘎查东南11.6千米	覆斗形	较好	黄沙土夯筑，夯层厚约0.2米	18.4×17.2	5×6.5	11	特布德长城1段	实心
7	特布德7号敌台	1506233521011170007	特布德嘎查东南11.3千米	不规则	较差	黄沙土夯筑，夯层厚约0.2米	9.8×11.5	4.8×6	5.4	特布德长城2段	实心
8	特布德8号敌台	1506233521011170008	特布德嘎查东南11千米	不规则	较差	黄沙土夯筑，夯层厚约0.2米	11.7×18.7	4.7×6.9	6.8	特布德长城2段	实心
9	特布德9号敌台	1506233521011170009	特布德嘎查东南10.7千米	覆斗形	较差	黄沙土夯筑，夯层厚约0.2米	20×18.7	4.6×7.4	8.9	特布德长城2段	实心
10	特布德10号敌台	1506233521011170010	特布德嘎查东南10.4千米	覆斗形	较差	黄沙土夯筑，夯层厚约0.2米	14.8×19.8	2.2×2.3	8.7	特布德长城2段	实心
11	特布德11号敌台	1506233521011170011	特布德嘎查东南10.2千米	覆钵形	一般	黄沙土夯筑，夯层厚约0.2米	16.9×17.5	3.9×4.5	8.5	特布德长城2段	实心
12	特布德12号敌台	1506233521011170012	特布德嘎查东南10千米	不规则	一般	黄沙土夯筑，夯层厚0.18～0.25米	16.9×17.5	3.9×4.5	8.5	特布德长城2段	实心
13	特布德13号敌台	1506233521011170013	特布德嘎查东南9.7千米	不规则	一般	灰、黄沙土夯筑，夯层厚约0.2米	17.5×18.4	5.4×6.3	8.2	特布德长城3段	实心
14	特布德14号敌台	1506233521011170014	特布德嘎查东南9.5千米	不规则	一般	灰土夯筑，夯层厚0.18～0.25米	16×18	7×7.8	8.5	特布德长城3段	实心

续表

序号	名称	编码	位置	形状	保存状况	材质及构筑方式	尺寸（米）			所属墙体段落	备注
							底部	顶部	高		
15	特布德15号敌台	1506233521 01170015	特布德嘎查东南9.3千米	不规则	一般	灰土夯筑，夯层厚0.18~0.25米	25×27	6×6.7	7.4	特布德长城3段	实心
16	特布德16号敌台	1506233521 01170016	特布德嘎查东南9.1千米	覆斗形	较好	灰土、黄沙土夯筑，夯层厚0.2~0.25米	25×27	6×6.7	7.4	特布德长城3段	实心
17	特布德17号敌台	1506233521 01170017	特布德嘎查东南8.9千米	覆钵形	一般	黄土夯筑，夯层厚0.2~0.25米	23.4×25	5.8×6.3	7.8	特布德长城3段	实心
18	特布德18号敌台	1506233521 01170018	特布德嘎查东南8.7千米	覆钵形	一般	灰土、黄沙土夯筑，夯层厚0.2~0.25米	20×21.3	5.4×6	7.4	特布德长城3段	实心
19	特布德19号敌台	1506233521 01170019	特布德嘎查东南8.5千米	覆斗形	一般	灰土、黄沙土夯筑，夯层厚0.2~0.25米	18.6×20	5.7×6.3	15	特布德长城4段	实心
20	特布德20号敌台	1506233521 01170020	特布德嘎查东南8.3千米	覆斗形	一般	灰土、黄沙土夯筑，夯层厚0.2~0.25米	18.6×20	5.7×6.3	15	特布德长城4段	实心
21	特布德21号敌台	1506233521 01170021	特布德嘎查东南8.3千米	覆斗形	一般	灰土、黄沙土夯筑，夯层厚0.2~0.25米	21×23.4	4.2×5	7.8	特布德长城4段	实心
22	特布德22号敌台	1506233521 01170022	特布德嘎查东南7.8千米	不规则	一般	灰土、黄沙土夯筑，夯层厚0.18~0.25米	21.2×22	4.6×5.8	7.3	特布德长城4段	实心
23	特布德23号敌台	1506233521 01170023	特布德嘎查东南7.6千米	不规则	一般	灰土、黄沙土夯筑，夯层厚0.2~0.25米	20.6×23.4	5.7×7.6	8.5	特布德长城4段	实心

序号	名称	编码	位置	形状	保存状况	材质及构筑方式	尺寸（米）			所属墙体段落	备注
							底部	顶部	高		
24	特布德24号敌台	1506233521011700240	特布德嘎查东南7.4千米	圆锥形	较差	灰土、黄沙土夯筑，夯层厚0.2～0.25米	20.7×22	5.2×6.3	7.2	特布德长城4段	实心
25	特布德25号敌台	1506233521011700250	特布德嘎查东南7.2千米	不规则	一般	灰土、黄沙土夯筑，夯层厚0.18～0.25米	16.8×18	6.7×7.3	7.2	特布德长城4段	实心
26	特布德26号敌台	1506233521011700260	特布德嘎查东南7千米	不规则	一般	灰土、黄土夯筑，夯层厚0.16～0.25米	21×22.3	8×8.2	7.5	特布德长城4段	实心
27	特布德27号敌台	1506233521011700270	特布德嘎查东南7千米	覆斗形	较好	灰土、黄土夯筑，夯层厚0.16～0.25米	21×22.8	6.9×7.2	9	特布德长城4段	实心
28	特布德28号敌台	1506233521011700280	特布德嘎查东南6.6千米	不规则	一般	灰土、黄土夯筑，夯层厚0.16～0.25米	29×30	5.2×6	8.9	特布德长城5段	实心
29	特布德29号敌台	1506233521011700290	特布德嘎查东南6.4千米	覆钵形	一般	灰土、黄土夯筑，夯层厚0.14～0.22米	21×20	4.2×5.8	14	特布德长城5段	实心
30	特布德30号敌台	1506233521011700300	特布德嘎查东南6.2千米	不规则	较差	灰土、黄土夯筑，夯层厚0.15～0.22米	15×16.3	3×3.4	6.9	特布德长城5段	实心
31	特布德31号敌台	1506233521011700310	特布德嘎查东南6千米	不规则	差	灰土、黄土夯筑，夯层厚0.15～0.22米	12.7×13	4.3×6.5	6.5	特布德长城5段	实心
32	特布德32号敌台	1506233521011700320	特布德嘎查东南5.8千米	不规则	差	灰土、黄土堆筑	21×24	7.1×10	5.8	特布德长城5段	实心

序号	名称	编码	位置	形状	保存状况	材质及构筑方式	尺寸（米）			所属墙体段落	备注
							底部	顶部	高		
33	特布德33号敌台	1506233521011170033	特布德嘎查东南5.6千米	不规则	较差	灰土、白土夯筑，夯层厚0.1～0.2米	22×24	2.5×4	7.1	特布德长城5段	实心
34	特布德34号敌台	1506233521011170034	特布德嘎查东南5.4千米	覆钵形	一般	灰土、黄土夯筑，夯层厚0.1～0.2米	20×21	6×6.5	12.9	特布德长城5段	实心
35	特布德35号敌台	1506233521011170035	特布德嘎查东南5.2千米	圆锥形	一般	灰土、黄土夯筑，夯层厚约0.25米	24×25.3	4.8×5.5	7.4	特布德长城6段	实心
36	特布德36号敌台	1506233521011170036	特布德嘎查东南5千米	不规则	一般	灰土、黄土夯筑，夯层厚约0.2米	12×13.9	1.5×2	7.3	特布德长城6段	实心
37	特布德37号敌台	1506233521011170037	特布德嘎查东南4.8千米	不规则	一般	灰土、黄土夯筑，夯层厚0.15～0.25米	20.7×24.5	3×4.4	9	特布德长城6段	实心
38	特布德38号敌台	1506233521011170038	特布德嘎查东南4.7千米	覆斗形	较好	灰土、黄土夯筑，夯层厚0.18～0.25米	15×16	4.2×5	11.6	特布德长城6段	实心
39	特布德39号敌台	1506233521011170039	特布德嘎查东南4.4千米	不规则	一般	灰土、黄土夯筑，夯层厚0.18～0.25米	23.5×25	2.9×4.5	8.7	特布德长城6段	实心
40	特布德40号敌台	1506233521011170040	布德嘎查东南4.2千米	圆锥状	一般	灰土、黄土夯筑，夯层厚0.18～0.25米	15.7～17	2.6～3	8.6	特布德长城6段	实心
41	特布德41号敌台	1506233521011170041	特布德嘎查东南3.7千米	不规则	一般	灰土、黄土夯筑，夯层厚0.18～0.25米	19×20	3.1～3.7	7.4	特布德长城6段	实心

序号	名称	编码	位置	形状	保存状况	材质及构筑方式	尺寸（米）			所属墙体段落	备注
							底部	顶部	高		
42	特布德42号敌台	1506233521011170042	特布德嘎查东南3.4千米	不规则	较差	灰土、黄土夯筑，夯层厚0.2～0.25米	18～20	1.3～1.7	8.8	特布德长城6段	实心
43	特布德43号敌台	1506233521011170043	特布德嘎查东南3.4千米	圆锥状	一般	灰土、黄土夯筑，夯层厚0.2～0.3米	17.4～18.5	3～3.6	8	特布德长城7段	实心
44	特布德44号敌台	1506233521011170044	特布德嘎查东南3千米	不规则	一般	灰土、黄土夯筑，夯层厚0.2～0.3米	4.7～5.4	18～19	13.4	特布德长城7段	实心
45	特布德45号敌台	1506233521011170045	特布德嘎查东南2.9千米	不规则	一般	灰土、白、红土混合夯筑，夯层厚0.2～0.3米	14.6×17	6.7×8.5	11	特布德长城7段	实心
46	特布德46号敌台	1506233521011170046	特布德嘎查东南2.7千米	不规则	较好	灰土夯筑，夯层厚0.15～0.25米	9.8×12.3	3～4.8	8.7	特布德长城7段	实心
47	特布德47号敌台	1506233521011170047	特布德嘎查东南2.6千米	覆钵形	一般	灰土、红土夯筑，夯层厚0.2～0.3米	12×13.2	6～6.5	7.2	特布德长城7段	实心
48	特布德48号敌台	1506233521011170048	特布德嘎查东南2.4千米	不规则	差	灰土、红土夯筑，夯层厚0.2～0.3米		3.5～4.8	6.9	特布德长城7段	实心
49	特布德49号敌台	1506233521011170049	特布德嘎查东南2.2千米	不规则	一般	灰土、红土夯筑，夯层厚0.2～0.3米	17×18.5	3.7×4.5	8	特布德长城7段	实心
50	特布德50号敌台	1506233521011170050	特布德嘎查东南2千米	不规则	差	灰土、黄土夯筑，夯层厚0.2～0.3米	15.6×14	1.6～3	7	特布德长城7段	实心

续表

序号	名称	编码	位置	形状	保存状况	材质及构筑方式	尺寸（米）			所属墙体段落	备注
							底部	顶部	高		
51	特布德51号敌台	1506233521011700051	特布德嘎查东南1.8千米	不规则	一般	灰土、黄土夯筑，夯层厚0.2~0.3米	15×16.3	4.7~6.3	9	特布德长城7段	实心
52	特布德52号敌台	1506233521011700052	特布德嘎查东南1.6千米	不规则	一般	灰土夯筑，夯层厚0.2~0.3米	19.1×17	4.1~5.9	11	特布德长城7段	实心
53	特布德53号敌台	1506233521011700053	特布德嘎查东南1.4千米	覆斗形	较好	灰土夯筑，夯层厚0.2~0.25米	13.6×15	3.7×4.6	8.3	特布德长城7段	实心
54	特布德54号敌台	1506233521011700054	特布德嘎查东南1.3千米	覆斗形	较好	灰土夯筑，夯层厚0.2~0.25米	15.6×18	3.9×4.7	9	特布德长城7段	实心
55	特布德55号敌台	1506233521011700055	特布德嘎查西1.4千米	不规则	一般	灰土、黄土夯筑，夯层厚0.18~0.25米	17.2×19	4.2×5.5	12	特布德长城7段	实心
56	特布德56号敌台	1506233521011700056	特布德嘎查西南1.4千米	不规则	一般	灰土、黄土夯筑，夯层厚0.2~0.25米	18×20	4.2×5.5	12	特布德长城7段	实心
57	特布德57号敌台	1506233521011700057	特布德嘎查西南1.6千米	不规则	较好	灰土、黄土夯筑，夯层厚0.2~0.25米	15.1×16.7	4.1~6	9.5	特布德长城8段	实心
58	特布德58号敌台	1506233521011700058	特布德嘎查西南1.7千米	不规则	差	灰土、白胶泥土混合夯筑，夯层厚0.2~0.3米	9~10	1.7~2.2	5.1	特布德长城8段	实心
59	特布德59号敌台	1506233521011700059	特布德嘎查西南1.9千米	不规则	一般	灰土、黄土夯筑，夯层厚0.2~0.3米	18.7~20	5.2×4.6	8	特布德长城8段	实心

续表

序号	名称	编码	位置	形状	保存状况	材质及构筑方式	尺寸（米）			所属墙体段落	备注
							底部	顶部	高		
60	特布德60号敌台	1506233521011700660	特布德嘎查西南2.1千米	不规则	一般	灰土、黄土、红土夯筑，夯层厚0.2~0.3米	18.7~20	3.9×4.8	8.2	特布德长城8段	实心
61	特布德61号敌台	1506233521011700661	特布德嘎查西南2.2千米	覆斗形	较好	灰土、黄土、红土夯筑，夯层厚0.2~0.3米	14.7×15.6	5.1×6.7	8.5	特布德长城8段	实心
62	特布德62号敌台	1506233521011700662	特布德嘎查西南2.4千米	不规则	一般	灰土、黄土夯筑，夯层厚0.25米左右	16.9×19.5	5.1×6.0	7.5	特布德长城8段	实心
63	特布德63号敌台	1506233521011700663	特布德嘎查西南2.7千米	圆锥状	一般	灰土、黄土夯筑，夯层厚0.25米左右	17.3×18.6	1.7~3.2	6.7	特布德长城8段	实心
64	特布德64号敌台	1506233521011700664	特布德嘎查西南2.9千米	覆斗形	一般	灰土、黄土夯筑，夯层厚0.2左右米	16.7×18.4	2.7×3	7.5	特布德长城8段	实心
65	特布德65号敌台	1506233521011700665	特布德嘎查西南3.1千米	覆斗形	一般	灰土、黄土夯筑，夯层厚0.25米左右	12.7×14.5	3×3.6	13	特布德长城8段	空心，内有一室；东壁中部有两个瞭望孔
66	特布德66号敌台	1506233521011700666	特布德嘎查西南3.4千米	不规则	一般	灰土、黄土夯筑，夯层厚0.25米左右	17.7×22	4.6×7.5	10	特布德长城8段	实心
67	特布德67号敌台	1506233521011700667	特布德嘎查西南3.7千米	圆锥状	一般	灰土、黄土夯筑，夯层厚0.28~0.35米	21×22.3	2.7~4	6.5	特布德长城9段	实心
68	特布德68号敌台	1506233521011700668	特布德嘎查西南3.9千米	覆斗形	一般	灰土、黄土夯筑，夯层厚0.28~0.35米	20.2×22	6~6.6	7	特布德长城9段	实心

序号	名称	编码	位置	形状	保存状况	材质及构筑方式	尺寸（米）			所属墙体段落	备注
							底部	顶部	高		
69	特布德69号敌台	1506233521011 70069	特布德嘎查西南4.1千米	不规则	一般	灰土、黄土夯筑，夯层厚 0.25 ~ 0.3 米	14.8 × 16	5.9 ~ 7	8	特布德长城9段	实心
70	特布德70号敌台	1506233521011 70070	特布德嘎查西南4.3千米	不规则	一般	灰土、黄土夯筑，夯层厚 0.25 ~ 0.3 米	13 × 14.5	4.2 ~ 5.4	7.7	特布德长城9段	实心
71	特布德71号敌台	1506233521011 70071	特布德嘎查西南4.5千米	不规则	一般	灰土、黄胶泥土混合夯筑，夯层厚 0.3 米	17.6 ~ 18.4	4.2 × 4.8	7.8	特布德长城9段	实心
72	特布德72号敌台	1506233521011 70072	特布德嘎查西南4.8千米	圆锥状	一般	灰土、黄土夯筑，夯层厚 0.25 ~ 0.3 米	15.2 ~ 16.6	5 ~ 5.6	9	特布德长城9段	实心
73	特布德73号敌台	1506233521011 70073	特布德嘎查西南5.1千米	不规则	一般	灰土、黄土夯筑，夯层厚 0.25 ~ 0.3 米	16.7 × 18	6 × 5.2	7	特布德长城9段	实心
74	特布德74号敌台	1506233521011 70074	特布德嘎查西南5.3千米	不规则	差	灰土、黄土夯筑，夯层厚 0.25 ~ 0.3 米	17 × 16	5.1 ~ 6	5	特布德长城9段	实心
75	特布德75号敌台	1506233521011 70075	特布德嘎查西南5.6千米	不规则	一般	灰土、黄土夯筑，夯层厚 0.25 ~ 0.3 米	15.2 ~ 17	3.2 ~ 4	7.6	特布德长城9段	实心
76	特布德76号敌台	1506233521011 70076	特布德嘎查西南6.2千米	不规则	一般	灰土、黄土夯筑，夯层厚 0.25 ~ 0.3 米	15 ~ 16.6	4.2 ~ 5.1	8	特布德长城10段	实心
77	特布德77号敌台	1506233521011 70077	特布德嘎查西南6.4千米	不规则	一般	灰土、白土夯筑，夯层厚 0.2 ~ 0.3 米	16.6 × 16	5.1 × 4.5	8.8	特布德长城10段	实心

序号	名称	编码	位置	形状	保存状况	材质及构筑方式	尺寸（米）			所属墙体段落	备注
							底部	顶部	高		
78	特布德78号敌台	1506233352101170078	特布德嘎查西南6.6千米	不规则	一般	灰土、黄土夯筑，夯层厚0.2～0.3米	2.4～3.4	15～16.2	9	特布德长城10段	实心
79	特布德79号敌台	1506233352101170079	特布德嘎查西南6.8千米	覆斗形	较好	灰土、黄土夯筑，夯层厚0.2～0.3米	13.7×14.4	5.0×5.7	9.5	特布德长城10段	实心
80	特布德80号敌台	1506233352101170080	特布德嘎查西南7千米	不规则	一般	灰土、黄土夯筑，夯层厚0.2～0.3米	16×17.6	2.1～3.4	8.7	特布德长城10段	实心
81	特布德81号敌台	1506233352101170081	特布德嘎查西南7.2千米	不规则	一般	灰土、黄土夯筑，夯层厚0.25～0.3米	20×21.8	3.1×3.8	8.1	特布德长城10段	实心
82	特布德82号敌台	1506233352101170082	特布德嘎查西南7.5千米	不规则	一般	灰土、黄土夯筑，夯层厚0.25～0.3米	15.7×16.3	2.3～3.6	8.3	特布德长城10段	实心
83	特布德83号敌台	1506233352101170083	特布德嘎查西南7.7千米	不规则	较差	灰土、黄土夯筑，夯层厚0.2～0.25米	13.9～15	2～7.6	7	特布德长城10段	实心
84	特布德84号敌台	1506233352101170084	特布德嘎查西南7.9千米	覆钵形	一般	灰土、黄土夯筑，夯层厚0.2～0.25米	18.7×19.2	5×5.6	7.2	特布德长城11段	实心
85	特布德85号敌台	1506233352101170085	特布德嘎查西南8.1千米	覆斗形	较好	灰土、黄土夯筑，夯层厚0.2～0.25米	20.7×23.1	6.7×7.5	9.3	特布德长城11段	实心
86	特布德86号敌台	1506233352101170086	特布德嘎查西南8.3千米	不规则	一般	灰土、黄土夯筑，夯层厚0.2～0.25米	23.1×22	6.2～7.1	7.4	特布德长城11段	实心

序号	名称	编码	位置	形状	保存状况	材质及构筑方式	尺寸（米）			所属墙体段落	备注
							底部	顶部	高		
87	特布德87号敌台	150623352101170087	特布德嘎查西南8.6千米	圆锥状	一般	灰土、黄土夯筑，夯层厚0.2～0.25米	11×12.6	1.6～2	7	特布德长城11段	实心
88	特布德88号敌台	150623352101170088	特布德嘎查西南8.9千米	不规则	较差	灰土、黄土夯筑，夯层厚0.2～0.25米	17.5×17	1.6～2	7.6	特布德长城11段	实心
89	特布德89号敌台	150623352101170089	特布德嘎查西南9.2千米	不规则	一般	灰土、黄土夯筑，夯层厚0.2～0.25米	13×13.1	5.7×6.2	8.8	特布德长城11段	实心
90	特布德90号敌台	150623352101170090	特布德嘎查西南9.4千米	覆钵形	一般	灰土、黄土夯筑，夯层厚0.2～0.25米	15.4×16.3	5.2～5.8	9.2	特布德长城11段	实心
91	特布德91号敌台	150623352101170091	特布德嘎查西南9.7千米	覆钵形	一般	灰土、黄土夯筑，夯层厚0.2～0.25米	15×15.2	8.9×9.3	7.3	特布德长城11段	实心
92	特布德92号敌台	150623352101170092	特布德嘎查西南9.9千米	覆钵形	一般	灰土、黄土夯筑，夯层厚0.2～0.25米	13.1～13.8	2.4～3	10.8	特布德长城11段	实心
93	特布德93号敌台	150623352101170093	特布德嘎查西南10.1千米	覆钵形	一般	灰土、黄土夯筑，夯层厚0.2～0.25米	12.7～13.4	4.2～4.9	7.6	特布德长城12段	实心
94	特布德94号敌台	150623352101170094	特布德嘎查西南10.3千米	覆钵形	一般	灰土、黄土夯筑，夯层厚0.2～0.25米	13.2～14	2.3～3	8.9	特布德长城12段	实心
95	特布德95号敌台	150623352101170095	特布德嘎查西南10.5千米	不规则	一般	灰土、黄土夯筑，夯层厚0.2～0.25米	12×13	2.6～3.8	8	特布德长城12段	实心

序号	名称	编码	位置	形状	保存状况	材质及构筑方式	尺寸（米）			所属墙体段落	备注
							底部	顶部	高		
96	特布德96号敌台	1506233352101170096	特布德嘎查西南10.7千米	不规则	一般	灰土、黄土夯筑，夯层厚0.2～0.25米	16×16.9	5×5.2	8.6	特布德长城12段	实心
97	特布德97号敌台	1506233352101170097	特布德嘎查西南10.9千米	不规则	一般	灰土、黄土夯筑，夯层厚0.2～0.25米	12.7×13.8	3.5～4.2	7.5	特布德长城12段	实心
98	特布德98号敌台	1506233352101170098	特布德嘎查西南11.1千米	不规则	一般	灰土、黄土夯筑，夯层厚0.2～0.25米	13.6×14.7	4.8×5.3	6.7	特布德长城12段	实心
99	特布德99号敌台	1506233352101170099	特布德嘎查西南11.3千米	覆斗形	一般	灰土、黄土夯筑，夯层厚0.2～0.25米	15～15.8	3.2×3.6	8.5	特布德长城12段	实心
100	特布德100号敌台	1506233521011700100	特布德嘎查西南11.5千米	覆斗形	一般	灰土、黄土夯筑，夯层厚0.2～0.25米	14.2×14.6	4×4.6	8	特布德长城12段	实心
101	特布德101号敌台	1506233521011700101	特布德嘎查西南11.7千米	不规则	一般	灰土、黄土夯筑，夯层厚0.2～0.25米	16.3～17.1	5.3～6	8.2	特布德长城12段	实心
102	特布德102号敌台	1506233521011700102	特布德嘎查西南11.9千米	圆锥状	一般	灰土、黄土夯筑，夯层厚0.2～0.25米	14～14.5	3.1～3.8	8.4	特布德长城12段	实心
103	特布德103号敌台	1506233521011700103	特布德嘎查西南12.1千米	不规则	差	黄土、灰土和白胶泥土混合构筑；夯层不清	11×4		2.4	特布德长城12段	实心
104	特布德104号敌台	1506233521011700104	特布德嘎查西南12.2千米	圆锥形	差	黄土、灰土和白胶泥土混合构筑；夯层不清	9.4～10.1	1.6～2.2	4.9	特布德长城12段	实心

序号	名称	编码	位置	形状	保存状况	材质及构筑方式	尺寸（米）			所属墙体段落	备注
							底部	顶部	高		
105	苏家井1号敌台	15062335210117 00125（6401813521011 70014）	上海庙镇苏家井村南9.4千米	土台状	较差	黄土夯筑	11×8		2	苏家井长城1段	实心，对应宁夏清水营村1号敌台
106	苏家井2号敌台	15062335210117 00126（6401813521011 70015）	苏家井村南8.9千米	土台状	差	黄土夯筑	8		1	苏家井长城1段	实心，对应宁夏清水营村2号敌台
107	苏家井3号敌台	15062335210117 00127（6401813521011 70016）	苏家井村南8.8千米	土台状	差	黄土夯筑	6		2	苏家井长城1段	实心，对应宁夏清水营村3号敌台
108	苏家井4号敌台	15062335210117 00128（6401813521011 70017）	苏家井村南8.7千米	土台状	较差	黄土夯筑	8×10	1	5	苏家井长城1段	实心，对应宁夏清水营村4号敌台
109	苏家井5号敌台	15062335210117 00129（6401813521011 70018）	苏家井村南8.6千米	土台状	较差	黄土夯筑	10×7		5	苏家井长城1段	实心，对应宁夏清水营村5号敌台
110	苏家井6号敌台	15062335210117 00130（6401813521011 70019）	苏家井村南8.5千米	土台状	较差	黄土夯筑，夯层厚0.12~0.16米	11×11	4×3	7	苏家井长城1段	实心，对应宁夏清水营村6号敌台
111	苏家井7号敌台	15062335210117 00131（6401813521011 70020）	苏家井村南8.4千米	土台状	一般	黄土夯筑，夯层厚0.12~0.14米	18×11	2×3	11	苏家井长城1段	实心，对应宁夏清水营村7号敌台
112	苏家井8号敌台	15062335210117 00132（6401813521011 70021）	苏家井村南8.2千米	土台状	较好	黄土夯筑，夯层厚0.9~0.11米	14×10	4.5×4	11	苏家井长城1段	实心，对应宁夏清水营村8号敌台
113	苏家井9号敌台	15062335210117 00133（6401813521011 70022）	苏家井村南8.1千米	土台状	一般	黄土夯筑，夯层厚0.13~0.14米	17×18	5×2	10	苏家井长城1段	实心，对应宁夏清水营村9号敌台

序号	名称	编码	位置	形状	保存状况	材质及构筑方式	尺寸（米）			所属墙体段落	备注
							底部	顶部	高		
114	苏家井10号敌台	15062335210117000134（6401813521011700023）	苏家井村南8千米	土台状	一般	黄土夯筑	17×13	3×1	11	苏家井长城1段	实心，对应宁夏清水营村10号敌台
115	苏家井11号敌台	15062335210117000135（6401813521011700024）	苏家井村西南7.9千米	土台状	较好	黄土夯筑，夯层厚0.13~0.21米	8×9	3×3	7	苏家井长城1段	实心，对应宁夏清水营村11号敌台
116	苏家井12号敌台	15062335210117000136（6401813521011700025）	苏家井村西南7.7千米	土台状	较差	黄土夯筑，夯层厚0.13~0.16米	12×18	1×3	7	苏家井长城1段	实心，对应宁夏清水营村12号敌台
117	苏家井13号敌台	15062335210117000137（6401813521011700026）	苏家井村西南7.5千米	土台状	一般	黄土夯筑，夯层厚0.14~0.15米	12×15	4×7	10	苏家井长城1段	实心，对应宁夏清水营村13号敌台
118	苏家井14号敌台	15062335210117000138（6401813521011700027）	苏家井村西南7.4千米	土台状	一般	黄土夯筑	14×17		11	苏家井长城1段	实心，对应宁夏清水营村14号敌台
119	苏家井15号敌台	15062335210117000139（6401813521011700028）	苏家井村西南7.5千米	土台状	一般	黄土夯筑	14×16		11	苏家井长城2段	实心，对应宁夏清水营村15号敌台
120	苏家井16号敌台	15062335210117000140（6401813521011700029）	苏家井村西南7.6千米	土台状	一般	黄土夯筑，夯层厚0.1~0.18米	20×16	2.5×4	10	苏家井长城2段	实心，对应宁夏清水营村16号敌台
121	苏家井17号敌台	15062335210117000141（6401813521011700030）	苏家井村西南7.5千米	土台状	一般	黄土夯筑，夯层厚0.15米	26×21	11×6	10	苏家井长城2段	实心，对应宁夏清水营村17号敌台
122	苏家井18号敌台	15062335210117000142（6401813521011700031）	苏家井村西南7.6千米	土台状	较好	黄土夯筑，夯层厚0.15~0.23米	19×17	2×4	8	苏家井长城2段	实心，对应宁夏清水营村18号敌台

序号	名称	编码	位置	形状	保存状况	材质及构筑方式	尺寸（米）			所属墙体段落	备注
							底部	顶部	高		
123	苏家井19号敌台	15062335210117 00143（6401813 52101170032）	苏家井村西南7.5千米	土台状	较好	黄土夯筑，夯层厚0.15~0.22米	17×14	4×8	9	苏家井长城2段	实心，对应宁夏清水营村19号敌台
124	苏家井20号敌台	15062335210117 00144（6401813 52101170033）	苏家井村西南7.7千米	土台状	较好	黄土夯筑，夯层厚0.12~0.2米	18×17	5×10	11	苏家井长城2段	实心，对应宁夏清水营村20号敌台
125	苏家井21号敌台	15062335210117 00145（6401813 52101170034）	苏家井村西南7.7千米	土台状	一般	黄土夯筑，夯层厚0.11~0.2米	14×12	3×6	10	苏家井长城2段	实心，对应宁夏清水营村21号敌台
126	苏家井22号敌台	15062335210117 00146（6401813 52101170035）	苏家井村西南7.8千米	土台状	一般	黄土夯筑	16×11	4		苏家井长城3段	实心，对应宁夏清水营村22号敌台
127	苏家井23号敌台	15062335210117 00147（6401813 52101170036）	苏家井村西南7.9千米	土台状	一般	黄土夯筑	13×11.2	2.5×2		苏家井长城3段	实心，对应宁夏清水营村23号敌台
128	苏家井24号敌台	15062335210117 00148（6401813 52101170037）	苏家井村西南8.1千米	土台状	较差	黄土夯筑	15×10	3×2		苏家井长城3段	实心，对应宁夏清水营村24号敌台
129	苏家井25号敌台	15062335210117 00149（6401813 52101170038）	苏家井村西南8.4千米	土台状	一般	黄土夯筑，夯层厚0.14~0.18米	15×14.7	3×5		苏家井长城3段	实心，对应宁夏清水营村25号敌台
130	苏家井26号敌台	15062335210117 00150（6401813 52101170039）	苏家井村西南8.5千米	土台状	较差	黄土夯筑	16×15	6×4	7	苏家井长城3段	实心，对应宁夏清水营村26号敌台
131	苏家井27号敌台	15062335210117 00151（6401813 52101170040）	苏家井村西南8.6千米	土台状	一般	黄土夯筑	13×13		6	苏家井长城3段	实心，对应宁夏清水营村27号敌台

续表

序号	名称	编码	位置	形状	保存状况	材质及构筑方式	尺寸（米）			所属墙体段落	备注
							底部	顶部	高		
132	芒哈图1号敌台	1506233521011700152（6401813521011170041）	上海庙镇芒哈图乡东南13.1千米	土台状	一般	黄土夯筑	18×15	3×5	9	芒哈图长城1段	实心，对应宁夏马跑泉村1号敌台
133	芒哈图2号敌台	1506233521011700153（6401813521011170042）	芒哈图乡东南12.9千米	土台状	较差	黄土夯筑，夯层厚0.13~0.18米	9.3×8.5	3.5×1	9	芒哈图长城1段	实心，对应宁夏马跑泉村2号敌台
134	芒哈图3号敌台	1506233521011700154（6401813521011170043）	芒哈图乡东南12.8千米	土台状	一般	黄土夯筑	13×16.8	4×1	10	芒哈图长城1段	实心，对应宁夏马跑泉村3号敌台
135	芒哈图4号敌台	1506233521011700155（6401813521011170044）	芒哈图乡东南12.4千米	土台状	一般	黄土夯筑	13×16	1×4	7	芒哈图长城1段	实心，对应宁夏马跑泉村4号敌台
136	芒哈图5号敌台	1506233521011700156（6401813521011170045）	芒哈图乡东南12.3千米	土台状	一般	黄土夯筑	13×15.6	4.5×1	8	芒哈图长城1段	实心，对应宁夏马跑泉村5号敌台
137	芒哈图6号敌台	1506233521011700157（6401813521011170046）	芒哈图乡东南12.1千米	土台状	一般	黄土夯筑，夯层厚0.12~0.16米	14.5×12.5	1.5×0.8	9	芒哈图长城1段	实心，对应宁夏马跑泉村6号敌台
138	芒哈图7号敌台	1506233521011700158（6401813521011170047）	芒哈图乡东南11.7千米	土台状	一般	黄土夯筑	16×11.7		9	芒哈图长城1段	实心，对应宁夏马跑泉村7号敌台
139	芒哈图8号敌台	1506233521011700159（6401813521011170048）	芒哈图乡东南11.5千米	土台状	较好	黄土夯筑，夯层厚0.12~0.2米	9×16	5×5	9	芒哈图长城1段	实心，对应宁夏马跑泉村8号敌台
140	芒哈图9号敌台	1506233521011700160（6401813521011170049）	芒哈图乡东南11.2千米	土台状	较好	黄土夯筑，夯层厚0.2米左右	16×17	7.8×3.5	7	芒哈图长城2段	实心，对应宁夏马跑泉村9号敌台

续表

序号	名称	编码	位置	形状	保存状况	材质及构筑方式	尺寸（米）			所属墙体段落	备注
							底部	顶部	高		
141	芒哈图10号敌台	15062335210111700161（6401813521011700050）	芒哈图乡东南11千米	土台状	一般	黄土夯筑，夯层厚0.14~0.18米	12.3×11.9	5×5	9	芒哈图长城2段	实心，对应宁夏马跑泉村10号敌台
142	芒哈图11号敌台	15062335210111700162（6401813521011700051）	芒哈图乡东南10.7千米	土台状	一般	黄土夯筑	15×11	1.7×3.5	7	芒哈图长城2段	实心，对应宁夏马跑泉村11号敌台
143	芒哈图12号敌台	15062335210111700163（6401813521011700052）	芒哈图乡东南10.6千米	土台状	一般	黄土夯筑，夯层厚0.15~0.25米	14×10	6×4	9	芒哈图长城2段	实心，对应宁夏马跑泉村12号敌台
144	芒哈图13号敌台	15062335210111700164（6401813521011700053）	芒哈图乡东南10.3千米	土台状	较好	黄土夯筑，夯层厚0.13~0.15米	14×10	5×5	8	芒哈图长城2段	实心，对应宁夏马跑泉村13号敌台
145	芒哈图14号敌台	15062335210111700165（6401813521011700054）	芒哈图乡东南10.1千米	土台状	较好	黄土夯筑	13×10.5	3×0.3	7	芒哈图长城2段	实心，对应宁夏马跑泉村14号敌台
146	芒哈图15号敌台	15062335210111700166（6401813521011700055）	芒哈图乡东南10千米	土台状	一般	黄土夯筑，夯层厚0.11~0.14米	10×12	0.5~1.6×4	9	芒哈图长城2段	实心，对应宁夏马跑泉村15号敌台
147	芒哈图16号敌台	15062335210111700167（6401813521011700056）	芒哈图乡东南9.8千米	土台状	较差	黄土夯筑，夯层厚0.18~0.2米	15×10		8	芒哈图长城3段	实心，对应宁夏马跑泉村16号敌台
148	芒哈图17号敌台	15062335210111700168（6401813521011700057）	芒哈图乡东南9.5千米	土台状	较好	黄土夯筑，夯层厚0.16~0.23米	16×13	7×6	9	芒哈图长城3段	实心，对应宁夏马跑泉村17号敌台
149	芒哈图18号敌台	15062335210111700169（6401813521011700058）	芒哈图乡东南9.4千米	土台状	一般	黄土夯筑，夯层厚0.14米	13.2×12	5×4	8	芒哈图长城3段	实心，对应宁夏马跑泉村18号敌台

序号	名称	编码	位置	形状	保存状况	材质及构筑方式	尺寸（米）			所属墙体段落	备注
							底部	顶部	高		
150	芒哈图19号敌台	1506233521011700170（640181352101170059）	芒哈图乡东南9.3千米	土台状	较好	黄土夯筑，夯层厚0.15~0.23米	12×10	6×6	8	芒哈图长城3段	实心，对应宁夏马跑泉村19号敌台
151	芒哈图20号敌台	1506233521011700171（640181352101170060）	芒哈图乡东南9千米	土台状	一般	黄土夯筑，夯层厚0.17~0.25米	14.7×16	0.5×0.4	8	芒哈图长城3段	实心，对应宁夏马跑泉村20号敌台
152	芒哈图21号敌台	1506233521011700172（640181352101170061）	芒哈图乡东南8.9千米	土台状	较好	黄土夯筑，夯层厚0.17~0.18米	12.4×14.7	6×5	10	芒哈图长城4段	实心，对应宁夏张家窑村1号敌台
153	芒哈图22号敌台	1506233521011700173（640181352101170062）	芒哈图乡东南8.7千米	土台状	一般	黄土夯筑，夯层厚0.12~0.2米	10.2×13	2.5×0.3	8	芒哈图长城4段	实心，对应宁夏张家窑村2号敌台
154	芒哈图23号敌台	1506233521011700174（640181352101170063）	芒哈图乡东南8.4千米	土台状	一般	黄土夯筑，夯层厚0.25~0.27米	14×14		6	芒哈图长城4段	实心，对应宁夏张家窑村3号敌台
155	芒哈图24号敌台	1506233521011700175（640181352101170064）	芒哈图乡东南8.3千米	土台状	较好	黄土夯筑，夯层厚0.11~0.14米	13×13.5	3.5×2	10.2	芒哈图长城4段	实心，对应宁夏张家窑村4号敌台
156	芒哈图25号敌台	1506233521011700176（640181352101170065）	芒哈图乡东南8.2千米	土台状	较好	黄土夯筑，夯层厚014~0.18米	14.7×15	4.5×3	9	芒哈图长城4段	实心，对应宁夏张家窑村5号敌台
157	芒哈图26号敌台	1506233521011700177（640181352101170066）	芒哈图乡东南8千米	土台状	较好	黄土夯筑，夯层厚0.17~0.2米	15.8×13.5	8×6	10	芒哈图长城4段	实心，对应宁夏张家窑村6号敌台
158	芒哈图27号敌台	1506233521011700178（640181352101170067）	芒哈图乡东南7.9千米	土台状	一般	黄土夯筑，夯层厚0.1~0.14米	15×12.4		6	芒哈图长城4段	实心，对应宁夏张家窑村7号敌台

序号	名称	编码	位置	形状	保存状况	材质及构筑方式	尺寸（米）			所属墙体段落	备注
							底部	顶部	高		
159	芒哈图28号敌台	1506233521011700179（640181352101170068）	芒哈图乡东南7.7千米	土台状	较好	黄土夯筑，夯层厚0.14~0.17米	13.8×14	6×5	7	芒哈图长城4段	实心，对应宁夏张家窑村8号敌台
160	芒哈图29号敌台	1506233521011700180（640181352101170069）	芒哈图乡东南7.5千米	土台状	较好	黄土夯筑，夯层厚0.15~0.2米	14.5×12.1	5×6	7	芒哈图长城4段	实心，对应宁夏张家窑村9号敌台
161	芒哈图30号敌台	1506233521011700181（640181352101170070）	芒哈图乡东南7.4千米	土台状	一般	黄土夯筑，夯层厚0.15~0.18米	14.7×14.4	2×7	7	芒哈图长城4段	实心，对应宁夏张家窑村10号敌台
162	芒哈图31号敌台	1506233521011700182（640181352101170071）	芒哈图乡东南7.3千米	土台状	较好	黄土夯筑，夯层厚0.12~0.16	14.8×9.2	5×4	9	芒哈图长城4段	实心，对应宁夏张家窑村11号敌台
163	芒哈图32号敌台	1506233521011700183（640181352101170072）	芒哈图乡东南7千米	土台状	一般	黄土夯筑，夯层厚0.16~0.18米	16.4×12.1		8	芒哈图长城4段	实心，对应宁夏张家窑村12号敌台
164	芒哈图33号敌台	1506233521011700184（640181352101170073）	芒哈图乡东南6.9千米	土台状	一般	黄土夯筑，夯层厚0.15~0.21米	15.2×13.3	5×0.8	8	芒哈图长城4段	实心，对应宁夏张家窑村13号敌台
165	芒哈图34号敌台	1506233521011700185（640181352101170074）	芒哈图乡东南6.7千米	土台状	一般	黄土夯筑，夯层厚0.12~0.2米	6.8×10.2		7	芒哈图长城5段	实心，对应张家窑村14号敌台
166	芒哈图35号敌台	1506233521011700186（640181352101170075）	芒哈图乡东南6.5千米	土台状	一般	黄土夯筑，夯层厚0.18~0.22米	13.3×8.8	2.5×0.5	6	芒哈图长城5段	实心，对应宁夏张家窑村15号敌台
167	芒哈图36号敌台	1506233521011700187（640181352101170076）	芒哈图乡东南6.3千米	土台状	一般	黄土夯筑，夯层厚0.16~0.22米	9.1×11.6	4×5	6	芒哈图长城5段	实心，对应宁夏张家窑村16号敌台

序号	名称	编码	位置	形状	保存状况	材质及构筑方式	尺寸（米）			所属墙体段落	备注
							底部	顶部	高		
168	芒哈图37号敌台	15062335210117 00188（640181352101170077）	芒哈图乡东南6.1千米	土台状	一般	黄土夯筑，夯层厚0.14~0.2米	7.5×11.5	0.5×1.5	7	芒哈图长城5段	实心，对应宁夏张家窑村17号敌台
169	芒哈图38号敌台	15062335210117 00189（640181352101170078）	芒哈图乡东南6千米	土台状	一般	黄土夯筑，夯层厚0.2~0.24米	12.4×11.6	10×9	7	芒哈图长城5段	实心，对应宁夏张家窑村18号敌台
170	芒哈图39号敌台	15062335210117 00190（640181352101170079）	芒哈图乡东南5.8千米	土台状	一般	黄土夯筑，夯层厚0.14~0.2米	14×10.7	4×3.8	7	芒哈图长城5段	实心，对应张家窑村19号敌台
171	芒哈图40号敌台	15062335210117 00191（640181352101170080）	芒哈图乡东南5.6千米	土台状	一般	黄土夯筑，夯层厚0.17~0.2米	9.6×13		7	芒哈图长城5段	实心，对应宁夏张家窑村20号敌台
172	芒哈图41号敌台	15062335210117 00192（640181352101170081）	芒哈图乡东南5.4千米	土台状	较差	黄土夯筑，夯层厚0.14米	13.6×11.5	3×2	6	芒哈图长城5段	实心，对应宁夏张家窑村21号敌台
173	芒哈图42号敌台	15062335210117 00193（640181352101170082）	芒哈图乡东南5.3千米	土台状	较好	黄土夯筑，夯层厚0.14~0.2米	15.8×15.2	6.5×5	8	芒哈图长城5段	实心，对应宁夏张家窑村22号敌台
174	芒哈图43号敌台	15062335210117 00194（640181352101170083）	芒哈图乡东南5.1千米	土台状	一般	黄土夯筑，夯层厚0.12~0.2米	11×11	2×4	5	芒哈图长城5段	实心，对应宁夏张家窑村23号敌台
175	芒哈图44号敌台	15062335210117 00195（640181352101170084）	芒哈图乡东南5千米	土台状	较好	黄土夯筑	15.5×13.8	7×4.3	6	芒哈图长城5段	实心，对应宁夏张家窑村24号敌台
176	芒哈图45号敌台	15062335210117 00196（640181352101170085）	芒哈图乡东南4.8千米	土台状	较好	黄土夯筑，夯层厚0.1~0.12米	13×14.5	4.5×3.5	8	芒哈图长城5段	实心，对应宁夏张家窑村25号敌台

序号	名称	编码	位置	形状	保存状况	材质及构筑方式	尺寸（米）			所属墙体段落	备注
							底部	顶部	高		
177	芒哈图46号敌台	1506233521011700197（640181352101170086）	芒哈图乡东南4.6千米	土台状	较好	黄土夯筑，夯层厚0.17米~0.23米	7×10	4×3	7	芒哈图长城5段	实心，对应宁夏张家窑村26号敌台
178	芒哈图47号敌台	1506233521011700198（640181352101170087）	芒哈图乡东南4.5千米	土台状	一般	黄土夯筑，夯层厚0.14米~0.18米	11×11	4×2	7	芒哈图长城5段	实心，对应宁夏张家窑村27号敌台
179	芒哈图48号敌台	1506233521011700199（640181352101170088）	芒哈图乡东南4.4千米	土台状	一般	黄土夯筑，夯层厚0.15米~0.18米	10.3×10.5		7	芒哈图长城6段	实心，对应宁夏张家窑村28号敌台
180	芒哈图49号敌台	1506233521011700200（640181352101170089）	芒哈图乡东南4.3千米	土台状	一般	黄土夯筑，夯层厚0.11米~0.2米	9.4×10		6	芒哈图长城6段	实心，对应宁夏张家窑村29号敌台
181	芒哈图50号敌台	1506233521011700201（640181352101170090）	芒哈图乡东南4.2千米	土台状	较好	黄土夯筑，夯层厚0.15米~0.2米	13.5×11.3	9×4.5	9	芒哈图长城6段	实心，对应宁夏张家窑村30号敌台
182	芒哈图51号敌台	1506233521011700202（640181352101170091）	芒哈图乡东南4.0千米	土台状	较好	黄土夯筑，夯层厚0.1米~0.12米	8×8.8	7×6	8	芒哈图长城6段	实心，对应宁夏张家窑村31号敌台
183	芒哈图52号敌台	1506233521011700203（640181352101170092）	芒哈图乡南3.9千米	土台状	一般	黄土夯筑，夯层厚0.11米~0.14米	9.5×9	9×7	7	芒哈图长城6段	实心，对应宁夏张家窑村32号敌台
184	芒哈图53号敌台	1506233521011700204（640181352101170093）	芒哈图乡南3.8千米	土台状	较好	黄土夯筑，夯层厚0.16米~0.2米	8.2×9.6	7×5	7	芒哈图长城6段	实心，对应宁夏张家窑村33号敌台
185	芒哈图54号敌台	1506233521011700205（640181352101170094）	芒哈图乡南3.7千米	土台状	较好	黄土夯筑，夯层厚0.11米~0.15米	14×13	6×6	7	芒哈图长城6段	实心，对应宁夏张家窑村34号敌台

序号	名称	编码	位置	形状	保存状况	材质及构筑方式	尺寸（米）			所属墙体段落	备注
							底部	顶部	高		
186	芒哈图55号敌台	1506233521011700206（6401813521011700095）	芒哈图乡南3.6千米	土台状	较差	黄土夯筑，夯层0.15～0.2米	8×8.8		6	芒哈图长城6段	实心，对应宁夏张家窑村35号敌台
187	芒哈图56号敌台	1506233521011700207（6401813521011700096）	芒哈图乡南3.5千米	土台状	一般	黄土夯筑，夯层0.15～0.17米	12×9	1.3×1.5	7	芒哈图长城6段	实心，对应宁夏张家窑村36号敌台
188	芒哈图57号敌台	1506233521011700208（6401813521011700097）	芒哈图乡南3.5千米	土台状	一般	黄土夯筑，夯层0.14～0.18米	14×11	5×5	7	芒哈图长城6段	实心，对应宁夏张家窑村37号敌台
189	芒哈图58号敌台	1506233521011700209（6401813521011700098）	芒哈图乡南3.5千米	土台状	一般	黄土夯筑	8×7		8	芒哈图长城6段	实心，对应宁夏张家窑村38号敌台
190	芒哈图59号敌台	1506233521011700210（6401813521011700099）	芒哈图乡南3.5千米	土台状	一般	黄土夯筑，夯层0.15～0.17米	9×7	3×2.7	5	芒哈图长城6段	实心，对应宁夏张家窑村39号敌台
191	芒哈图60号敌台	1506233521011700211（6401813521011700100）	芒哈图乡南3.4千米	土台状	较好	黄土夯筑，夯层0.12～0.2米	14×14	3×3.5	8	芒哈图长城6段	实心，对应宁夏张家窑村40号敌台
192	芒哈图61号敌台	1506233521011700212（6401813521011700101）	芒哈图乡南3.4千米	土台状	较差	黄土夯筑，夯层0.14～0.2米	7×4		5	芒哈图长城7段	实心，对应宁夏张家窑村41号敌台
193	芒哈图62号敌台	1506233521011700212（6401813521011700101）	芒哈图乡南3.4千米	土台状	一般	黄土夯筑，夯层0.18～0.2米	13×16	2×1	6	芒哈图长城7段	实心，对应宁夏上桥村1号敌台，敌台与墙体的东南侧有台阶遗迹

续表

序号	名称	编码	位置	形状	保存状况	材质及构筑方式	尺寸（米）			所属墙体段落	备注
							底部	顶部	高		
194	芒哈图63号敌台	15062335210117002 13（6401813521011701 02）	芒哈图乡南3.3千米	土台状	较好	黄土夯筑，夯层0.18~0.25米	14×13	6×3	7	芒哈图长城7段	实心，对应宁夏上桥村2号敌台
195	芒哈图64号敌台	15062335210117002 14（6401813521011701 03）	芒哈图乡西南3.2千米	土台状	一般	黄土夯筑，夯层0.18~0.22米	16×13	6×3	6	芒哈图长城7段	实心，对应宁夏上桥村3号敌台
196	芒哈图65号敌台	15062335210117002 15（6401813521011701 04）	芒哈图乡西南3.3千米	土台状	较好	黄土夯筑，夯层厚0.17~0.26米	14×11	3×2	8	芒哈图长城7段	实心，对应宁夏上桥村4号敌台
197	芒哈图66号敌台	15062335210117002 16（6401813521011701 05）	芒哈图乡西南3.2千米	土台状	较好	黄土夯筑，夯层厚0.15~0.25米	11×10	4×3	7	芒哈图长城7段	实心，对应宁夏上桥村5号敌台
198	芒哈图67号敌台	15062335210117002 17（6401813521011701 06）	芒哈图乡西南3.2千米	土台状	一般	黄土夯筑，夯层厚0.16~0.2米	13×10	4×3	7	芒哈图长城7段	实心，对应宁夏上桥村6号敌台
199	芒哈图68号敌台	15062335210117002 18（6401813521011701 07）	芒哈图乡西南3.1千米	土台状	较差	黄土夯筑，夯层厚0.11米~0.18米	15×8	2×1	6	芒哈图长城7段	实心，对应宁夏上桥村7号敌台
200	芒哈图69号敌台	15062335210117002 19（6401813521011701 08）	芒哈图乡西南3.1千米	土台状	一般	黄土夯筑，夯层厚0.18~0.22米	15×12	4×3	10	芒哈图长城7段	实心，对应宁夏上桥村8号敌台
201	芒哈图70号敌台	15062335210117002 20（6401813521011701 09）	芒哈图乡西南3千米	土台状	一般	黄土夯筑，夯层厚0.16~0.22米	14×15	5×7.5	10	芒哈图长城7段	实心，对应宁夏上桥村9号敌台
202	芒哈图71号敌台	15062335210117002 21（6401813521011701 10）	芒哈图乡西南3.1千米	土台状	一般	黄土夯筑，夯层厚0.15~0.17米	17×16	6×2	9	芒哈图长城8段	实心，对应宁夏上桥村10号敌台

续表

序号	名称	编码	位置	形状	保存状况	材质及构筑方式	尺寸（米）			所属墙体段落	备注
							底部	顶部	高		
203	芒哈图72号敌台	1506233521011700222（6401813521011170111）	芒哈图乡西南3.1千米	土台状	较差	黄土夯筑，夯层厚0.16~0.19米	15×11	1.7×4	9	芒哈图长城8段	实心，对应宁夏上桥村11号敌台
204	芒哈图73号敌台	1506233521011700223（6401813521011170112）	芒哈图乡西南3.1千米	土台状	一般	黄土夯筑，夯层厚0.15~0.2米	15×14	9×7	9	芒哈图长城8段	实心，对应宁夏上桥村12号敌台
205	芒哈图74号敌台	1506233521011700224（6401813521011170113）	芒哈图乡西南3.2千米	土台状	一般	黄土夯筑，夯层厚0.1~0.19米	9×11	3×7	8	芒哈图长城8段	实心，对应宁夏上桥村13号敌台
206	芒哈图75号敌台	1506233521011700225（6401813521011170114）	芒哈图乡西南3.2千米	土台状	较差	黄土夯筑，夯层厚0.16~0.23米	14×15	5×2	8	芒哈图长城8段	实心，对应宁夏上桥村14号敌台
207	芒哈图76号敌台	1506233521011700226（6401813521011170115）	芒哈图乡西南3.2千米	土台状	较好	黄土夯筑，夯层厚0.1~0.23米	14.7×12	5.5×3	8	芒哈图长城8段	实心，对应宁夏上桥村15号敌台
208	芒哈图77号敌台	1506233521011700227（6401813521011170116）	芒哈图乡西3.3千米	土台状	较好	黄土夯筑，夯层厚0.21~0.23米	14×14	5×3	9	芒哈图长城8段	实心，对应宁夏上桥村16号敌台
209	芒哈图78号敌台	1506233521011700228（6401813521011170117）	芒哈图乡西3.4千米	土台状	较好	黄土夯筑，夯层厚0.16~0.2米	15×16	5×2	11	芒哈图长城8段	实心，对应宁夏上桥村17号敌台
210	芒哈图79号敌台	1506233521011700229（6401813521011170118）	芒哈图乡西3.5千米	土台状	较差	黄土夯筑，夯层厚0.18~0.2米	14×14		6	芒哈图长城8段	实心，对应宁夏上桥村18号敌台
211	芒哈图80号敌台	1506233521011700230（6401813521011170119）	芒哈图乡西3.6千米	土台状	一般	黄土夯筑，夯层厚米0.15~0.2	15×15	4.5×4	11	芒哈图长城8段	实心，对应宁夏上桥村19号敌台

序号	名称	编码	位置	形状	保存状况	材质及构筑方式	尺寸（米）			所属墙体段落	备注
							底部	顶部	高		
212	芒哈图81号敌台	1506233521011700231（640181352101170120）	芒哈图乡西3.8千米	土台状	一般	黄土夯筑，夯层厚0.14~0.19米	15×16	3.5×1.5	9	芒哈图长城8段	实心，对应宁夏上桥村20号敌台
213	芒哈图82号敌台	1506233521011700232（640181352101170121）	芒哈图乡西4千米	土台状	一般	黄土夯筑，夯层厚0.15~0.18米	11×11	3×2.6	9	芒哈图长城8段	实心，对应宁夏上桥村21号敌台
214	芒哈图83号敌台	1506233521011700233（640181352101170122）	芒哈图乡西4.3千米	土台状	一般	黄土夯筑，夯层厚0.2~0.22米	16×15	8×1.5	9	芒哈图长城8段	实心，对应宁夏上桥村22号敌台
215	芒哈图84号敌台	1506233521011700234（640181352101170123）	芒哈图乡西南4.4千米	土台状	一般	黄土夯筑，夯层厚0.15~0.19米	13×13	2×1.5	7	芒哈图长城8段	实心，对应宁夏上桥村23号敌台
216	芒哈图85号敌台	1506233521011700235（6401813521011701224）	芒哈图乡西4.5千米	土台状	较好	黄土夯筑，夯层厚0.17~0.24米	12.1×16	5×4	10	芒哈图长城9段	实心，对应宁夏水洞沟遗址区1号敌台
217	芒哈图86号敌台	1506233521011700236（640181352101170125）	芒哈图乡西4.7千米	土台状	较差	黄土夯筑，夯层厚0.15~0.24米	22×6.6	10×1	9	芒哈图长城9段	实心，对应宁夏水洞沟遗址区2号敌台
218	芒哈图87号敌台	1506233521011700237（640181352101170126）	芒哈图乡西4.9千米	土台状	较差	黄土夯筑，夯层厚0.15~0.18米	19×18	1.5×4	8	芒哈图长城9段	实心，对应宁夏水洞沟遗址区3号敌台
219	芒哈图88号敌台	1506233521011700238（640181352101170127）	芒哈图乡西5.1千米	土台状	较好	黄土夯筑，夯层厚0.15~0.2米	16×15	4.5×5	9	芒哈图长城9段	实心，对应宁夏水洞沟遗址区4号敌台

续表

序号	名称	编码	位置	形状	保存状况	材质及构筑方式	尺寸（米）底部	尺寸（米）顶部	尺寸（米）高	所属墙体段落	备注
220	芒哈图89号敌台	1506233521011700239（640181352101170128）	芒哈图乡西5.3千米	土台状	较差	黄土夯筑，夯层厚0.2米	19×10	2.5×3	8	芒哈图长城9段	实心，对应宁夏水洞沟遗址区5号敌台
221	芒哈图90号敌台	1506233521011700240（640181352101170129）	芒哈图乡西5.6千米	土台状	较好	黄土夯筑，夯层厚0.14~0.2米	17×14	6×4.5	8	芒哈图长城9段	

表六　鄂托克前旗明长城二道边墙体列表

序号	名称	编码	位置	材质及构筑方式	长度（米）	保存状况	尺寸（米）	备注
1	特布德长城二边1段	1506233821011700013	起于上海庙镇特布德嘎查与宁夏盐池县交界界碑处北0.138千米，止于特布德嘎查东南11.3千米	土筑，具体构筑方式不详	1647	差	底宽4~7、顶宽0.5~1.1、高0.1~1.3米	有敌台2座，即特布德长城二边1、2号敌台，间距1340米
2	特布德长城二边2段	1506233821011700014	起于特布德嘎查东南11.3千米，止于特布德嘎查东南11千米	堆土墙，土色泛白	312	较差	底宽4~7、顶宽约0.5、高0.3~1米	
3	特布德长城二边3段	1506233821011700015	起于特布德嘎查东南11千米，止于特布德嘎查东南8.6千米	黄土、红沙土与白土夯筑，夯层厚0.15~0.2米	2493	较差1464、差1029米	底宽3~5、顶宽0.3~1.2、高0.5~3米	有敌台2座，即特布德长城二边3、4号敌台，间距1500米
4	特布德长城二边4段	1506233821011700016	起于特布德嘎查东南8.6千米，止于特布德嘎查东南7.2千米	黄土、灰土夯筑，夯层厚0.15~0.2米	1469	一般1001、较差316、差152米	底宽2~6、顶宽0.2~2、高0.5~3米	有敌台1座，即特布德长城二边5号敌台，与4号敌台间距1460米
5	特布德长城二边5段	1506233821011700017	起于特布德嘎查东南7.2千米，止于特布德嘎查东南5.2千米	黄土堆筑	2109	较差599、差1510米	底宽5~7、顶宽0.3~2、高0.5~3米	有敌台1座，即特布德长城二边6号敌台，与5号敌台间距2100米
6	特布德长城二边6段	1506233821011700018	起于特布德嘎查东南5.2千米，止于特布德嘎查东南4.4千米	黄土堆筑	788	差	底宽4~5、顶宽0.2~1、高0.3~2米	

序号	名称	编码	位置	材质及构筑方式	长度（米）	保存程度	尺寸（米）	备注
7	特布德长城二边7段	1506233382101170019	起于特布德嘎查东南4.4千米，止于特布德嘎查东南3.5千米	黄土夯筑，夯层厚0.15~0.25米	1062	较差340、差722米	底宽5~6、顶宽0.3~2、高0.5~2米	有敌台1座，即特布德长城二边7号敌台
8	特布德长城二边8段	1506233382101170020	起于特布德嘎查东南3.5千米，止于特布德嘎查东南2.3千米	黄土夯筑，夯层厚0.15~0.25米	1280	差	底宽6~7、顶宽0.5~1、高1~2米	有敌台1座，即特布德长城二边8号敌台，与7号敌台间距1280米
9	特布德长城二边9段	1506233382101170021	起于特布德嘎查东南2.3千米，止于特布德嘎查南1.3千米	黄土夯筑，夯层厚0.15~0.25米	2020	差	底宽6~7、顶宽0.2~2、高0.5~3.5米	
10	特布德长城二边10段	1506233382101170022	起于特布德嘎查南1.3千米，止于特布德嘎查西南1.5千米		328	消失		
11	特布德长城二边11段	1506233382101170023	起于特布德嘎查东西南1.5千米，止于特布德嘎查西南2.1千米	黄土夯筑，夯层厚0.15~0.25米	1244	较差319、差925米	底宽4~6、顶宽0.5~1.5、高0.3~3米	有敌台1座，即特布德长城二边9号敌台
12	特布德长城二边12段	1506233382101170024	起于特布德嘎查东西南2.1千米，止于特布德嘎查西南4.5千米	黄土夯筑，夯层厚0.15~0.25米	2707	较好187、一般1401、较差1102、差17米	底宽6~8、顶宽0.3~1、高0.5~4米	有敌台1座，即特布德长城二边10号敌台
13	特布德长城二边13段	1506233382101170025	起于特布德嘎查东西南4.5千米，止于特布德嘎查西南5.7千米	黄土堆筑	1211	较差408、差803米	底宽6~8、顶宽0.5~1.5、高0.5~2米	有敌台1座，即特布德长城二边11号敌台
14	特布德长城二边14段	1506233382101170026	起于特布德嘎查东西南5.7千米，止于特布德嘎查西南8.6千米	黄土夯筑，夯层厚约0.2米	2999.6	一般988、较差1993、差18.6米	底宽5~7、顶宽0.5~2、高0.5~4米	有敌台1座，即特布德长城二边12号敌台
15	特布德长城二边15段	1506233382101170027	起于特布德嘎查东西南8.6千米，止于特布德嘎查西南11.2千米	黄土堆筑	2705	差	底宽6~7、顶宽0.5~1.5、高0.5~2.5米	

序号	名称	编码	位置	材质及构筑方式	长度（米）	保存程度	尺寸（米）	备注
16	特布德长城二边16段	1506233821 01170028	起于特布德嘎查东西南11.2千米，止于特布德嘎查西南12.5千米	黄土堆筑	1387	较差644、差735、消失8米	底宽4~6、顶宽0.5~1、高0.5~2米	有敌台1座，即特布德长城二边13号敌台
17	苏家井长城二边	1506233821 01170041（6401813821 01170014）	起于上海庙镇苏家井村村南8.9千米，止于苏家井村西南7.5千米	黄沙夯筑，夯层厚0.15~0.18米	4939	一般1175、较差1376、差2388米	宽2~4.6、高0.6~1.5米	对应宁夏二道边清水营村长城段。止点与苏家井长城1段止点相交。至此，头道边与二道边合并

表七　鄂托克前旗明长城二道边敌台列表

序号	名称	编码	位置	形状	保存状况	材质及构筑方式	尺寸（米）			所属墙体段落	备注
							底部	顶部	高		
1	特布德长城二边1号敌台	1506233521 01170105	上海庙镇特布德嘎查东南13千米	不规则	差	黄土、灰土夯筑，夯层厚约0.2米	14×19.7		1.5	特布德长城二边1段	实心
2	特布德长城二边2号敌台	1506233521 01170106	上海庙镇特布德嘎查东南11.7千米	覆钵形	较差	黄土、灰土夯筑，夯层厚约0.2米	14.7~25.4	8~8.5	6.1	特布德长城二边1段	实心
3	特布德长城二边3号敌台	1506233521 01170107	上海庙镇特布德嘎查东南10千米	覆斗形	一般	黄土、灰土夯筑，夯层厚约0.2米	13×12.2	1×2.4	7.1	特布德长城二边3段	实心
4	特布德长城二边4号敌台	1506233521 01170108	上海庙镇特布德嘎查东南10千米	覆斗形	一般	黄土、灰土夯筑，夯层厚0.15~0.25米	24.5~25	0.5~1.2	10	特布德长城二边3段	实心
5	特布德长城二边5号敌台	1506233521 01170109	上海庙镇特布德嘎查东南7.2千米	不规则	一般	黄土、灰土夯筑，夯层厚0.15~0.25米	16×16.4	7.9×3.6	7.3	特布德长城二边4段	实心
6	特布德长城二边6号敌台	1506233521 01170110	上海庙镇特布德嘎查东南5.2千米	不规则	一般	黄土、灰土夯筑，夯层厚0.15~0.25米	23×22	3.4~4	7.3	特布德长城二边5段	实心

续表

序号	名称	编码	位置	形状	保存状况	材质及构筑方式	尺寸（米）			所属墙体段落	备注
							底部	顶部	高		
7	特布德长城二边7号敌台	1506233521011701 11	上海庙镇特布德嘎查东南3.5千米	不规则	较差	黄土、灰土夯筑，夯层厚0.15～0.25米	19×19.5	3.9×4.5	7	特布德长城二边7段	实心
8	特布德长城二边8号敌台	1506233521011701 12	上海庙镇特布德嘎查西南偏北2.5千米	不规则	较差	黄土、灰土夯筑，夯层厚0.15～0.25米	16×17.5	3.9×2.5	5	特布德长城二边8段	实心
9	特布德长城二边9号敌台	1506233521011701 13	上海庙镇特布德嘎查西南2千米	不规则	一般	黄土、灰土夯筑，夯层厚0.15～0.25米	17.3×16.9	7×7.2	10	特布德长城二边11段	实心
10	特布德长城二边10号敌台	1506233521011701 14	上海庙镇特布德嘎查西南3.4千米	覆斗形	较好	黄土、灰土夯筑，夯层厚0.15～0.25米	12.5	6.5×8	8	特布德长城二边12段	实心，底部有台基，敌台外围有围墙
11	特布德长城二边11号敌台	1506233521011701 15	上海庙镇特布德嘎查西南4.9千米	不规则	差	黄土、灰土夯筑，夯层厚0.15～0.25米	18.2×17.7	2.6～3.8	5	特布德长城二边13段	实心
12	特布德长城二边12号敌台	1506233521011701 16	上海庙镇特布德嘎查西南8.6千米	不规则	较差	黄土、灰土夯筑，夯层厚0.15～0.25米	18×21	3.7～4	6.5	特布德长城二边14段	实心
13	特布德长城二边13号敌台	1506233521011701 17	上海庙镇特布德嘎查西北12.5千米	不规则	差		14×13.6		2	特布德长城二边16段	实心

表八　鄂托克前旗明代烽火台列表

序号	名称	编码	位置	形状	保存状况	材质及构筑方式	尺寸（米）			与长城墙体关系	备注
							底部	顶部	高		
1	特布德1号烽火台	1506233521011701 18	上海庙镇特布德嘎查南1.3千米	不规则	差	四壁用黄土夯筑，夯层厚约0.2米，内部填充沙土	10.5×15.5	6.3×13	4.8	北48米为二道边墙体，南0.32千米为头道边墙体	实心

续表

序号	名称	编码	位置	形状	保存状况	材质及构筑方式	尺寸（米）			与长城墙体关系	备注
							底部	顶部	高		
2	特布德2号烽火台	1506233521011170119	特布德嘎查西6.4千米	不规则	一般	灰土、黄土夯筑，夯层厚约0.2米	13.5×17	8.3×9.1	8.5	北临头道二墙体，南127米为头道边墙体	实心，带有"回"字形围墙
3	特布德3号烽火台	1506233521011170120	特布德嘎查西10.7千米	不规则	一般	灰土、黄土夯筑，夯层厚约0.2米	12.3×13	3.2×4.4	6.5	北0.243千米为二道边墙体，南0.11千米为头道边墙体	实心，带有"回"字形围墙
4	十三里套烽火台	1506233521011170124	上海庙镇苏家井南8.9千米	不规则	较差	灰土、黄土夯筑，夯层厚约0.2米	10×13	4×6	6	北临头道二墙体，南0.49千米为头道边墙体	实心
5	拜图烽火台	1506233521011170121	布拉格苏木西北40千米，拜图大队与陶利大队交界处	圆锥状	较差	红黏土、黄沙土堆筑	27	3	12	远离长城墙体	实心，北5.4千米有陶利1号烽火台
6	陶利1号烽火台	1506233521011170122	布拉格苏木陶利大队东北2千米	覆钵形	较差	红黏土、黄沙土堆筑	27		9.7	远离长城墙体	实心，北6.5千米有陶利2号烽火台
7	陶利2号烽火台	1506233521011170123	布拉格苏木陶利大队与鄂托克旗查布苏木斯仁音胡同大队交界1号界桩处	覆钵形	较差	红黏土、黄沙土堆筑	24		12	远离长城墙体	实心

表九　鄂托克旗明代烽火台列表

序号	名称	编码	位置	形状	保存状况	材质及构筑方式	尺寸（米）			与长城墙体关系	备注
							底部	顶部	高		
1	馒头烽火台	1506243532011170001	查布苏木跃进大队西南35千米	不规则	较差	黄土夯筑，夯层厚0.1~0.2米	10.3×13	7×7.4	7.6	远离长城墙体	
2	单墩烽火台	1506243532011170002	查布苏木跃进大队西15千米	不规则	较差	黄土夯筑，夯层厚0.1~0.2米	14.5	5×5.9	8	远离长城墙体	
3	土桥梁烽火台	1506243532011170003	查布苏木跃进大队土桥梁村南0.1千米	覆斗形	较好	土石混筑	15×18.4	5.7×7.8	16.6	远离长城墙体	南侧有一处建筑基址
4	石桥梁烽火台	1506243532011170004	阿尔巴斯苏木陶利嘎查西北6千米	覆钵形	较差	土石混筑	24	4×6	10	远离长城墙体	

表一○　乌海市明长城墙体列表

序号	名称	编码	位置	材质及构筑方式	长度（米）	保存状况	尺寸（米）	备注
1	农场一队长城1段	1503033821011170001	起于海南区巴音陶亥镇农场一队东南1.5千米，止于农场一队东南1.4千米	红黏土、黄沙土堆筑	141.6	较差87、差40、消失14.6米	宽3.5~8.3、高0.3~0.8米	
2	农场一队长城2段	1503033823011170002	起于农场一队东南1.4千米，止于农场一队东南1.3千米		240	消失		
3	农场一队长城3段	1503033821011170003	起于农场一队东南1.3千米，止于农场一队东南1.2千米	黄黏土、砂土混合堆筑	203	较差183米、差20米	宽3.6~8.5米，高0.26~2.04米	
4	农场二队长城1段	1503033823011170004	起于农场一队东南1.2千米，止于巴音陶亥镇农场农场二队东北1.5千米		306	消失		

续表

序号	名称	编码	位置	材质及构筑方式	长度（米）	保存程度	尺寸（米）	备注
5	农场二队长城2段	1503033382101170005	起于巴音陶亥镇农场二队东北1.5千米，止于农场二队东南1.4千米	灰黄土堆筑	60	较差10米、差33米、消失17米	宽3～6、高0.3～0.8米	
6	一棵树村长城1段	1503033382301170006	起于农场二队东北1.4千米，止于巴音陶亥镇一棵树村西北0.6千米		255	消失		
7	一棵树村长城2段	1503033382101170007	起于一棵树村西北0.6千米，止于一棵树村西北0.64千米	灰黄土堆筑	68	差59米、消失9米	宽5.2～6.7米、高1.28～1.5米	
8	一棵树村长城3段	1503033382301170008	起于一棵树村西北0.64千米，止于一棵树村东0.916千米		1300	消失		
9	农场三队长城	1503033382101170009	起于巴音陶亥镇农场三队东0.916千米，止于农场三队东北0.9千米	黄黏土、沙土堆筑	857	较差49米、差592米、消失216米	宽5～8、高0.4～1.6米	
10	巴音陶亥长城1段	1503033382301170010	起于农场三队东北0.9千米，止于巴音陶亥镇巴音陶亥村东南0.214千米		1500	消失		
11	巴音陶亥长城2段	1503033382101170011	起于巴音陶亥村东南0.214千米，止于巴音陶亥镇巴音陶亥村西0.02千米	黄黏土、沙土堆筑	221.5	差	宽5.8～9、高0.3～0.73米	
12	巴音陶亥长城3段	1503033382301170012	起于巴音陶亥村西0.02千米，止于巴音陶亥镇东红村西南0.5千米		1800	消失		
13	东红长城	1503033382101170013	起于巴音陶亥镇东红村西南0.5千米，止于红村西北0.54千米	红黏土、黄沙土堆筑	265	差	宽约1、高0.8～1.23米	

序号	名称	编码	位置	材质及构筑方式	长度（米）	保存状况	尺寸（米）	备注
14	绿化一队长城1段	1503033823011 70014	起于东红村西南0.5千米，止于巴音陶亥镇绿化一队村东南0.45千米		1500	消失		
15	绿化一队长城2段	1503033821011 70015	起于绿化一队东南0.45千米，止于绿化一队东北0.335千米	红黏土、黄沙土堆筑	205	较差125米、差31米、消失49米	宽4~4.8、高1~1.7米	
16	绿化一队长城3段	1503033823011 70016	起于绿化一队东北0.335千米，止于巴音陶亥镇农场六队东南0.516千米		663	消失		
17	农场六队长城1段	1503033821011 70017	起于巴音陶亥镇农场六队东南0.516千米，止于农场六队东南0.483千米	红黏土、黄沙土堆筑	52	较差	宽6.8~8.4、高0.56~1.8米	
18	农场六队长城2段	1503033823011 70018	起于农场六队东南0.483千米，止于农场七队东南0.241千米		813	消失		
19	农场七队长城1段	1503033821011 70019	起于巴音陶亥镇农场七队东南0.241千米，止于农场七队东0.096千米	黄土夹沙堆筑	184	差	宽4.6~6.1、高0.3~0.8米	
20	农场七队长城2段	1503033823011 70020	起于农场七队东0.096千米，止于巴音陶亥镇四道泉二队西北0.269千米		760	消失		
21	四道泉二队长城1段	1503033821011 70021	起于巴音陶亥镇四道泉二队西北0.269千米，止于四道泉二队西北0.517千米	黄土夹砂堆筑	249	较差	宽3.2~4.4、高1.3~1.95米	
22	四道泉二队长城2段	1503033823011 70022	起于四道泉二队西北0.517千米，止于巴音陶亥镇四道泉六队西南1.3千米		192	消失		

续表

序号	名称	编码	位置	材质及构筑方式	长度（米）	保存程度	尺寸（米）	备注
23	四道泉六队长城1段	1503033821011700023	起于巴音陶亥镇四道泉六队西南1.3千米，止于四道泉六队西南0.9千米	黄土夹砂堆筑	636	较差179米、差411米、消失46米	宽3~8、高0.8~2米	
24	四道泉六队长城2段	1503033823011700024	起于四道泉六队西南0.9千米，止于巴音陶亥镇大桥村东南0.423千米		3600	消失		
25	大桥村长城1段	1503033821011700025	起于巴音陶亥镇大桥村东南0.423千米，止于大桥村东南0.37千米	黄黏土、沙土混合堆筑	53	较差	宽8~8.7、高0.7~1.5米	
26	大桥村长城2段	1503033823011700026	起于大桥村东南0.37千米，止于大桥村东0.051千米		342	消失		
27	大桥村长城3段	1503033821011700027	起于大桥村东0.051千米，止于大桥村西北0.285千米	黄土夹砂石堆筑	531	较差	宽4.5~5.2、高0.2~0.9米	

表一一　乌海市明代烽火台列表

序号	名称	编码	位置	形状	保存状况	材质及构筑方式	尺寸（米）			与长城墙体关系	备注
							底部	顶部	高		
1	红墩烽火台	1503033532011700001	海南区巴音陶亥镇红墩村东6.3千米	覆斗形	较好	底部红黏土夯筑，顶部土坯垒砌，外壁包有青砖	27.5×32.6	6.8×9.4	14.1	西北距农场一队长城1段13.6千米	实心，残存有围墙痕迹
2	东红烽火台	1503033532011700002	巴音陶亥镇东红村东0.05千米	覆斗形	较好	红黏土夯筑，夯层厚0.15~0.2米，内铺有原木	18.6×22.4	9.1×9.2	9.3	西北距东红长城1段0.5千米	实心，残存有围墙痕迹

续表

序号	名称	编码	位置	形状	保存状况	材质及构筑方式	尺寸（米）			与长城墙体关系	备注
							底部	顶部	高		
3	大桥烽火台	150303353201170003	巴音陶亥镇渡口黄河大桥东北0.8千米	覆斗形	一般	土石混筑，内部残留有木橼，间隔1.5米	29.6×30.6	9×11.3	21	西南距大桥村长城1千米	实心
4	二道坎烽火台	150303353201170004	巴音陶亥镇东风六队东北1.5千米	覆斗形	较好	底部外壁毛石夹红黏土砌筑，内填土和碎石；顶部土坯垒砌。地基以上每隔1.5米平铺有细原木	22	10×12	14	西北距平沟农场长城2段0.63千米	实心，顶部残存有垛墙，四周有三重围墙

表一二　准格尔旗明长城墙体列表

序号	名称	编码	位置	材质及构筑方式	长度（米）	保存程度	尺寸（米）	备注
1	竹里台长城1段	150622382101170001	起于龙口镇竹里台村东北0.48千米，止于竹里台村东北0.46千米	黄土夯筑，夯层厚0.15~0.2米	68	较差	底宽4~6、顶宽0.5~1.2、高0.9~3米	有敌台1座，即竹里台敌台
2	竹里台长城2段	150622382101170002	起于龙口镇竹里台村东北0.46千米，止于竹里台村东北0.4千米		517	消失		

表一三　准格尔旗明代敌台列表

序号	名称	编码	位置	形状	保存状况	材质及构筑方式	尺寸（米）			所属墙体段落	备注
							底部	顶部	高		
1	竹里台敌台	150622352101170001	龙口镇竹里台村东北0.5千米	圆柱状	较好	黄土夯筑，夯层厚约0.1米	17		6	竹里台长城1段	空心，内部有上下通道，顶部有女墙

表一四　准格尔旗明代烽火台列表

序号	名称	编码	位置	形状	保存状况	材质及构筑方式	尺寸（米）			与长城墙体关系	备注
							底部	顶部	高		
1	大占烽火台	1506223521011170002	龙口镇竹里台村北1千米	半球状	一般	黄土夯筑，夯层0.1~0.2米	7×10.5	5.7×7.5	4.7	西1.6千米为竹里台长城1段	实心，东壁残留有外包条石
2	竹里台烽火台	1506223521011170003	龙口镇竹里台村西北1千米	不规则	差	黄土夯筑，夯层0.1~0.2米	6		3	西0.187千米为竹里台长城1段	实心，东壁残留有外包条石

第八章

结 论

综合本次调查成果，在鄂尔多斯高原上的鄂尔多斯市、乌海市境内，共调查有战国秦、秦代、汉代、北宋、明代五个时期的长城，部分或为沿用了前代长城。鄂尔多斯高原在历史上军事防御地位的重要性，由此亦可见一斑，这首先是与鄂尔多斯高原独特的自然地理环境密不可分的。

一 鄂尔多斯高原自然、历史地理环境概述

鄂尔多斯高原位于北纬 37°~41°之间，海拔约 1000~1300 米，属温带气候，年平均气温仅 0℃~10℃，大部分地区年降水量不足 400 毫米，为草原和荒漠景观，年生长期一般低于 210 天，为我国主要的牧业区之一。而在鄂尔多斯高原西南面、南面及东南面的地区，也即长城以南至秦岭—淮河一线以北，属暖温带气候，年平均温度 10℃~15℃，年降水量约 400~800 毫米，是半干旱地区，年生长期约 210~270 天，现为我国旱地作物的主要产区。

鄂尔多斯高原南端正好是年降水量 400 毫米上下的分界线，也是我国牧区和农区的分界线。在这条分界线上，2000 年以来，年降水量 400 毫米线在南北摆动，牧区和农区的分界线也在南北摆动。所以，自古以来，鄂尔多斯高原就是北方游牧民族的天堂，而鄂尔多斯高原以南地区是中原农耕王朝的粮食产区，两种不同的生产生活方式、两种迥异的文化和习俗在这里碰撞、交融，甚至因为政治、军事的原因在这里发生冲突和战争。从东周以来，鄂尔多斯高原就成为北方游牧民族与中原农耕王朝军事冲突的中心地带，战国、秦代、汉代、北宋、明代五个时期在这里修筑长城，鄂尔多斯高原成为军事防御的前沿阵地。并且，由于游牧和农耕相互的多样性经济、贸易需求，北方游牧民族和中原农耕民族在政治、文化上的相互吸引和交融，使鄂尔多斯高原成为多民族融合和经济交往的重要区域。

二 鄂尔多斯—乌海长城数据汇总

自 2007 年全国长城资源调查工作启动以来，经过详细的调查、复查和整理、考证工作，确认鄂尔多斯市共有战国秦、秦代、汉代、北宋、明代五个朝代修筑过长城；鄂尔多斯市的八个旗区中，除杭锦旗和乌审旗外，其他六个旗区均有长城分布。乌海市共有秦代、明代两个朝代修筑的长城；乌海市所属三个区中，海南区和海勃湾区均有长城分布。

　　鄂尔多斯市、乌海市境内的长城墙体总长 323609 米，沿线共调查附属设施与单体建筑 311 座，其中包括敌台 235 座、烽燧 69 座、关堡 8 座。其中，分布于鄂尔多斯市境内伊金霍洛旗、准格尔旗、达拉特旗和东胜区的战国秦长城墙体长 94077 米，沿线共调查单体建筑 22 座，其中包括烽燧 19 座、障城 3 座；分布于达拉特旗境内的秦汉榆溪塞长城墙体长 22206 米，沿线未发现单体建筑；分布于乌海市、鄂托克旗境内的桌子山秦长城墙体长 94924 米，沿线共调查单体建筑 12 座，其中包括烽燧 10 座、障城 2 座；分布于鄂托克前旗境内的秦长城墙体长 12288 米，沿线未发现单体建筑。汇总以上四条长城，则鄂尔多斯市、乌海市境内战国秦汉长城墙体的总长度达 223495 米，沿线分布有烽燧 29 座、障城 5 座。分布于准格尔旗境内的北宋丰州长城共调查烽火台 23 座、古城 3 座。分布于鄂尔多斯市、乌海市境内的明长城墙体长 100114 米，沿线共调查附属设施和单体建筑 252 座，包括敌台 235 座、烽火台 17 座。

　　鄂尔多斯市境内的长城墙体总长 228886.9 米。其中分布于鄂尔多斯市境内伊金霍洛旗、准格尔旗、达拉特旗和东胜区的战国秦长城墙体长 94077 米，分布于达拉特旗境内的秦汉榆溪塞长城长 22206 米，分布于鄂托克旗境内的桌子山秦长城墙体长 17199 米，分布于鄂托克前旗境内的秦长城墙体长 12288 米；汇总以上四条长城线路，则鄂尔多斯市境内战国秦汉长城的总长达 145770 米。分布于准格尔旗境内的北宋丰州长城共有烽火台 23 座，分布于鄂尔多斯市境内的明长城墙体长 83116.9 米。

　　乌海市境内的长城墙体总长 94722.1 米。其中分布于海南区和海勃湾区的桌子山秦长城墙体长 77725 米，分布于海南区的明长城墙体长 16997.1 米。

　　鄂尔多斯—乌海历代长城数据简表如下：

表一五　鄂尔多斯—乌海历代长城数据简表

时代	长城线路		盟市	旗（区）	墙体		附属设施	单体建筑	
					段落（段）	长度（米）	敌台（座）	烽燧（座）	关堡（座）
战国秦	鄂尔多斯战国秦长城		鄂尔多斯市	伊金霍洛旗	70	41319	0	7	1
				准格尔旗	74	42618	0	12	2
				达拉特旗	6	4411	0	0	0
				东胜区	8	5729	0	0	0
秦代	达拉特旗秦汉榆溪塞长城		鄂尔多斯市	达拉特旗	7	22206	0	0	0
	桌子山长城	凤凰岭秦长城	乌海市	海南区	19	32234	0	4	0
				海勃湾区	46	45491	0	3	1
			鄂尔多斯市	鄂托克旗	15	7306	0	0	0
		苏白音沟秦长城	鄂尔多斯市	鄂托克旗	19	8170	0	1	1
		巴音温都尔山秦长城	鄂尔多斯市	鄂托克旗	7	1723	0	2	0
	鄂托克前旗秦长城		鄂托克前旗	鄂托克前旗	8	12288	0	0	0
北宋	北宋丰州长城		鄂尔多斯市	准格尔旗	0	0	0	23	3

续表

时代	长城线路	盟市	旗（区）	墙　体		附属设施	单体建筑	
				段落 （段）	长度 （米）	敌台 （座）	烽燧 （座）	关堡 （座）
明代	鄂尔多斯—乌海 明长城	鄂托克前旗头道边	鄂托克前旗	24	51831.3	221	0	0
		鄂托克前旗二道边	鄂托克前旗	17	30700.6	13	0	0
		鄂托克前旗烽火台	鄂托克前旗	0	0	0	7	0
		鄂托克旗烽火台	鄂托克旗	0	0	0	4	0
		准格尔旗明长城	准格尔旗	2	585	1	2	0
		乌海明长城	乌海市	海南区	27	16997.1	0	4	0
总计				349	323609	235	69	8

按照长城墙体的保存状况统计，鄂尔多斯—乌海境内的长城墙体总长 323609 米。其中保存较好的墙体长 16342 米、一般的墙体长 44513.8 米、较差的墙体长 43764 米、差的墙体长 35980.3 米、消失部分长 109255.9 米，分别占长城墙体总长的 5%、13.8%、13.5%、11.1% 和 33.7%。山险墙长 34 米，山险长 73719 米，分别占长城墙体总长的 0.1% 和 22.8%。

从以上数据可以看出，由于自然和人为因素致使长城破坏的程度还是很严重，墙体消失部分占到总长的 33.7%，达到了 1/3。而保存较好的部分只有 5%，总量很少；保存一般、较差、差的墙体部分基本持平，是大部分墙体的保存现状。由于鄂尔多斯中部、西部丘陵沟壑地貌的大量存在，使山险段落占墙体总长度的比重很大，达到 22.8%。山险墙极少，只占墙体总长的 0.1%，位于鄂托克旗桌子山脉巴音温都尔山上。

三　乌海凤凰岭秦长城与明长城的辨析

在乌海市北流黄河东岸，分布着两段长城，一为秦长城，一为明长城，前者分布在北部，后者分布在南部。在 2007～2008 年的明长城资源调查中，将巴音陶亥镇境内，南起东风农场十队，经雀儿沟三队、雀儿沟二队、向阳农场，北至平沟农场的一段长 18894 米的长城认定为明长城。主要的理由是在它的沿线发现了明代烽火台，特别是二道坎烽火台，明代特征很明显。所以，将这段长城的性质和时代等同于分布于其南部的明长城，而且将这一观点反映在了 2013 年出版的《内蒙古自治区长城资源调查报告·明长城卷》之中。[1]

经之后开展的秦长城调查，以及数次复查、比对、论证，确认这段长城是秦长城的一部分，而且确认原来认为是明代烽火台的渡口 2 号烽火台、拉僧庙 1 号烽火台均为秦代烽燧，分别改名为渡口烽燧和拉僧庙烽燧。而原来认为是明代烽火台的拉僧庙 2 号烽火台应是拉僧庙 1 号烽火台围墙的一部分。做出这些认定的理由如下：

1. 从长城的走向上来看，明长城自南向北延伸，至大桥村附近向西折向黄河河堤。根据史料记载及实地调查，明长城从这里跨过黄河，与河西的"旧北长城"衔接。大桥村便是明长城的北端点。[2]

〔1〕　内蒙古自治区文化厅（文物局）、内蒙古自治区文物考古研究所编著：《内蒙古自治区长城资源调查报告·明长城卷》，文物出版社，2013 年。

〔2〕　参见本报告第七章"一·（三）对乌海市明长城的认识"。

大桥村北部,从东风农场十队往北至平沟农场的这段长城便不是明长城,但这段长城又恰好可与其北部的秦长城连为一线。

2. 从长城的材质及构筑方式来看,明长城在历史上被称为"陶乐长堤",为土墙,呈垄状,比较低矮。秦长城多为石墙,由于坍塌破坏,痕迹不太明显。东风农场十队往北至平沟农场的这段长城多数为石墙,在构筑方式上与其他地段的秦长城相同。

3. 在东风农场十队往北至平沟农场的长城沿线,以及渡口 2 号烽火台、拉僧庙 1 号烽火台附近,均散见有秦汉时期的陶片、瓦片等遗物。

从以上三点可知,东风农场十队往北至平沟农场的这段长城为其北部秦长城向南延伸的一部分。再来探讨东风农场十队往北至平沟农场的这段长城沿线出现时代属于明代的二道坎烽火台的问题。明代文献中记载,在明长城墙体之外,还有两座烽火台,叫石嘴墩和暖泉墩,是前沿哨所。二道坎烽火台孤悬边外,形体高大,构筑精细,周围带有三重围墙,具备前沿哨所的条件,应该就是石嘴、暖泉二墩之一。二墩中另外一座,可能是对秦代渡口烽燧或拉僧庙烽燧中的某一座有沿用。从形体和结构上来看,拉僧庙烽燧形体高大,周围有围墙的痕迹,远大于此地其他秦代烽火台,明代沿用的可能性最大。

四 长城显示的战国秦汉时期中原王朝在鄂尔多斯高原的疆域变迁

自公元前272年开始,秦国修筑长城以界戎狄,是为战国秦长城。公元前234年,秦国占领了赵国的云中、雁门二郡之后,将其北部边疆扩展至阴山一线,应当沿用了战国赵北长城以防御匈奴,而在今鄂尔多斯高原上的防线依然是沿袭了战国秦长城。

秦统一六国之后,秦始皇三十二年(公元前215年),派大将蒙恬出击匈奴,占领了河南地,即鄂尔多斯高原四十里梁—点素敖包东西一线分水岭以北、黄河南河以南的今达拉特旗东部、准格尔旗北部的黄河冲击平原。秦始皇三十三年(公元前214年),派大将蒙恬修筑了"起临洮,至辽东,延袤万余里"的所谓"秦始皇万里长城"。秦始皇万里长城的部分地段沿用了战国秦长城和战国赵北长城,但也新修筑了部分长城,包括桌子山秦长城、鄂托克前旗秦长城和榆溪塞长城等。

今鄂尔多斯高原南部地区,在秦朝归属于北地郡、上郡管辖。北地郡的西部边界,大体以北流黄河为界,顺着黄河北上达到今乌海市桌子山北缘,在桌子山的东、西两侧山地均有秦长城分布,构成秦朝北地郡的西北边界;北地郡的北部边界,大体在今宁夏回族自治区的北部,鄂托克前旗秦长城即为其组成部分。上郡的西部边界,在今鄂尔多斯市境内主要利用了战国秦长城,北部边界依然为四十里梁—点素敖包东西一线分水岭。从战国秦长城的北部端点向北直至黄河南河南岸,秦朝重新修筑榆溪塞长城将新占领的河南地包围了起来,这一区域归属新设置的九原郡管辖。在阴山地区,秦始皇万里长城继续利用了战国赵北长城。在修筑万里长城的同时,还在新扩展的领土上设置县治,沿河筑城为塞。

秦始皇三十三年(前214年),秦始皇命大将蒙恬从河南地继续北上,夺取了阴山以北的阴山北假中,在阴山北假中新修筑了长城,将阴山以北的部分地区囊括于秦朝的疆域之中。随着领土的扩大,原来的云中一郡已难以管理,于是秦朝新设置了九原郡,其旧址为今包头市九原区麻池古城。秦朝九原郡的辖地,除包括云中郡以西的阴山以南地区外,还应该包括阴山北假中、河南地等新占领地区,南与上郡、北地郡相接界。

依据相关史料的记载,一般认为,黄河南河以南地区在秦代全部为蒙恬所收复。但从本次长城调查的结果来看，今鄂尔多斯中、西部的绝大部分地区，均位于秦始皇万里长城的外侧。公元前212年，秦始皇命蒙恬开始修筑自云阳通达九原的直道，今天发现的所谓"秦直道"北边部分，也处于秦始皇万里长城的外侧。相关研究者指出，在秦代，秦直道就是秦始皇长城西北段的一个重要组成部分，是防御匈奴、月氏和众羌等部落的一条防线[1]。但是，今鄂尔多斯市的所谓"秦直道"，沿线尚未发现可以确定为秦代的遗存。1997年，内蒙古自治区文物考古研究所等单位在东胜城梁段"秦直道"沿线发掘的一座砖瓦窑址，出土有"云纹瓦当"等遗物，被发掘报告撰写者认为是典型的秦代瓦当[2]。查阅申云艳《中国古代瓦当研究》一书，作者将该类瓦当称作涡纹瓦当，在汉代的华阴京师仓遗址、未央宫西南角楼遗址均有出土[3]。所以，能否将城梁砖瓦窑址的时代确定为秦代，尚存疑。在今鄂尔多斯市境内，"秦直道"东侧沿线由北向南分布有两座县邑级古城，分别为位于东胜区城梁段直道东侧的城梁古城、位于伊金霍洛旗红庆河镇镇政府西侧的红庆河古城，这两座古城出土遗物的时代均为西汉时期，未见有秦代遗存[4]。也就是说，今天所见鄂尔多斯市境内的"秦直道"，是一条西汉时期的道路，其是否最初兴建于秦代，尚需开展进一步的考古研究工作。

《汉书·地理志》"上郡"条之下，提到"匈归都尉治塞外匈归障"，"匈奴都尉"应是西汉在上郡设置的专门管理降附的匈奴部落的一个机构，"塞外"当指鄂托克前旗秦长城所在的东西一线秦长城北侧，而这些降附的匈奴部落或即原来游牧于黄河南河以南一带。此外，《汉书·地理志》"北地郡"条下提到"浑怀都尉治塞外浑怀障"，"西河郡"条下提到"南部都尉治塞外翁龙、埤是"。古时，往往将前朝长城仍称作"塞"，如汉长城对于北魏，明长城对于清朝，因此上述《汉书·地理志》提到的三处"塞外"，应是相对于秦长城而言的。而活动于塞外的部族，往往是降附民族，如北魏活动于汉长城之外的高车部落，如清朝活动于明长城之外的蒙古部落，而西汉时期在塞外活动的仍为降附的匈奴部落。

〔1〕　贾以肯：《蒙恬所筑长城位置考》，《中国史研究》2006年第1期。

〔2〕　内蒙古自治区文物考古研究所、鄂尔多斯市东胜区文物管理所：《东胜城梁段秦直道遗址发掘简报》，《内蒙古文物考古文集》第三辑，科学出版社，2004年。

〔3〕　申云艳：《中国古代瓦当研究》，文物出版社，2006年，第78～79页。

〔4〕　西汉西河郡有西都、隰成二县，到新莽时分别被更名为五原亭、慈平亭，到东汉二县俱废治。新莽时以亭为名的县，均位于国家级道路之上；东汉的西河郡，在今鄂尔多斯市境内全面退缩至战国秦长城内侧。从这两个因素出发，加上城梁古城北临汉代五原郡，初步推测其即为西都县治所，而红庆河古城则为隰成县治所。

后　记

　　《内蒙古自治区长城资源调查报告·鄂尔多斯—乌海卷》中明以前长城调查报告的编写，由内蒙古自治区长城资源调查项目组主要组织鄂尔多斯市、乌海市长城调查队的骨干队员完成，自治区长城资源调查项目组的部分业务人员也参与了编撰工作，于2012年至2013年上半年完成了初稿。参加明以前长城调查报告初稿编写的人员有武俊生、甄自明、郝玉龙、李艳阳、张旭梅、马登云、杨建林、张智杰等。明以前长城调查报告的后期统稿工作，由张文平、甄自明于2013年下半年至2014年完成。在统稿的过程中，结合发现的部分疑问，同时为了增加资料的完整性，期间又对部分长城遗存开展了专门的调查，并运用GPS–RTK全球定位系统对部分城障遗址作了测绘，参加人员有张文平、苗润华、武俊生、甄自明、马登云、王永胜、郝玉龙、李化冰等。

　　调查报告的第一章"概述"、第七章"结论"两部分内容，由张文平、甄自明撰写。第六章"明长城的调查与研究"内容，由杨建林在汇总鄂尔多斯市、乌海市明长城调查资料的基础上，结合他的硕士毕业论文完成。杨建林、七十四共同编制了附于第七章之后的"鄂尔多斯—乌海明长城资源统计表"。在汇总鄂尔多斯市、乌海市明长城调查资料的过程中，设在中国文化遗产研究院的国家长城资源调查项目组提供了由宁夏长城调查队调查的内蒙古与宁夏的区界明长城资料。

　　从报告编写体例的制定，到编撰人员的安排，再到最后的全面统稿，均由张文平主持完成。在报告的后期校稿中，胡春柏也出力尤多。

　　此外，自治区长城资源调查的合作单位内蒙古自治区航空遥感测绘院，绘制了本报告中长城墙体及其沿线单体建筑的分布图。主要绘图人员有杜斌、张桂莲、赵海霞、杨晓燕、包东妍、张利娜、李淑敏、郝利娟、孙晶晶等。

　　长城资源调查工作是国家文物局领导下的大型文化遗产调查项目，从调查工作的开展到调查报告的编写、出版，都得到了国家文物局相关领导以及文物保护与考古司的大力支持。设在中国文化遗产研究院的国家长城资源调查项目组的领导和专家，一直从业务方面对自治区的长城调查工作进行着不遗余力的指导，内蒙古自治区长城调查工作所取得的每一份成就，都离不开他们的心血与汗水。最后，感谢自治区文化厅、文物局、博物院、文物考古研究所和长城沿线盟市、旗县文物部门的领导和同仁们，对长城资源调查工作的关心与支持。

由于编写时间仓促，加之水平有限，本报告难免存在诸多问题，敬请广大同行、读者批评指正。

编者

2016 年 9 月

地图·彩图

图　　例

	土墙		长城分隔符
	石墙		烽火台
	砖墙		敌台
	消失的墙体		营堡
	山险		挡马墙
	河险		城楼
	山险墙		砖瓦窑
	界壕		题记刻碑
	壕堑		居住址
	其他墙体		其他相关遗存、遗迹

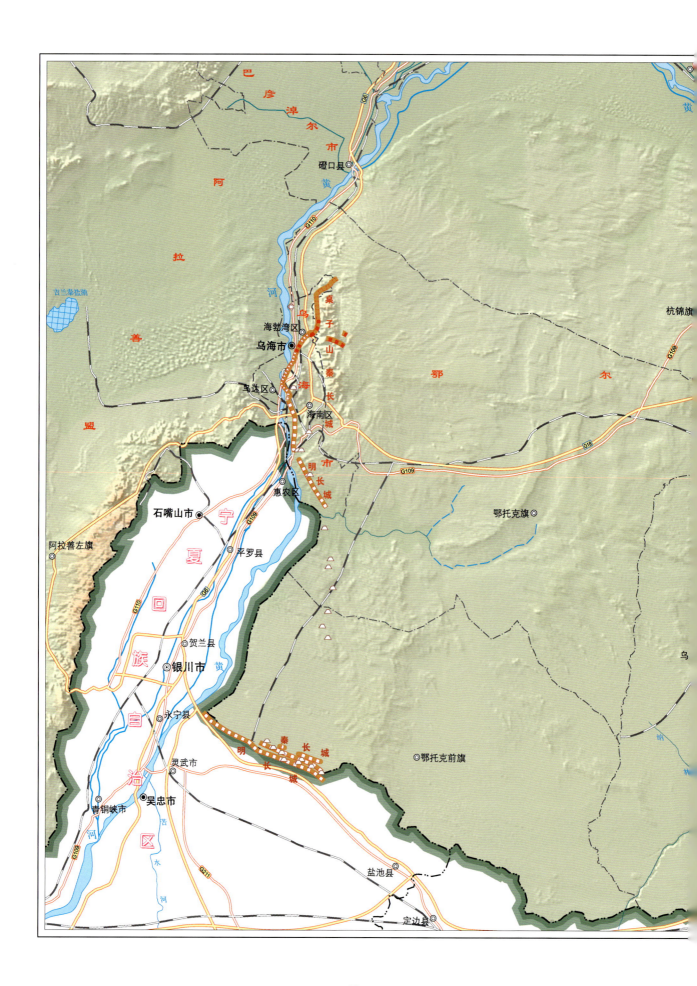

巴彦淖尔市

磴口县

阿拉善

吉兰泰盐湖

黄

河

乌

海

桌子山

秦长城

海勃湾区

乌海市

鄂尔

杭锦旗

乌达区

海南区城

市长城

G109

明长城

鄂托克旗

石嘴山市

惠农区

宁夏回族自治区

阿拉善左旗

平罗县

贺兰县

银川市

黄

河

永宁县

秦长城

明长城

灵武市

鄂托克前旗

青铜峡市

吴忠市

盐池县

河

定边县

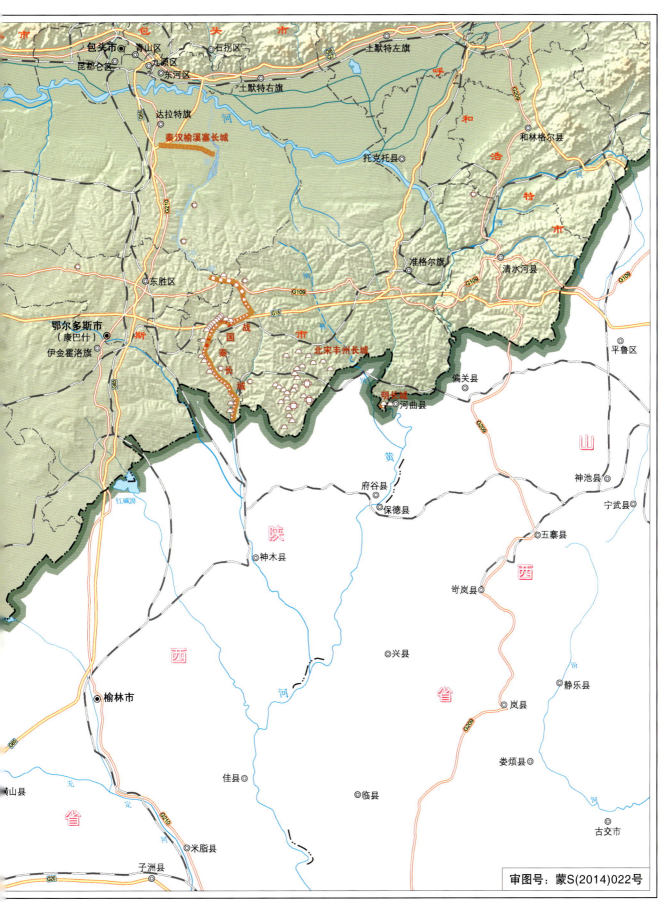

审图号：蒙S(2014)022号

0　　15.0　　30.0　　45.0　　60.0　　75.0千米　　地图一　鄂尔多斯—乌海长城分布总图

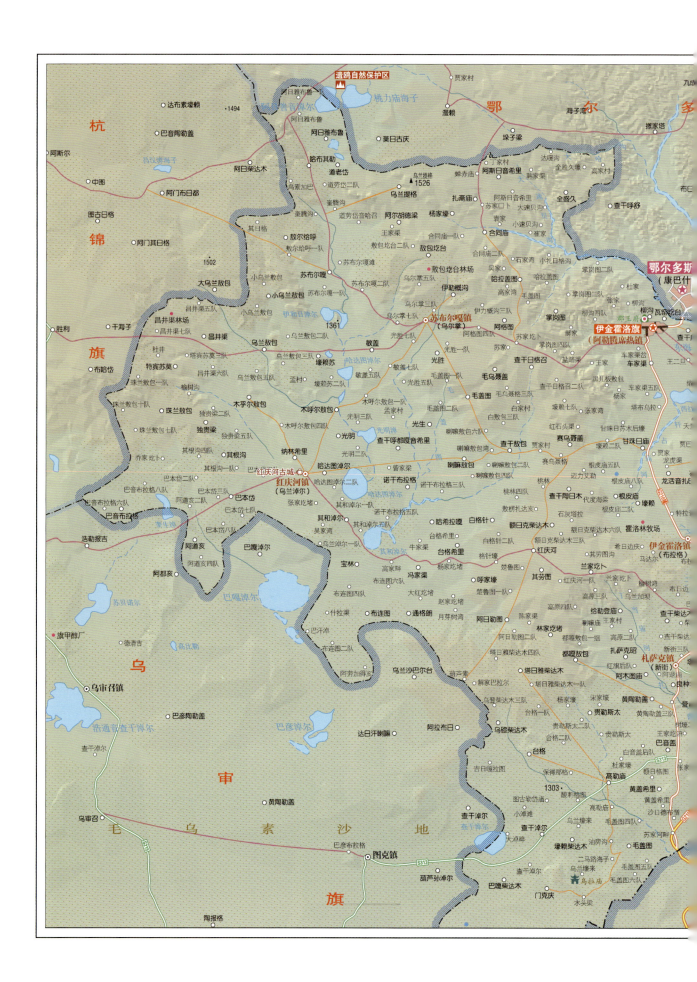

遗鸥自然保护区

杭　锦

阿斯尔

中图

图古日格

锦

阿门其日格

旗

布哈岱

胜利

干海子

杜井

乔家圪卜

浩勒报吉

乌

乌审召镇

旗甲醇厂

德清吉

查干淖尔

审

旗

乌审召

毛　乌　素　沙　地　旗

陶报格

达布素壕赖　·1494

巴音陶勒盖

阿日柴达木

阿门布日都

阿门其日格

大乌兰敖包

昌井渠林场

昌井渠五队

特宾苏莫

珠兰敖包一队

珠兰敖包十队

其根沟二队

巴音布拉格六队

巴音布拉格八队

巴彦陶勒盖

黄陶勒盖

阿日雅布吉

阿日雅布鲁

哈布其勒

道老岱

道劳岱二队

奎腾沟

奎腾沟

其日格

敖尔给呼

敖尔哈呼一队

苏布尔嘎

小乌兰敖包

小乌兰敖包

小乌兰敖包二队

乌兰敖包

塔宾苏莫三队

昌井渠六队

榆树沟

独贵梁

独贵梁五队

独贵梁二队

其根沟

其根沟一队

巴本岱二队

巴本岱

阿道亥二队

巴本岱八队

阿道亥

阿道亥四队

巴嘎淖尔

苏贝诺尔

瓜代勒

巴彦淖尔

达日汗喇嘛

浩通查干淖尔

巴彦陶勒盖

巴彦布拉格

图克镇

葫芦孙淖尔

贾家村

漫赖

乌兰提格　·1526

乌素加巴

莫日古庆

道劳岱音哈召

阿日胡德梁

王家渠

敖包圪台二队

敖包圪台

苏布尔嘎滩

苏布尔嘎二队

乌尔掌五队

乌尔掌七队

乌尔掌三队

敏盖

哈达图淖尔

敏盖五队

敏盖七队

乌兰敖包二队

乌兰敖包三队

木平尔敖包

壕赖苏

壕赖苏二队

木呼尔敖包

光明三队

孟家村

光明

光明二队

纳林希里

哈达图淖尔

哈达图淖尔二队

红庆河古城

红庆河镇
（乌兰淖尔）

张家圪堵

其和淖尔一队

其和淖尔五队

乌兰淖尔一队

其拉淖尔

吴家滩

宝林

高家畔

布连图六队

布连图四队

什拉淖

布连图

巴汗淖

布连图二队

阿劳加得亥

乌兰沙巴尔台

葫芦素

鄂

坝子梁

丁家村

蝉赤庙

扎斋庙

阿斯日音希里

阿斯日音希里

袁家

合同庙

合同庙

合同庙二队

石家湾

乌尔掌

伊勒概沟

伊力感沟三队

伊勒概沟

阿格图

阿格图四队

光胜七队

光胜五队

光胜一队

喇嘛敖包六队

喇嘛敖包

喇嘛敖包湾

酱盖梁

查干呼都音希里

喇嘛敖包二队

诺干布拉格

诺干布拉格三队

诺干布拉格二队

喇嘛敖包四队

哈希拉嘎

白格针

白格针二队

台格希里

格针沟

牛家渠

杨家圪堵

冯家渠

大红圪堵

楚鲁图一队

月芽树湾

通格朗

赵家圪堵

楚鲁图

呼家壕

阿日勒图

阿日雅柴达木四队

塔日雅柴达木四队

塔日雅柴达木三队

解家渠

乌登柴达木三队

杨家渠

台格二队

台格

吉日嘎拉图

保得那格

查干淖尔

图古勒岱庙

小滓滩

阿拉布日

查干淖尔

1303·

高勒庙

乌兰撑来

乌兰撑来

巴嘠柴达木

门克庆

二马路海子

查干淖尔

水头梁

海子湾

撒门塔

九

布

大速贝沟

小速贝沟

崔家

小扎日格沟

哈拉盖图

哈拉盖图

毛盖图

掌岗图二队

掌岗图

掌岗图四队

苏家坞一队

查干日格召

查干日格召二队

毛乌聂盖

毛盖图

毛盖图二队

毛乌聂盖三队

白家村

红石头渠

甘珠日苏木后队

喇嘛敖包二队

赛乌聂盖

贾家村

桃林

桃林四队

查干陶日木

灰塔拉

额日克柴达木

额日克柴达木六队

额日克柴达木三队

红庆河

红庆河一队

兰家圪卜

兰家圪卜

高原四队

高原二队

陈家渠

林家圪堵

都嘎敖包一组

都嘎敖包

扎萨克昭

阿木图庙

红庆后队

宋家壕

贵勒斯太二队

贵勒斯太

合格二队

乌兰加日

油房沟

毛盖图

毛盖图四队

苏家河畔

毛盖图

达喇沟

金胜久壕

高家村

韩家渠

全盛久

查干呼舒

石家湾

杜家

柳沟

柳沟四队

鄂尔多斯
（康巴什）

伊金霍洛旗
（阿勒腾席热镇）

查干

王二旦

车家渠台

车家渠

王家

黑儿挞敖包

杨家圪

塔布乌拉

张家湾

壕赖七队

甘珠日庙

龙虎头

龙虎音召

迈力文勒

根皮庙四队

根皮庙八队

根皮庙二队

伐虎海梁

代青海梁

希日边俄

马达木沟

兰家圪卜

榆树沟

查干柴达木

布日二队

查干柴达木

新街三队

札萨克镇
（新街）

良种

营盘

黄陶勒盖

黄陶勒盖二队

王家圪卜

白音盖启队

巴音盖

额日格图庙

杜家壕

黄盖希里

黄盖希里二队

沙日德布尔营

毛盖图

毛盖图五队

毛盖图六队

S313

S313

伊金霍洛镇
（布拉格）

霍洛林牧场

S215

G65

多

尔

鄂

尔

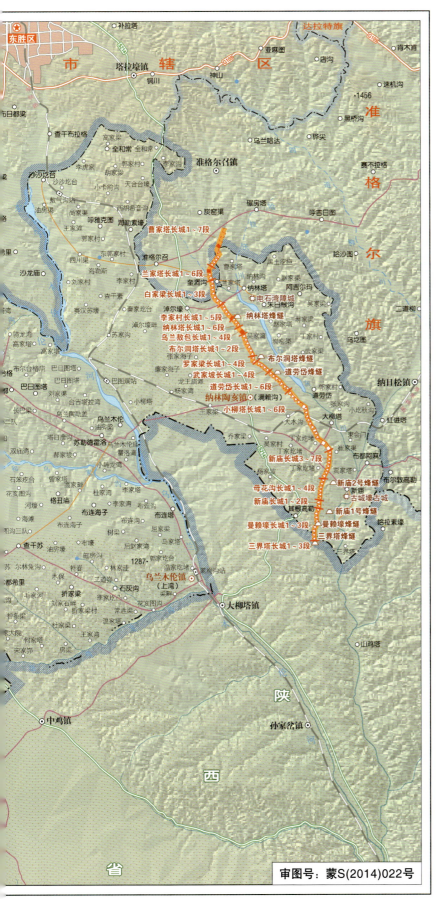

地图二　伊金霍洛旗长城分布图

0　　4.0　　8.0　　12.0　　16.0　　20.0千米

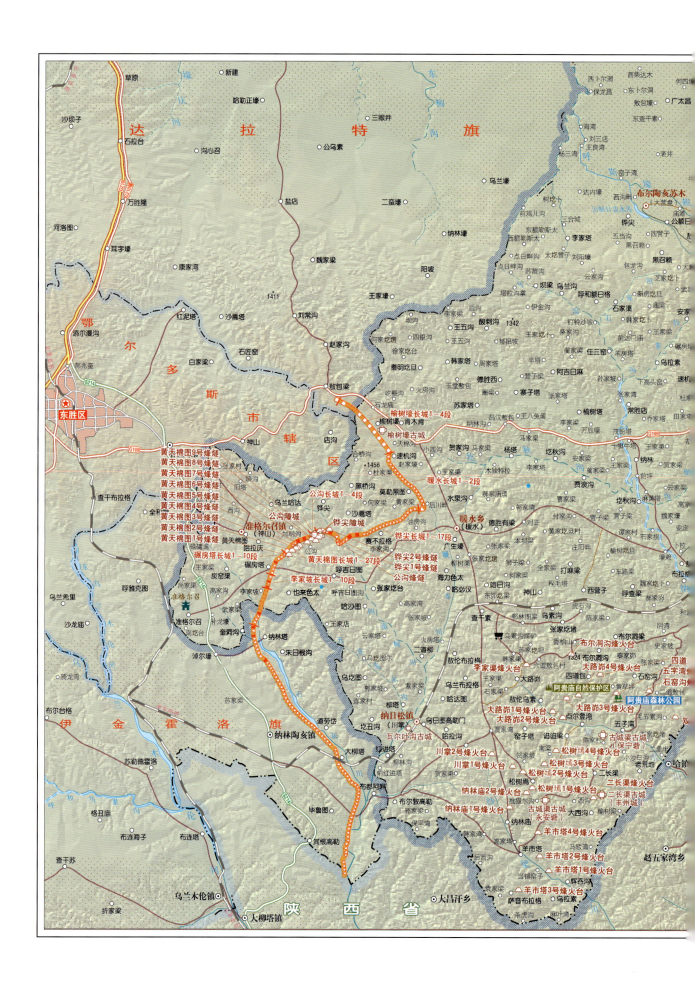

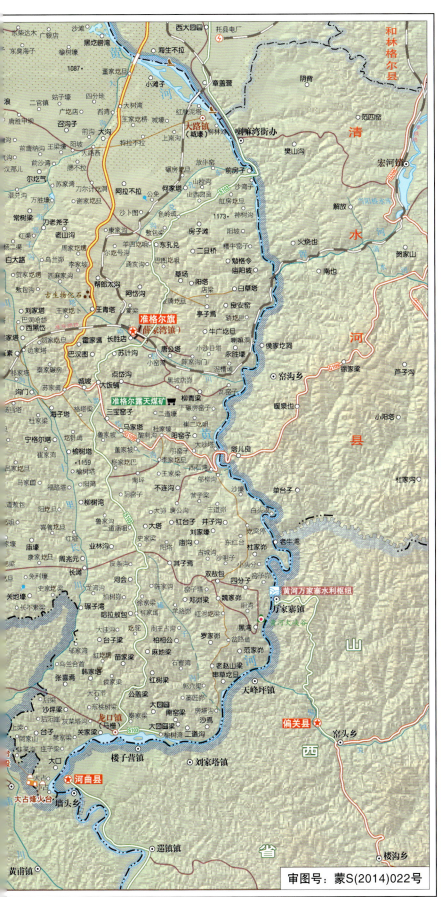

审图号：蒙S(2014)022号

0   4.5   9.0   13.5   18.0   22.5千米

地图三　准格尔旗长城分布图

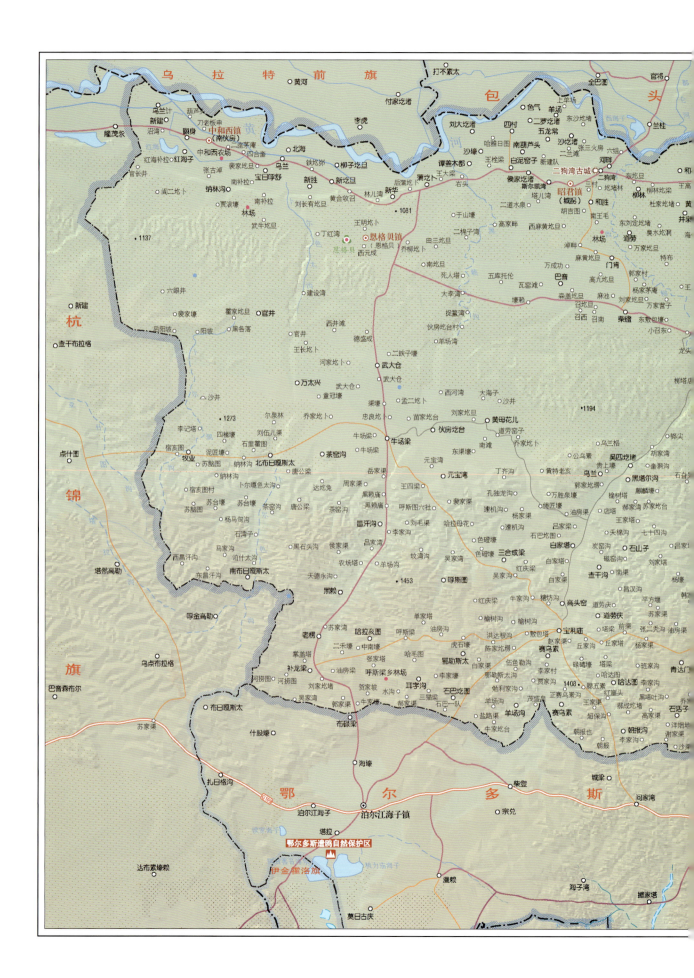

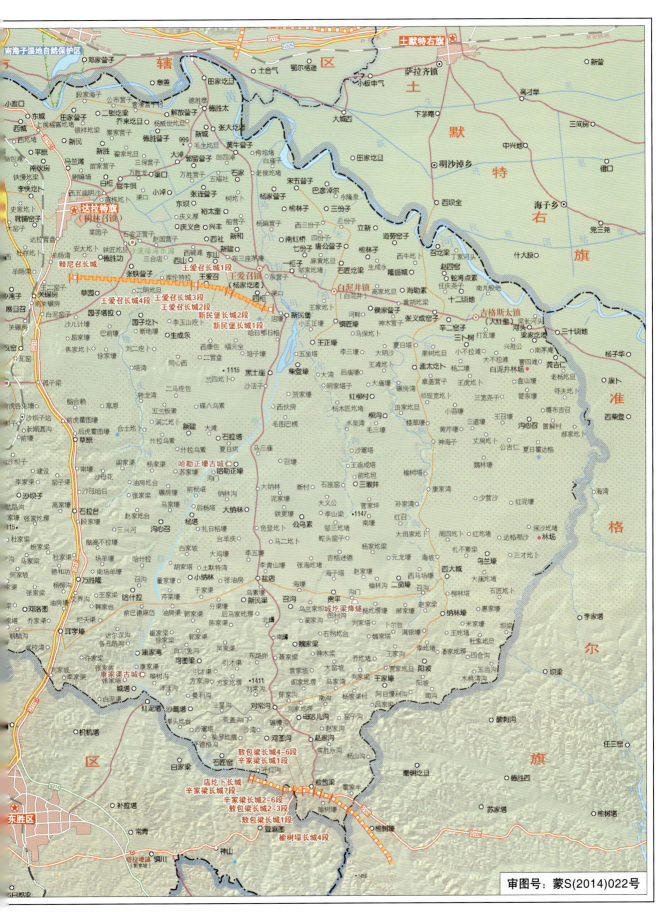

审图号：蒙S(2014)022号

0 　4.0 　8.0 　12.0 　16.0 　20.0千米 　地图四 　达拉特旗长城分布图

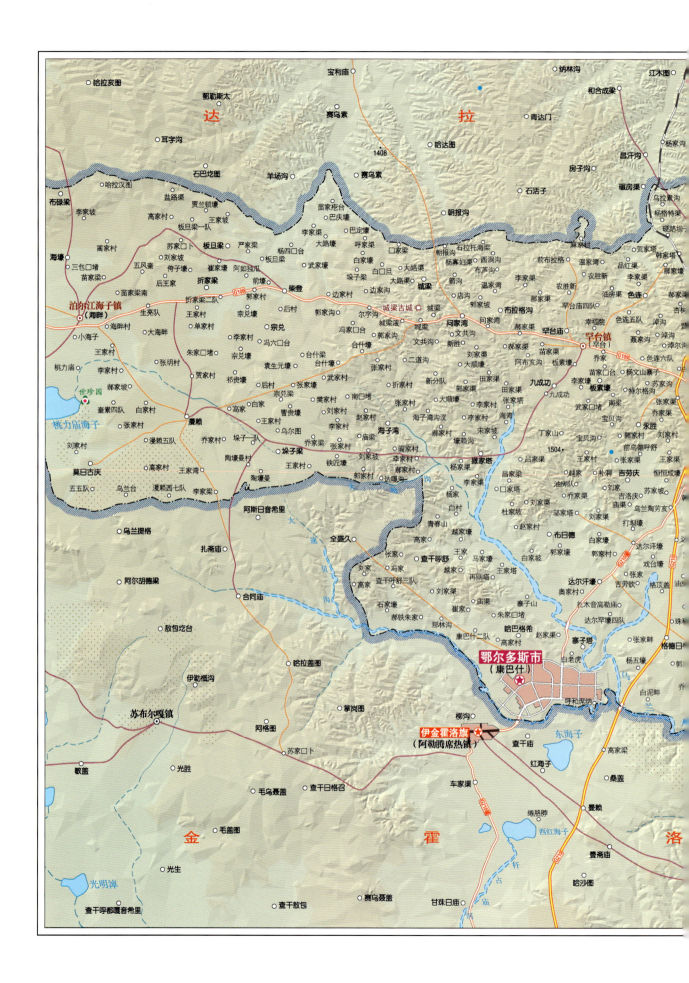

达 拉

金 霍 洛

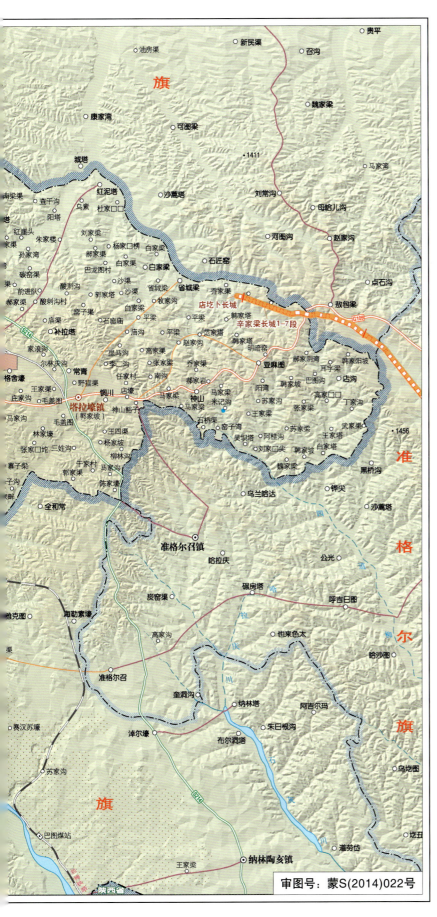

审图号：蒙S(2014)022号

地图五　东胜区长城分布图

0　　2.8　　5.6　　8.4　　11.2　　14.0千米

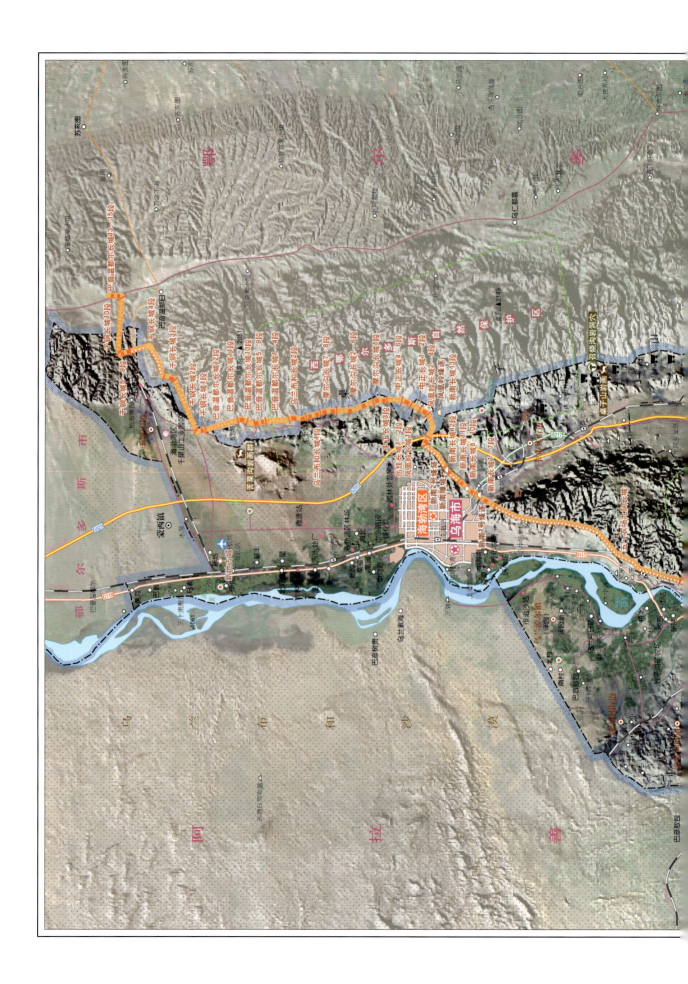

审图号：蒙S(2014)022号　　地图六　　乌海市长城分布图

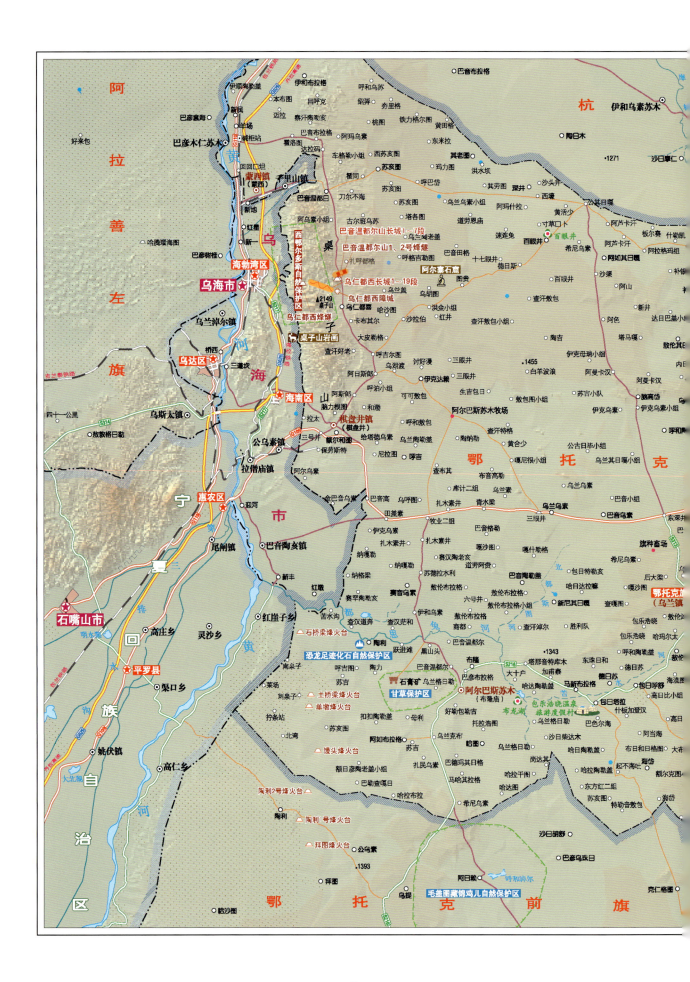

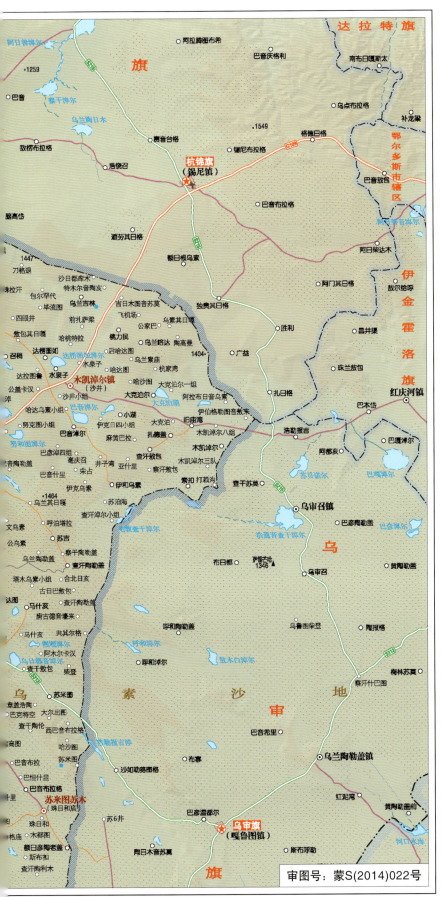

达 拉 特 旗

旗

阿日普淖尔
·1259
巴音
察干淖尔
乌兰陶日木
敖楞布拉格
赛音台格
浩绕召
脑高岱

阿拉腾图布希
巴音庆格利
南布日嘎斯太

乌点布拉格
补龙梁
·1549
格德日格
锡尼布拉格
杭锦旗
(锡尼镇)
巴音敖包
鄂尔多斯市辖区

道劳其日格
额日根乌素

巴音布拉格

阿日查音淖尔

阿日柴达木

伊金霍洛旗

1447
刀格退
沙日都库木
特尔音陶亥
包尔罕代
毕流图
四眼井
乌兰吉林
吉日木图音苏莫
飞机场
公家巴
乌蒙其日豪
独贵其日格
阿门其日格

胜利
昌井渠

敖包其日嘎
哈桃特拉
召稍
达楞图布
水泉子
木凯淖尔镇
(沙井)
桃力民
后哈达图
乌兰达
乌兰蒙庙
杭家湾
·1404
陶高曼
广益
珠兰敖包
红庆河镇
巴本岱

达拉图音淖尔
达拉图音
公盖卡汉
哈达乌蒙小组
努克图日小组
努和图淖尔
巴音什里
音陶勒盖
巴彦淖四组
蓬庆召
宋占
伊克乌蒙
·1464
乌兰其日嘎
文乌素
呼油落拉
公乌素
苏吉
察干陶勒盖
查汗陶勒盖
乌兰陶勒盖
塔木乌蒙小组
合北日亥
古日巴散包
达图
马什亥
府古德音塝来
马什亥
共其尔格
凯鹏淖尔
阿木尔卡汉
查日路客音淖尔
查干敖包
柴登
沙井小组
巴音淖尔
伊克日四小组
麻黄巴拉
扎德盖
查汗敖包
井子湾
亚什里
大克泊尔一组
阿拉布日音乌素
大克泊
旧庙湾
木凯淖尔八组
伊伯格勒图音敖来
木凯淖尔三队
蒙扣
打赖沟
查干苏莫
浩勒报吉
巴嘎淖尔
阿都亥
苏贝诺尔
巴嘎淖尔
乌审召镇
巴彦陶勒盖
巴彦淖尔
毛敦查干淖尔
鲁通音盒查干淖尔
布日都
萨锦芒哈
1346
乌审召
黄陶勒盖

乌

呼和陶勒盖
乌鲁图柴登
陶报格

呼和淖尔
毡木白淖尔
梅林苏莫
察汗什巴图

乌
苏米图
章盖浩陶
巴克特空
查干陶伦
西巴音布拉格
高图
哈沙图
苏米图
巴音布拉
巴恒什里
巴音布拉格
苏米图苏木
珠日和庙
额日彦陶老音
斯布和
查汗陶利木

素 沙 审 地
巴音希里
乌兰陶勒盖镇

布寨
沙如勒努音格
巴彦温都尔
苏6井
乌审旗
(嘎鲁图镇)
陶日木音苏莫
斯布呼勒
红泥湾
黄陶勒盖前
阿门水库

旗

审图号：蒙S(2014)022号

0   3.0   6.0   9.0   12.0   15.0千米

地图七 鄂托克旗长城分布图

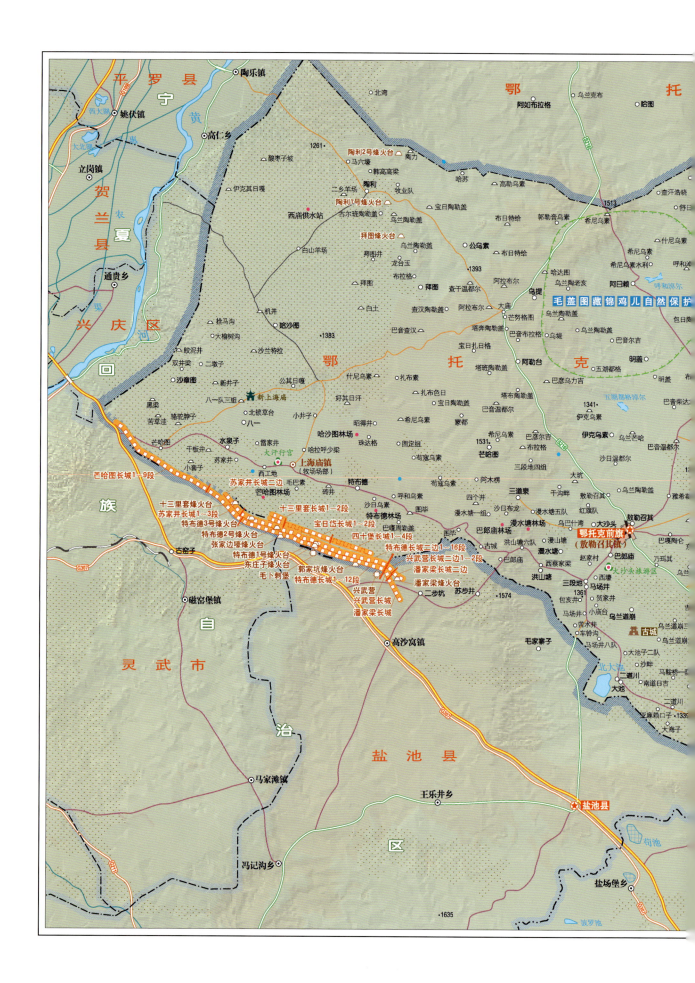

审图号：蒙S(2014)022号

地图八　鄂托克前旗长城分布图

0　　　30.0　　60.0　　90.0　　120.0　150.0千米

彩图一 三界塔长城1段堆筑石墙，上为贾家畔煤矿，该段为鄂尔多斯战国秦长城南端起点（西—东）

彩图二 三界塔长城1段墙体顶部，可见明显垒砌痕迹（南—北）

彩图三　三界塔烽燧西壁，有补筑
痕迹（西—东）

彩图四　三界塔长城3段垒砌规整
的墙体（东北—西南）

彩图五　三界塔长城3段墙体附近采
集的标本（上—下）

0 ____ 5厘米

彩图六　新庙长城1段墙体断面（南—北）

彩图七　母花沟长城1段墙体东壁，垒砌较规整的墙体（东—西）

彩图八　母花沟长城3段墙体西壁（西北—东南）

彩图九　新庙2号烽燧（东南—西北）

彩图一〇 小柳塔长城1段墙体剖面（西—东）

彩图一一 道劳岱长城5段墙体东壁，垛口墙与夯层特写（东—西）

彩图一二　武家坡长城3段（东南—西北）

彩图一三　罗家梁长城1段（东南—西北）

彩图一四　乌兰敖包长城1段墙体顶部（西北—东南）

彩图一五　乌兰敖包长城1段墙体，保存较好，基本保持了原貌（北—南）

彩图一六　纳林塔长城1段墙体南壁（南—北）

彩图一七　纳林塔长城1段墙体顶部（东—西）

彩图一八　纳林塔长城1段墙体（西—东）

彩图一九　纳林塔长城1段墙体西侧的水泥包砖保护碑正面（东—西）

彩图二〇　纳林塔长城2段（西一东）

彩图二一　纳林塔长城2段保存较好墙体，垒砌规整，顶部建有敖包（南一北）

彩图二二　纳林塔长城2段墙体西侧的保护碑正面（西—东）

彩图二三　李家村长城1段墙体西南壁（西—东）

彩图二四　李家村长城1段（西北—东南）

彩图二五　李家村长城3段墙体西壁，垒砌规整（西南—东北）

彩图二六　李家村长城3段墙体，保存较好较宽（东南—西北）

彩图二七　白家梁长城（东南—西北）

彩图二八　兰家塔长城1段墙体（东—西）

彩图二九　兰家塔长城3段墙体西壁，可见墙体土质土色截然不同（西南—东北）

彩图三〇　兰家塔长城5段墙体东壁（东南—西北）

彩图三一　兰家塔长城6段（南—北）

彩图三二　兰家塔长城6段墙体顶部特写，可见墙体下部为夯筑土墙，上部为垒砌石墙（南—北）

彩图三三　曹家塔长城1段（西—东）

彩图三四　曹家塔长城6段墙体西壁（西南—东北）

彩图三五　曹家塔长城6段墙体东壁，有增筑痕迹（东—西）　　彩图三六　曹家塔长城6段墙体西壁（西南—东北）

彩图三八　李家坡长城1段墙体剖面（南—北）　　彩图三九　李家坡长城3段（北—南

彩图三七　李家坡长城1段（北—南）

彩图四〇　李家坡长城5段（南—北）

彩图四一　李家坡长城7段墙体西壁（西—东）

彩图四二　碾房塔长城5段西壁，垒砌痕迹明显（西—东）

彩图四三　碾房塔长城6段消失，被冲沟冲毁（东—西）

彩图四四　碾房塔长城7段东壁断面，可见垒砌石墙淹没于沙土中（东—西）

彩图四五　黄天棉图长城3段墙体西北壁夯层特写（西北—东南）

彩图四六　黄天棉图长城7段（北—南）

彩图四七　黄天棉图长城8段（南—北）

彩图四八　黄天棉图长城9段墙体剖面（东—西）

彩图四九　黄天棉图长城9段，进入露天煤矿区（西—东）

彩图五〇　黄天棉图长城11段（西—东）

彩图五一　黄天棉图长城12段（西—东）

彩图五二　黄天棉图7号烽燧（西—东）

彩图五三　黄天棉图长城16段墙体消失，被冲沟冲毁（东—西）

彩图五四　黄天棉图长城19段墙体断面（东—西）

彩图五五　黄天棉图长城21段（西—东）

彩图五六　黄天棉图长城24段（东—西）

彩图五七　公沟长城1段墙体西壁，基本保持了原貌（西北—东南）

彩图五八　公沟障城全景（南—北）

彩图五九　铧尖长城1段（东—西）

彩图六〇　铧尖障城（南—北）

彩图六一　铧尖长城4段
（南—北）

彩图六二　铧尖长城4段附
近采集的石杵

彩图六三　铧尖长城8段
（西南—东北）

彩图六四　铧尖长城10段
（西—东）

彩图六五　铧尖长城12段
（西北—东南）

彩图六六　铧尖长城15段
（东—西）

彩图六七　铧尖长城16段（西—东）

彩图六八　暖水长城1段（西北—东南）

彩图六九　榆树壕长城1段
（北—南）

彩图七〇　榆树壕长城3段
（东南—西北）

彩图七一　敖包梁长城1段
（西—东）

彩图七二　敖包梁长城1段附近采集的标本

彩图七三　敖包梁长城2段墙体消失（北—南）

213

彩图七四　敖包梁长城3段墙体顶部（西—东）

彩图七五　辛家梁长城1段起点（东—西）

0 _____ 5厘米

彩图七六　辛家梁长城1段附近采集的标本

彩图七七　辛家梁长城4段（东—西）

彩图七八 辛家梁长城6段（西—东）

彩图七九　辛家梁长城7段墙体消失，沟壑纵横（东—西）

彩图八〇　店圪卜长城（西南—东北）

0 ___ 5厘米

彩图八一　店圪卜长城附近采集的标本

彩图八二　新民堡长城1段墙体夯层（西—东）

彩图八三　新民堡长城1段墙体顶部与地表持平，但界限分明（东—西）

彩图八四　新民堡长城1段被辟为秋收场地（西—东）

彩图八五　新民堡长城2段因被水塔占用而消失（西北—东南）

彩图八六 王爱召长城1段墙体夯层（东—西）

彩图八七 王爱召长城1段（东—西）

彩图八八　王爱召长城3段（西—东）

彩图八九　释尼召长城（东—西）

彩图九○ 东风农场十队长城1段（北—南）

彩图九一 东风农场十队长城1段（西南—东北）

彩图九二 拉僧庙烽燧（东—西）

0 ⊢▬▬▬▬▬⊣ 5厘米

彩图九三　拉僧庙烽燧附近采集的标本

彩图九四　向阳农场长城2段，墙体上修有水渠，旁边长有沙枣树（南—北）

彩图九五　平沟农场长城2段，西侧可见黄河，与墙体平行（南—北）

彩图九六 西卓子山长城1段，毛石干垒而成（南—北）

彩图九七 西卓子山长城1段（北—南）

彩图九八　西卓子山长城2段（南—北）

彩图九九　西卓子山长城4段（西北—东南）

彩图一〇〇 新南长城1段
（东北—西南）

0 —— —— —— —— —— 5厘米

彩图一〇一 新南1号烽燧附近
采集的标本

彩图一〇二 新南长城8段
（北—南）

彩图一〇三　新南障城（南—北）

彩图一〇四　新南长城12段（南—北）

彩图一〇五　凤凰岭长城1段（东—西）

彩图一〇六 凤凰岭长城1段（东—西）

彩图一〇七 中正长城1段墙体断面（北—南）

彩图一〇八　中正长城5段（南—北）

彩图一〇九　摩尔沟长城3段（南—北）

彩图一一○　摩尔沟长城5段（南—北）

彩图一一一　乌兰布和长城1段，石块垒砌而成（东—西）

彩图一一二　巴音温都尔长城13段（南—北）

彩图一一三　巴音温都尔长城15段（北—南）

彩图一一四　乌仁都西长城1段（西北—东南）

彩图一一五　乌仁都西障城东墙外侧（东—西）

彩图一一六　乌仁都西障城东墙内侧台阶（西—东）

彩图一一七　乌仁都西障城角台及北墙（西北—东南）

彩图一一八　乌仁都西障城南门内侧（北—南）

彩图一一九　乌仁都西障城内房址（西北—东南）

彩图一二〇　乌仁都西长城2段（东—西）

彩图一二一　乌仁都西长城3段南壁（南—北）

彩图一二二　乌仁都西长城3段（东—西）

彩图一二三　乌仁都西长城9段（南—北）

彩图一二四　乌仁都西长城11段（西—东）

彩图一二五　乌仁都西长城13段（西北—东南）

彩图一二六　乌仁都西长城17段（南—北）

彩图一二七　乌仁都西长城19段，垒砌规整（南—北）

彩图一二八　乌仁都西长城19段墙体延伸至20段山险（西—东）

彩图一二九　乌仁都西烽燧（南—北）

彩图一三〇　巴音温都尔长城2段（南—北）

彩图一三一　巴音温都尔长城3段（北—南）

彩图一三二　巴音温都尔长城3段近景（北—南）

彩图一三三　巴音温都尔长城4段墙体特写（南—北）

彩图一三四　巴音温都尔长城4段（西南—东北）

彩图一三五　巴音温都尔长城5段山险墙（南—北）

彩图一三六　巴音温都尔长城6段（东北—西南）

彩图一三七　巴音温都尔长城7段山险（南—北）

彩图一三八　四十堡长城1段墙体（右）与明长城二道边（左）（东北—西南）

彩图一三九　四十堡长城1段墙体剖面特写（西—东）

彩图一四〇　四十堡长城1段（中）与明长城二道边（左）（东—西）

彩图一四一　四十堡长城2段墙体消失（东—西）

彩图一四二　四十堡长城3段
（东—西）

彩图一四三　四十堡长城3段
（东—西）

彩图一四四　宝日岱长城1段，
保存较差，几乎与地表持平
（西—东）

彩图一四五　宝日岱长城1段
（东—西）

彩图一四六　十三里套长城1段
（东—西）

彩图一四七　十三里套长城1段
（西—东）

彩图一四八　十三里套长城2段（左）与明长城二道边（右）（西—东）

彩图一四九　十三里套长城2段（中）与明长城二道边（右）（西—东）

彩图一五〇　十三里套长城2段（南—北）

彩图一五一　清水川（西南—东北）

彩图一五二　羊市塔1号烽火台（东—西）

彩图一五三　羊市塔1号烽火台及守卫敖包（西—东）

彩图一五四　羊市塔2号烽火台
（东—西）

彩图一五五　羊市塔4号烽火台
（北—南）

彩图一五六　羊市塔4号烽火台附
近采集的标本

0 ————— 5厘米

彩图一五七　纳林庙1号烽火台
（北—南）

彩图一五八　纳林庙1号烽火台
内明显的夯层

彩图一五九　纳林庙1号烽火
台附近采集的标本

0　　　　　5厘米

彩图一六〇　纳林庙2号烽火台（西—东）

彩图一六一　纳林庙2号烽火台由顶部盗洞可见夯层（上—下）

彩图一六二　松树塌1号烽火台（北—南）

彩图一六三　松树塌1号烽火台附近"中华油松王"（北—南）

彩图一六四　松树墕2号烽火台（西—东）

彩图一六五　川掌1号烽火台（南—北）

彩图一六六　松树墕3号烽火台（南—北）

彩图一六七　松树墕3号烽火台附近采集的标本

259

彩图一六八　松树墕4号烽火台（西—东）

彩图一六九　大路峁1号烽火台（东—西）

彩图一七〇　大路峁2号烽火台（北—南）

彩图一七一　大路峁2号烽火台南侧垒砌痕迹（南—北）

彩图一七二　大路峁3号烽火台（北—南）

彩图一七三　大路峁4号烽火台（北—南）

彩图一七四　二长渠烽火台（南—北）

彩图一七五　石窟沟烽火台（北—南）

彩图一七六　李家渠烽火台（东—西）

彩图一七七　古城渠古城（永安砦）南墙（东—西）

彩图一七八　古城渠古城（永安砦）西墙（南—北）

彩图一七九　古城渠古城（永安砦）北墙（东—西）

彩图一八〇　古城渠古城（永安砦）东墙马面（北—南）

彩图一八一　古城渠古城（永安砦）东墙马面（西—东）

彩图一八二　古城渠古城（永安砦）西部辟为农田（东—西）

彩图一八三　古城梁古城（保宁砦）北墙城门及瓮城（西—东）

彩图一八四　古城梁古城（保宁砦）西墙（南—北）

彩图一八五　古城梁古城（保宁砦）南墙（西—东）

彩图一八六　古城梁古城（保宁砦）西墙及马面（北—南）

彩图一八七　古城梁古城（保宁砦）子城南墙（西南—东北）

彩图一八八　古城梁古城（保宁砦）采集的花纹石

彩图一八九　二长渠古城（丰州城）西墙（南—北）

彩图一九〇　二长渠古城（丰州城）北墙（西南—东北）

彩图一九一　二长渠古城（丰州城）南墙及远处的烽燧（东—西）

彩图一九二　二长渠古城（丰州城）南瓮城（西—东）

彩图一九三　二长渠古城（丰州城）内的石狮子

彩图一九四　鄂托克前旗明长城头道边东端起点（北—南）

彩图一九五　鄂托克前旗明长城二道边（左）与头道边（右）（西—东）

彩图一九六　鄂托克前旗清水营东头道边（右）与二道边（左）交汇处（西—东）

彩图一九七　鄂托克前旗芒哈图明长城高峻墙体（西南—东北）

彩图一九八　带瞭望口的鄂托克前旗头道边特布德65号敌台（东—西）

彩图一九九　鄂托克前旗明长城二道边（左）与头道边（右）（西—东）

彩图二〇〇　鄂托克前旗明长城二道边特布德10号敌台（东—西）

彩图二〇一　乌海市二道坎烽火台（东—西）

彩图二〇二　准格尔旗竹里台敌台（南—北）

彩图二〇三　鄂尔多斯市长城资源调查队队员于2007年参加内蒙古自治区长城资源调查培训班

彩图二〇四　在内蒙古自治区长城资源调查启动仪式上，鄂尔多斯市长城调查队队员与内蒙古自治区文物考古研究所所长塔拉合影

彩图二〇五　2007年5月28日，鄂尔多斯市长城资源调查启动仪式上调查队队长宣誓

彩图二〇六　内蒙古自治区文物局相关领导和专家检查鄂尔多斯市长城调查工作

彩图二〇七　实地测量

彩图二〇八　野外调查

彩图二〇九　翻山越岭

彩图二一〇　野外用餐

彩图二一一　踏雪寻觅长城遗迹